全国电力职业教育系列教材
职业教育电力技术类专业培训用书

U0643343

电厂化学仪表及自动化

主　编　刘邦利　倪　敏
副主编　梅其政　杨　莹
编　写　魏向国　张　亮
主　审　穆顺勇

中国电力出版社
CHINA ELECTRIC POWER PRESS

内 容 提 要

全书分九章，主要内容包括电导式分析仪表、电位式分析仪表、电流式分析仪表、分光光度法和色谱分析相关的仪器原理和使用方法、自动控制系统、程序控制系统、在线监测系统、在线化学仪表及化学监督等内容。全书实用性和通用性较强，每章后附有复习思考题。

本书可作为高职高专和中等职业学校电厂化学专业教材，也可供从事电厂化学工作的相关工程技术人员参考。

图书在版编目（CIP）数据

电厂化学仪表及自动化/刘邦利，倪敏主编. —北京：中国电力出版社，2015.2（2024.8 重印）

全国电力职业教育规划教材

ISBN 978 - 7 - 5123 - 6788 - 3

Ⅰ. ①电… Ⅱ. ①刘… ②倪… Ⅲ. ①电厂化学-化工仪表-高等职业教育-教材 ②电厂化学-自动化-高等职业教育-教材 Ⅳ. ①TM62

中国版本图书馆 CIP 数据核字（2015）第 004773 号

中国电力出版社出版、发行

（北京市东城区北京站西街 19 号 100005 http：//www.cepp.sgcc.com.cn）
北京天泽润科贸有限公司印刷
各地新华书店经售

*

2015 年 2 月第一版 2024 年 8 月北京第六次印刷
787 毫米×1092 毫米 16 开本 12.75 印张 305 千字
定价 48.00 元

前 言

电厂化学仪表及自动化是电厂化学专业主干课程之一，本书从高职高专学生的实际情况和大型火力发电机组生产实际出发，力求涵盖电厂化学仪表的测量方法、原理、新技术，做到既包含一定的专业理论知识，又包含一定的现场实际操作技能，体现工学结合的原则。本书在内容安排上分为九章，分别从火电厂中常用化学分析仪表的工作原理出发，介绍了传感器的特性和影响测量的因素，对分析仪表的分析流程、电路设置和使用方法进行了叙述，列举了仪表的一些实例进行阐述。同时本书对生产过程中自动控制系统的基本概念和电厂化学领域常用的控制装置也进行了阐述。

全书由哈尔滨电力职业技术学院刘邦利、冀北电力有限公司技能培训中心倪敏担任主编，重庆电力高等专科学校梅其政、哈尔滨电力职业技术学院杨莹担任副主编，其中，第一、八章由哈尔滨电力职业技术学院杨莹编写，第二、三、五章由刘邦利编写，第四章由重庆电力高等专科学校梅其政编写，第六、七章由倪敏编写，第九章由神华国华定洲发电有限公司魏向国编写，黑龙江省电力科学研究院张亮也参加了本书的编写。全书由刘邦利统稿，西安电力高等专科学校穆顺勇主审。

本书在编写过程中得到了华电能源哈尔滨第三发电厂、国电哈尔滨第一热电厂、国电双鸭山发电有限公司、大唐国际哈尔滨第一热电厂、神华国华定洲发电有限公司、神华国华沧东发电有限公司、黑龙江省电力科学研究院、黑龙江电力有限公司技能培训中心、冀北电力有限公司技能培训中心、重庆电力高等专科学校、西安电力高等专科学校、北京时代新维测控技术有限公司、赛默飞世尔科技（中国）、武汉国电西高电气有限公司的大力支持，并提供了大量的资料，在此深表感谢！

限于编者水平，疏漏和不妥之处在所难免，敬请读者批评指正。

编　者

2015 年 1 月

目 录

第 一 章

电导式分析仪表

电导式分析仪表是测量电解质溶液导电能力大小的一类仪器。在发电厂中主要用于测定水样的电导率。电解质溶液均具有导电性能，通过测量电解质溶液导电性能的强弱，间接判断出物质组含量的方法称为电导分析法。根据工作原理的不同，电导分析法分为直接电导法和电导滴定法。前者是根据溶液导电性能的大小，直接测量被测物质含量的方法；后者是根据滴定过程中溶液导电性能的变化来确定滴定终点，并求出物质含量的方法。

电导分析是一种比较古老的分析方法，但由于这种方法仪器结构简单、操作方便、测定迅速、便于实现连续测定，现仍在一些化学实验室、环境保护或工业生产控制及分析等领域广泛应用。

第一节　电导分析法基础

导电的物质称为导体，导体可分为两类：第一类导体依靠自由电子的运动导电，例如金属导体（电线、电缆）、某些金属氧化物、石墨等。当电流通过第一类导体时，导体本身不发生化学变化，随着温度升高，其导电能力会降低。第二类导体依靠离子在电场作用下的定向迁移而导电。电解质溶液导电能力的大小常用电导率表示，电导率越低，水的纯度就越高。电导率已成为水质分析的一项重要指标，例如，一级化学除盐水电导率（25℃）不大于 $10\mu S/cm$，一级化学除盐加混床处理后的出水电导率（25℃）不大于 $0.2\mu S/cm$。

电解质溶液的导电性能和金属相似。金属能导电是因为内部存在许多自由电子，在外加电场的作用下，自由电子定向移动而产生电流；在电解质溶液中也存在着带正电荷的阳离子和带负电荷的阴离子。若将一定浓度的电解质溶液放入电导池中，插入两支电极，连接电路，则电解质溶液同样能导电。所有电解质溶液都具有导电性，也就是说，溶液中的各种正、负离子都具有导电能力，溶液的导电性能是溶液中各种离子存在的一种特征表现。

一、电导分析法基本原理

1. 电解质溶液的导电原理

在电解质溶液中，浸入两块金属板（电极），把电源连接到两块金属板上，就有电流通过溶液，溶液呈现出的电阻和金属导体一样。如图 1-1 所示，电极之间溶液的电阻可表示为

$$R = \rho \frac{L}{A} \qquad (1-1)$$

式中：L 为电解质溶液导电的平均长度，cm；A 为电解质溶液导电的有效面积，cm^2；ρ 为电解质溶液的电阻率，$\Omega \cdot cm$。

不同种类和不同浓度的溶液电阻率不同，ρ 的大小表示溶液导电能力的大小，ρ 值越大，表示溶液的导电能力越差。

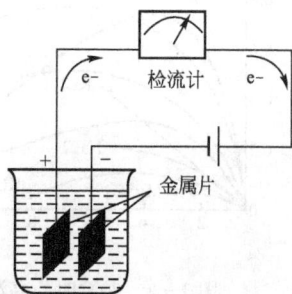

图 1-1　电解质溶解导电示意

习惯上用 ρ 的倒数 κ 来度量溶液的导电能力，κ 越大，则溶液的导电能力越强，κ 称为电导率，单位为 S/cm。相应地，某部分溶液导电能力的大小用电阻的倒数 G 来度量，G 称为电导，单位为 S，它们之间的关系为

$$G = \frac{A}{L}\kappa \qquad\qquad (1-2)$$

$$K = \frac{L}{A} \quad cm^{-1} \qquad\qquad (1-3)$$

对某一电极而言，K 为一个常数，称为电极常数，则

$$\kappa = KG \qquad\qquad (1-4)$$

2. 基本术语

电导电极：一般为铂电极，铂电极有光亮电极和铂黑电极两种。

铂黑电极：在铂电极上镀一层细粉末状的铂，增加电极对溶液的接触面，一般测定电导较大时采用铂黑电极，测量电导较小时用光亮铂电极。

电导池：由一对固定面积和位置的电极浸入一玻璃容器的待测溶液中构成。由被测溶液、电极以及外加电源构成的一个回路，称为电导池。

摩尔电导：在距离 1cm、面积为 $1cm^2$ 的两个平行电极之间，充以 1mol 溶液时的电导。

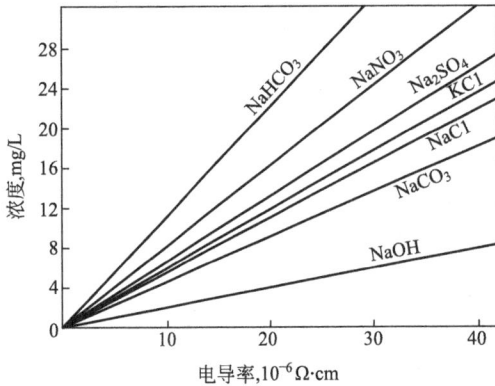

图 1-2 20℃时，低浓度电解质溶液的
电导率与溶液浓度的关系

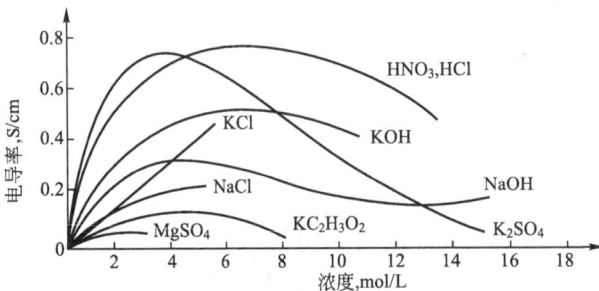

图 1-3 20℃时，高浓度电解质溶液电导
率与溶液浓度的关系

3. 溶液浓度对电导率的影响

不同浓度、不同类型电解质导电能力是有差异的。当溶液的浓度很低时，随着浓度的增加，单位体积内离子数目增加，电导率与溶液浓度接近线性关系，如图 1-2 所示。因此，可以根据测量溶液导电能力的强弱来确定被测物质含量，这种方法称为电导分析法。

电解质溶液的离子数量不仅与溶液的浓度有关，还与该浓度下的电离度有关。对于某些电解质溶液，随着溶液浓度的增加，电离度越来越小，离子自由运动的空间减小了，正负离子间作用力增大，使得离子运动速率下降，导电能力减小。当浓度继续增大时，正负离子可能形成不导电的中性分子，导致电导率下降，电导率与浓度之间呈现非线性关系，如图 1-3 所示。

由此可见，用电导率表示水质时，是指水中各种离子对导电的贡

献之和，电导率的大小只表示水中的总含盐量，不能表示各种离子的含量。

4. 纯水电导率的计算

纯水中存在如下电离平衡：　　　$H_2O \longleftrightarrow H^+ + OH^-$

平衡常数：　　　　　　　　$K_w = [H^+][OH^-]/H_2O = 10^{-14}$

$$[H^+] = [OH^-] = 10^{-7} mol/L$$

25℃时，H^+ 和 OH^- 的摩尔电导为

$$\lambda H^+ = 349.82 \mu S/(cm \cdot mol \cdot L)，\lambda OH^- = 198.6 \mu S/(cm \cdot mol \cdot L)$$

计算出 25℃纯水的电导率为

$$K_{H_2O} = 10^{-7} \times 1000 \times 548.42 = 0.0548 (\mu S/cm)$$

电阻率　　　$\rho H_2O = 1/K_{H_2O} = 1/0.0548 \times 10^{-9} = 18.29 \approx 18.3 (M\Omega \cdot cm)$

常见水质电导率参考：海水的电导率一般大于 $10^{-2} S/cm$，河水电导率约为 $10^{-4} S/cm$，新蒸馏水电导率约为 $6 \times 10^{-7} S/cm$，超纯水电导率为 $5.5 \times 10^{-8} S/cm$。

二、电导池电极常数的测量方法

理论上说，一个已经确定的电导池，可以根据两电极的几何尺寸和相对位置，按相应公式来计算电极常数。但实际上，电导池在溶液中导电时，其导电状况比较复杂，用几何方法测量的导电面积不能代表真正的导电面积，所以计算结果只是近似值。电极常数的准确值须用实验方法来确定，电极常数的实测方法有标准电导溶液法和标准电极比较法两种。下面分别介绍。

1. 标准电导溶液法

将已知电导率的标准溶液放入电导池，用电导仪或者交流电桥测出其电导或电阻值，这样可算出电极常数 K 值。利用标准电导溶液（KCl 溶液）进行测定，即

$$K = \frac{\kappa}{G} = \kappa R \tag{1-5}$$

2. 标准电极比较法

将已知电极常数为 K_1 的电导池置于某一溶液中，测出其电导值 G_1（或电阻 R_1）；再把未知电极常数 K_x 的电导池置于同一溶液中，测出其电导值 G_2（或电阻 R_2），因同一溶液在同一条件下的电导率是定值，则

$$K_x G_2 = K_1 G_1 \tag{1-6}$$

则　　　　　　　　　　$$K_x = \frac{K_1 G_1}{G_2} = \frac{K_1 R_2}{R_1} \tag{1-7}$$

测量过程如下：

（1）清洗电极；

（2）备好标准溶液并把已知电极常数的电极放入测量溶液中，读取仪器显示值；

（3）把未知电极常数的电极放入同一测量溶液中，读取仪器显示值；

（4）按式（1-7）计算出未知电极常数的电导电极的电极常数值。

第二节　电导率的测量方法

电导分析法是依据物质电导与浓度之间的关系，确定待测组分含量的方法。直接测量

及显示被测电解质溶液电导率仪器，称为电导率仪。电导式分析仪器由电导池（传感器）、变送器和显示器三部分组成。电导池的作用之一就是使被测溶液中的离子定向迁移而产生电流，作用之二是将被测溶液导电能力的大小转换成可测电量电阻（或电导）。转换器的作用就是将电导池反映出来的电导或电阻转换成显示装置所要求的信号形式。显示器的作用是将被测物质的含量直接显示出来，它可以以数字、打印机、记录仪等形式显示。

电导式分析仪器分为电桥式（平衡式、不平衡式）、分压式和输入电阻式三种，相应地，测量电导率的方法有电桥法、分压法和输入电阻法。

一、电桥法

电导是电阻的倒数，因此测量溶液的电导也就是测量它的电阻。根据所用电源不同，测量方法可分为直流电导法与交流电导法，直流电通过电解质溶液时，电极会发生氧化或还原反应，使溶液中组分的浓度发生变化，电阻也随之改变，从而造成了电导测量的严重误差；采用交流电源可消除或减小上述现象，因为在电极表面的氧化和还原反应迅速交替进行，其结果可认为没发生反应。因此，采用交流电源对电导池供电更好。

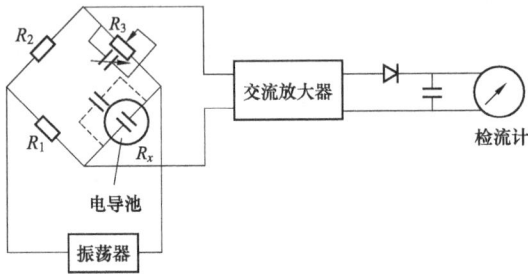

图 1-4 平衡电桥法示意

经典的测量电阻的方法是采用 Wheatstone（韦斯顿）平衡电桥法，如图 1-4 所示。

电桥法的测量原理是将电导池溶液电阻 R_x 作为测量电桥的一个桥臂，其他三个桥臂为固定阻值的电阻。当电桥的工作电压一定时，测量电桥输出电压的大小就可以测量出 R_x 的大小，再根据测量电导池电极常数的大小，便可以得知被测溶液电导率的大小。

可调电阻 R_1 和 R_2 组成比例臂，R_3 为精密可调电阻，待测溶液置于有两个铂电极的电导池中，电阻为 R_x。通电，调节 R_1/R_2 和 R_x（主要是 R_3）至电桥平衡，使检流计读数为 0，则

$$R_x = \frac{R_3 R_1}{R_2} \tag{1-8}$$

二、分压法

分压式电导率仪的测量原理如图 1-5 所示。溶液电阻 R_x 与分压电阻 R_m 构成分压电路，交流电源加在 R_x 和 R_m 上，取 R_m 上的分压至放大器进行放大，由指示仪表显示出 E_m 的值。在放大器的输入电阻远大于 R_m 的情况下，E_m 和溶液的电阻 R_x、电导率有如下的关系：

$$E_m = \frac{E R_m}{R_m + R_x} \tag{1-9}$$

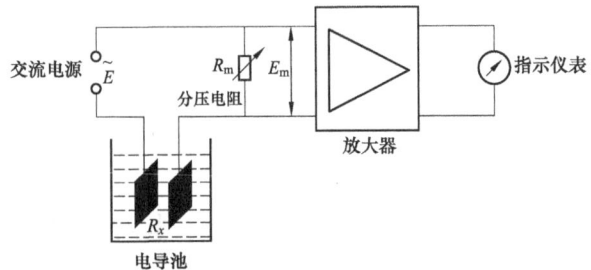

图 1-5 分压式电导率仪测量原理示意

$$R_x = \frac{K}{\kappa} \tag{1-10}$$

$$E_m = \frac{ER_m}{R_m + \dfrac{K}{\kappa}} \tag{1-11}$$

$$当 \quad \frac{K}{\kappa} \gg R_m \ 时, \ E_m = \frac{ER_m\kappa}{K} \tag{1-12}$$

这时分压信号 E_m 与溶液电导率 κ 近似呈线性关系。从线性方面考虑，R_m 越小越好，但是 R_m 过小，E_m 就太小，仪器的灵敏度会降低。一般 R_m 为 R_x 测量上限的 1% 左右为宜；对于测量范围很宽的电导率仪，R_x 的变化范围很大，需将 R_x 分成若干区段，再分别配上适当的分压电阻 R_m。DDS-11A 型电导率仪是实验室型仪表，采用的就是分压式测量原理。

此外，电导率的测量还有输入电阻法，这里不做介绍。

三、影响电导率测量的因素

1. 温度

电解质溶液的导电依靠离子在外电场作用下作定向运动，当溶液的温度升高时，离子的水化作用减弱，溶液黏度降低，离子运行阻力减小，离子活动的能量可增加，离子迁移速度加快，从而使电导率增加。在电场作用下，离子的定向运动加快，会使溶液的电导率增大；反之，温度下降，溶液的电导率减小。一般温度每升高 $1℃$，电导率会增加 2%。为了便于比较在不同条件下测量的电导率，规定以 $25℃$ 为基准温度，在其他温度下测量时，将其修正为 $25℃$ 时的数值，否则将造成较大的测量误差。一般工业在线电导式仪表在测量电路中设置了温度补偿电路，以消除温度对溶液电导率测量结果的影响。温度补偿的方法很多，但由于酸、碱、盐各种溶液的电导率温度系数不一样，一般的温度补偿措施只是减小温度的影响，很难达到完全补偿。

2. 电导池电极极化

极化是指电导池中发生的电解现象。因为溶液电解后，阳极的电位值增加，阴极的电位值减小，即两极分化，"极化"由此得名。影响电导率测量的极化有浓差极化和化学极化。

若电导池上加一直流电压，电导池中则会发生电解作用，电极反应速率要比离子迁移速率快得多，阳极或阴极的表面附近溶液中离子供不应求，导致电极周围的离子浓度比电导池中溶液的离子浓度低得多，形成浓差极化。电流密度越大，浓差极化就越严重。化学极化是由于电解物在电极与溶液之间形成了电阻。例如，测量 $NaCl$ 溶液的电导率时，带负电荷的 Cl^- 移向正极后失去电子变成 Cl_2，Cl_2 附着在电极表面形成一层气泡，使电极周围溶液隔绝，相当于电阻增加。

消除电极极化的主要措施是用交流电源供电。因交流电不断改变外加电压的方向，使每次电流流动所引起的极化，被下次电流流动反方向抵消，所以发生的浓差极化也相应抵消。此外，也可用加大电极表面积的办法，即在电极表面镀上一层粉末状的铂黑，以加大电极表面积，减小电流密度。但测量低电导率时铂黑会吸附大量溶液，使电导率不稳定，影响测量结果的准确性。

3. 电极系统的电容

当向电极施加直流电压时，电极表面会发生电化学反应，产生极化电阻，从而给溶液电阻（电导的倒数）的测量带来误差。为了消除极化电阻的影响，一般向电极施加交流电压。

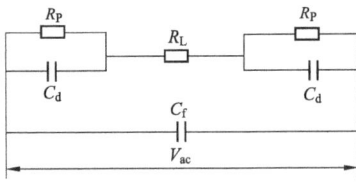

图 1-6　电导电极测量的等效电路
R_L—溶液电阻；R_P—极化电阻；
C_d—微分电容；C_f—分布电容

电导电极浸入溶液后，电极表面会形成双电层，因而电极表面有电容存在。电极的导线也存在分布电容。在交流电的作用下，测量的不是纯电阻，而是电阻和容抗组成的阻抗，其等效电路如图 1-6 所示。

在测量普通水时，由于分布电容 C_f 很小，其容抗很大，可忽略其影响，主要是消除表面极化电阻的影响，因此采用较高的测量频率；微分电容 C_d 产生的容抗很小，造成极化电阻短路，测量的阻抗等于溶液的电阻 R_L。

在测量高纯度水的时候，由于溶液电阻 R_L 很大，接近分布电容产生的容抗，测量的阻抗等于溶液电阻 R_L 和分布电容产生的容抗的并联总阻抗，从而造成测量结果偏离真正需要测量的溶液电阻 R_L。为了消除分布电容的影响，一般测量高纯度水的时候采用较低的测量频率，使分布电容产生的容抗大大增加，从而减少对测量溶液电阻 R_L 的影响。采用特殊的电极接线、尽量缩短电极接线长度以减少分布电容。另外，选择电极常数小的电导电极，降低电极之间溶液的电阻，也可减少纯水测量时分布电容的影响。

4. 其他杂质

对电导率测量有干扰的气体，如在火力发电厂的工作介质中溶解了某些气体，它们与水分子作用后产生离子，增加了溶液的导电能力，如锅炉的蒸汽、凝结水中进行了加氨和加联氨处理措施，大大增加了其电导率，不利于水汽品质的监测。

氨气溶于水成为弱碱性溶液，二氧化碳溶于水成为弱酸性溶液，这就增强了溶液的导电能力，使溶液电导率增加，即

$$NH_3 + H_2O \Longrightarrow NH_4OH \Longrightarrow NH_4^+ + OH^-$$

$$CO_2 + H_2O \Longrightarrow H_2CO_3 \Longrightarrow H^+ + HCO_3^- \Longrightarrow 2H^+ + CO_3^{2-}$$

上述原因可使锅炉的蒸汽、汽轮机凝结水的电导率的示值增大十倍，甚至几十倍。由于对锅炉给水采取加氨处理和联氨除氧等措施，氨不可避免地进入水、汽系统，当用电导分析法监测蒸汽和凝结水中的含盐量时，必须消除这些可溶性气体对电导率的影响。加热沸腾几乎可以从水中排出全部二氧化碳和一氧化氮，也能逸出一部分氨气，但水样被浓缩，浓缩倍率不易稳定。用净化空气冲入水样，也可使水样中的二氧化碳和一氧化氮析出。但采用上述两种方法需要增加设备和维护工作量，又因蒸汽中一氧化氮含量较低，二氧化碳对电导率的影响不如氨那样大，所以在电厂中一般很少采用上述除气方法。

其具体方法是在电导率表的传感器前装一个小型阳离子交换柱，离子交换技术是目前最好的除氨方法，其化学反应为

$$NH_3 + H_2O \Longrightarrow NH_4OH$$

$$NH_4OH + H-R \Longrightarrow NH_4-R + H_2O$$

式中：H—R 为强酸型阳离子树脂。

进行上述反应的同时，阳离子树脂还与水中各种盐类的阳离子进行交换，其反应式为

$$NaCl + H-R \Longleftrightarrow HCl + Na-R$$

$$CaCO_3 + 2H-R \Longleftrightarrow H_2CO_3 + Ca-R_2$$

反应结果使蒸汽凝结水变成了酸性溶液，它比中性盐溶液的电导率大，平均放大倍率为3.1～3.3倍，一般取3.2作为换算常数。

第三节　电导分析法的应用

一、直接电导法及应用

直接电导法是直接根据溶液的电导与被测离子浓度的关系进行分析的方法，主要应用在以下几个方面。

1. 水质纯度的鉴定和监测

生产（锅炉用水）及科研实验用水等需对水质作分析鉴定或监测，电导法就是水质鉴定或监测的最佳手段之一。

影响水质纯度的杂质主要是一些可溶性的无机盐，它们在水中是以离子状态存在的，所以通过测定水的电导率就可以鉴定水的纯度，并以电导率作为水质纯度的重要指标。当然一些非导电物质，如有机物、细菌、悬浮杂质等不能在电导率上反映出来。

2. 大气监测

由各种污染源排放的大气污染气体主要有 SO_2、CO、CO_2 及 NO_x 等。可利用气体吸收装置，将这些气体通过一定的吸收液，利用反应前后电导率的变化来间接反映气体的浓度。该法灵敏度高，操作简单，并能获得连续读数，因而在环境监测中广泛应用。

例如，大气中 SO_2 的测定。SO_2 气体用 H_2O_2 吸收，SO_2 被 H_2O_2 氧化为 H_2SO_4 后电导率增大，由此可计算出大气中 SO_2 的含量，反应式为

$$SO_2 + H_2O_2 \longrightarrow H_2SO_4 + H_2O$$

可用此法测定大气中 HCl、HF、CO_2 等气体。

3. 工业流程控制

合成氨过程中，检测 CO 和 CO_2 的量，防止催化器中毒。测定过程中，采用 $NaOH$ 溶液作为电导液，将含有 CO 和 CO_2 的气体先通过装有 I_2O_5 的氧化炉，将 CO 转化为 CO_2，再通入电导池，由于 CO_2 和 $NaOH$ 反应生成 Na_2CO_3，CO_3^{2-} 的电导率比 OH^- 小得多，其变化与 CO 和 CO_2 含量有关，所以可以进行检测。

电导分析法具有操作简单、快速、灵敏度高和不破坏试样等特点，因而获得广泛的应用。但是电导分析法的选择性差，所测得的电导率是溶液中所有离子的电导率之和，只能用于估算离子的总量，而不能区分和测定所含离子的种类及其含量。

二、电导滴定法及应用简介

电导滴定法是根据滴定过程中溶液电导的变化来确定滴定终点，滴定剂与溶液中待测离子反应生成水，沉淀或难离解的化合物，使溶液的电导率发生变化，而在化学计量点时滴定曲线上出现转折点，指示滴定终点。电导滴定常用于稀酸、弱酸、混合酸等的测定。

三、水汽系统电导率异常及原因分析

在水汽监督过程中，电导率指标作为含盐量的指标起着非常重要的作用，现结合电厂中

一些常见的电导率超标或异常情况进行分析。

　　（一）混合床再生后正洗时间达到但电导率超标的原因及处理

　　1. 原因分析

　　反洗分层时阴阳树脂界面不清晰，存在混脂现象；再生时流量控制不好，存在酸碱液交叉污染；再生液偏流；置换时间不够；进酸或进碱阀门不严；树脂混合时空气压力不够，混合不匀。

　　2. 处理方法

　　重新进行反洗分层，重新再生；注意进再生液时的流量控制，防止交叉污染；重新对树脂置换、对树脂混合冲洗；检修混床，解决进再生装置污堵偏流；检查阀门关不严的原因并处理。

　　（二）反渗透产水电导率上升

　　反渗透产水电导率上升会导致混床周期制水量减小，引起混床再生消耗的酸、碱、水、电耗增加，更换反渗透膜需要增加较大的生产成本。

　　1. 主要原因

　　反渗透膜被氧化剂所氧化；化学清洗方法不当或过于频繁；反渗透回收率调整得过高，即浓水量调整得过小；还原剂等药剂的投加量过高，使原水电导率增大。

　　2. 处理方法

　　当反渗透产水电导率过高、脱盐率达到报废标准要求之后，应当更换反渗透膜。药剂投加过多造成电导率加大时，应当合理调整药剂投加量；由于水源原因造成电导率增大时应当查找水源恶化的原因。

　　3. 防范措施

　　（1）加强预处理系统的运行维护与保养，防止反渗透膜被污染。

　　（2）合理调整反渗透药剂投加量，特别是严格控制阻垢剂的投加浓度，防止反渗透膜结垢。

　　（3）做好反渗透进水余氯的化验检测，发现余氯超标要及时加大还原剂的投加量；当余氯值一直稳定在不超标的范围时，运行人员应当适当减小还原剂投加量，尽量降低药剂消耗。

　　（4）化学清洗时，注意合理控制清洗用药配方，同时避免长时间用强烈药剂浸泡反渗透膜。

　　（三）炉水电导率异常

　　炉水电导率明显偏大时，表明炉水中总的含盐量较大。一般来说，含盐量较大的炉水的腐蚀性和结垢的倾向较大。造成电导率升高现象有多种不同的原因，各种原因造成的后果不尽相同，炉水系统有泄漏或跑水时，将会造成炉水及热量损失。

　　1. 电导率偏大的原因

　　取样冷却器内的换热管泄漏；炉水加药量过大；锅炉排污量过低；除盐水、凝结水、疏水、给水等受到污染。

　　2. 电导率明显偏小的原因

　　排污量过大；炉水系统有泄漏的情况，如水冷壁管泄漏；系统阀门未关严，如紧急放水门未关严或定期排污门未关严等。

3. 处理方法

（1）应当首先查明是否为取样或化验的原因引起分析结果不正常。

（2）电导率过大时，应当加大锅炉排污量，使其降低到正常水平；找出造成异常的原因，并有针对性地处理。

（3）电导率过小时，应当查找泄漏或跑水的原因，然后设法排除。

4. 防范措施

（1）坚持对各种水质按时取样化验，发现异常应及时汇报并处理。

（2）取样、化验方法应当按照化验分析规程要求认真操作。

（3）注意加药量、加药泵冲程的日常变化规律，发现加药需求量有异常时应当及时查找原因。

（4）要求锅炉人员在操作排污阀、紧急放水阀等阀门时应当确保阀门操作到位，该关闭的一定要关严。

（5）根据水质及时合理调整锅炉排污量。

第四节 氢电导率的测量

一、概述

氢电导率测量是指被测水样经过氢阳离子交换树脂，将阳离子去除，水样中仅留阴离子和相应的氢离子，而水中的氢氧根离子则与氢离子中和消耗掉，不在电导率中反映，因此测量氢电导率可直接反映水中杂质阴离子的总量。假设某种离子占主导，则可以从氢电导率估算这种离子的最大浓度。例如，设水样中其他阴离子浓度为零，可根据氢电导率估算出水中 HCO_3^-（以 CO_2 计）的最大浓度（见表 1-1）。又如，设水样中其他阴离子浓度为零，可根据氢电导率估算出水中 Cl^- 的最大浓度（见表 1-2）。从表 1-2 可以看出，如果控制给水的氢电导率小于 $0.07\mu S/cm$（25℃），其水中 Cl^- 浓度不超过 $2\mu g/L$。这样，通过氢电导率可以估算出某个有害阴离子的最大浓度，以及整个有害阴离子的控制水平。

表 1-1　　　　　二氧化碳浓度与氢电导率的关系（25℃，无其他阴离子）

CO_2（mg/L）	0.00	0.01	0.02	0.05	0.10
氢电导率（$\mu S/cm$）	0.06	0.09	0.12	0.21	0.32

表 1-2　　　　　氯离子与氢电导率的关系（25℃，无其他阴离子）

Cl^-（$\mu g/L$）	0.00	2.0	4.0	6.0	10
氢电导率（$\mu S/cm$）	0.06	0.07	0.08	0.10	0.14

二、影响氢电导率测量准确度的因素及解决方法

1. 温度补偿系数的影响

由于温度的变化影响水的电导率，同一个水样的电导率随着温度的升高而增大。为了用电导率比较水的纯度，需要用 25℃ 时的电导率进行比较。由于测量时水样的温度不总是 25℃，需要将不同温度下测量的电导率进行温度补偿，电导率温度补偿式为

$$\kappa_{25℃}=\frac{\kappa_{样}}{1+\beta(t-25)}\qquad\qquad(1-13)$$

式中：$\kappa_{25℃}$ 为换算成 25℃时水样的电导率，$\mu S/cm$；$\kappa_{样}$ 为 t℃时测得水样的电导率值，$\mu S/cm$；β 为温度补偿系数。

对于 pH 值为 5～9，电导率为 30～300$\mu S/cm$ 的天然水，β 的近似值为 0.02。对于电导率大于 10$\mu S/cm$ 的中性或碱性水溶液，其温度校正系数一般为 0.017～0.024，因此取温度校正系数为 0.02，一般可满足应用需要。对于大型火力发电机组水汽系统，给水、蒸汽和凝结水的氢电导率一般小于 0.2$\mu S/cm$，接近纯水的电导率，此时温度校正系数是随温度和水的纯度（电导率）而变化的一个变量。表 1-3 表示理论纯水电导率、温度系数与温度的关系。可见，温度系数是随着温度的变化而发生变化的。

表 1-3　　　　　　　　　　　理论纯水电导率、温度系数与温度的关系

t（℃）	10	15	20	25	30	35
$\kappa_{25℃}$（$10^{-3}\mu S/cm$）	22.9	31.3	41.8	55.0	71.4	91.1
β	0.039	0.043	0.048		0.058	0.066

例如，35℃时测得水样的电导率为 0.0911$\mu S/cm$，从表 1-5 查出温度系数为 0.066，根据式 1-13 进行温度补偿，$\kappa_{25℃}=0.0911/[(1+0.066\times10)]=0.055\mu S/cm$；如果按一般的温度系数 0.02 进行温度补偿，$\kappa_{25℃}=0.0911/[(1+0.02\times10)]=0.076\mu S/cm$，由此产生的误差为

$$\frac{0.076-0.055}{0.055}\times100\%=38\%$$

由此可见，如果将电导率表的温度补偿系数设定为 0.02，则给水、凝结水和蒸汽的氢电导率的测量会产生较大的误差。

解决办法：

(1) 把测量炉水电导率的电导率表的温度补偿系数设为 0.02，将测量给水、凝结水和蒸汽氢电导率的电导率表的温度补偿系数根据所测水样电导率范围和温度范围，设为 0.03～0.06。

(2) 尽可能调整控制水样的温度在 25℃±2℃ 范围内。

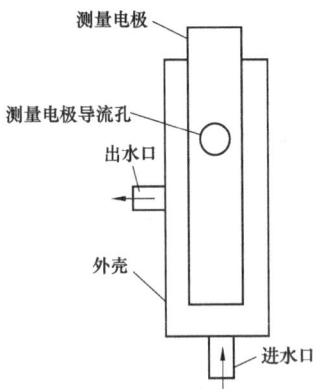

图 1-7　电导电极的
出水口结构示意

(3) 选用具有非线性自动温度补偿功能的电导率仪表监测给水、凝结水和蒸汽的氢电导率。目前某些在线电导率监测仪表具有自动非线性温度补偿功能。其仪表中已储存了各温度、各电导率下的温度系数；仪表电导池内带有自动温度测量传感器，仪表根据所测量的电导率和温度，自动选取相应的温度补偿系数，并将温度补偿后得到的电导率值显示在屏幕上。采用这种非线性自动温度补偿的电导率仪表监测电导率很低的纯水，可以大大减少温度变化产生的误差。

2. 电极常数的影响

实际使用发现，某些国产的电导率在线监测仪表部分电导电极的出水口开孔位置太低，低于测量电极导流孔

（见图 1-7）。这样一方面使测量电极不能全部浸入水中，从而使电极常数发生变化，与电极上标明的电极常数不同，从而造成较大的测量误差（测量的电导率明显偏低）；另一方面，由于外电极导流孔的位置在出水口上方，测量电极内的水不流动，造成测量响应速率大大降低，当水样的电导率发生变化时，测量电极内的水样是"死水"，电导率仪显示的仍然是以前水样的电导率，从而造成较大的测量误差。

解决办法：应检查电导电极出水口开孔位置是否低于测量电极导流孔，如果是，应对电极进行更换或改造。改造措施是将电极外壳出水口向上移，使之高于电极导流孔。另外，如果采用"标准溶液法"进行电极常数的标定，将电极从在线装置上取下浸入已知标准溶液中进行校正可能产生误差，因为电极实际使用时浸入水样的高度不同，导致实际使用时的电极常数与"标准溶液法"标定的电极常数不同，因而应对电极的电极常数进行检验校正。

3. 氢交换柱设计不合理

部分化学监测仪表配套厂家设计安装的氢交换柱设计不太合理，更换树脂时只能将不带水的树脂装入交换柱。投入运行后，水样从上部流进交换柱的树脂层中，树脂之间的空气由于浮力的作用向上升，水流的作用力将气泡向下压，造成大量气泡滞留在树脂层中，见图 1-8。气泡使水发生偏流和短路，使部分树脂得不到冲洗，这些树脂再生时残留的酸会缓慢扩散释放，空气中的二氧化碳也会缓慢溶解到水样中，使测量结果偏高，影响氢电导率测量的准确性。

解决办法：对氢交换柱系统进行改造，使更换树脂时能够保存水，树脂与水同时装进交换柱中，避免运行时树脂层中存在气泡。也可以采用从交换柱底部进水，顶部出水的运行方式，减少气泡的数量。

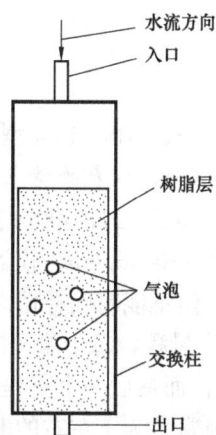

图 1-8 交换柱中的气泡

4. 氢交换树脂

由于测量氢电导率时首先使水样通过氢交换柱，测量经过阳离子交换树脂进行交换反应后水样的电导率，所以氢交换柱阳离子交换树脂的状态对测量结果有显著的影响。实际使用过程中发现存在以下两方面的问题。

（1）交换树脂释放氯离子。氢交换柱中一般使用强酸型阳离子交换树脂，这种树脂处理不当有产生裂纹的趋势。当有裂纹的树脂进行再生处理时，再生液（一般为盐酸）会扩散到裂纹中，再生后水冲洗时很难将裂纹中的盐酸冲洗干净。当这种树脂装入交换柱中投入运行时，树脂裂纹中残存的氯离子会缓慢地扩散出来，造成氢电导率测量结果偏高。由于水样中离子浓度非常低，这种树脂裂纹中残存的氯离子对测量结果的影响很大。

解决该问题的方法如下：

1）新树脂初次使用时一定要先浸入 10% NaCl 中，防止开裂；

2）对树脂进行检查，在 10～100 倍的实体显微镜下观察树脂裂纹情况，一般要求有裂纹的树脂颗粒小于树脂总数的 2%，最好小于 1%。

3）树脂在盐酸中再生后，应使用二级除盐水连续冲洗 8h 以上，再装入交换柱中投入使用。

（2）氢交换树脂失效后产生的影响。在氢交换树脂失效前，通过交换柱的水样中的阳离子只有氢离子。当氢型树脂失效后，部分其他阳离子穿透交换柱进入测量电极中。由于水汽系统一般采用加氨处理，先穿透交换柱的阳离子主要是铵离子，会对氢电导率测量结果产生影响，造成测量误差。在阳离子漏出初期，交换柱出水水样中只有少量铵离子，氢离子数量相应减少，阳离子总量基本不变，水样的 pH 值升高，电导率降低。这是因为铵离子的电导率比相同数量的氢离子的电导率小得多。因此，在交换柱失效初期，氢电导率测量结果偏低。此时水质超标不容易被发现。在阳离子漏出一段时间以后，由于大量铵离子漏出，水中铵离子总量远大于阴离子（除氢氧根以外）的总量，导致水样呈碱性，电导率大大增加，使氢电导率测量结果偏高。为了解决上述问题，采用变色阳离子交换树脂进行氢电导率的测量。由于变色阳离子交换树脂失效前后的颜色明显不同，可以在铵离子漏出前进行再生处理，从而排除了氢交换树脂失效引起的错误信息，提高了电导率测量结果的可靠性。

第五节　电厂常用电导式分析仪表介绍

一、DDS - 11A 型电导率仪

（一）仪表的特点

DDS - 11A 型电导率仪是实验室型仪表，采用分压式测量原理，仪器的测量范围很广，为 $0 \sim 10^5 \mu S/cm$，仪器有很高的输入阻抗，并采用了电容补偿措施，可以测高纯水的电导率，但不能精确补偿。为了保证仪器的线性，同时保证有较高的灵敏度，整个测量范围分为 12 个量程，每个量程配以不同的分压电阻，它与该量程满刻度对应的电阻 $R_{x,min}$ 之比均为 1%，而最后一个量程采用电极常数为 10 左右的铂黑电极来实现量程扩展，其他各量程使用电极常数为 1 左右的电极。为了减小极化的影响，采用了交流电源，有两种频率供选用，低频约为 140Hz，高频约为 1100Hz。

仪器的配套电极有三种：DJS - 1 型光亮铂电极、DJS - 1 型铂黑电极、DJS - 10 型铂黑电极（其电极常数为 10 左右）。由于工艺上很难做到同型号的电极常数完全相同，所以仪器设有电极常数调节电路，以适应使用不同电极常数的电极。

（二）仪表的组成与使用

DDS - 11A 型电导率仪由多谐振荡器、耦合变压器、电容补偿电路、量程选择电路、电极常数调节电路等部分组成。仪器的外形及各开关、旋钮等的位置如图 1 - 9 所示。

下面介绍仪器的使用方法。

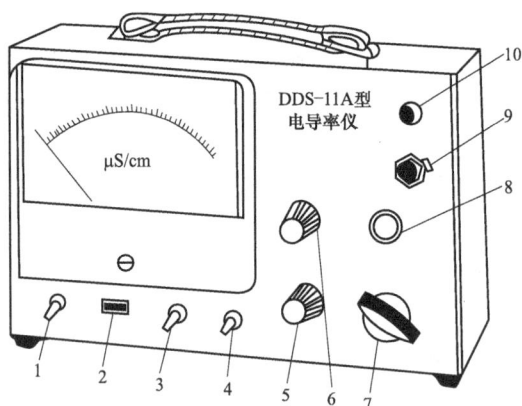

图 1 - 9　DDS - 11A 型电导率仪外形示意

1—电源开关；2—氖泡；3—频率切换开关；4—校正测量开关；
5—校正调节电位器；6—电极常数调节；7—量程选择；
8—电容补偿；9—电极插口；10—输出插口

1. 准备

调好表头机械零点，把校正测量开关置于"校正"位置，打开电源开关，预热数分钟，待指针稳定即可开始测量。

2. 粗测

粗测步骤如下：

（1）将电极常数旋钮旋到与所使用电极的常数一致的位置，调校正调节电位器，使指示为满刻度。

（2）把量程选择开关放到第 11 挡，将电极与仪器接好，电极插入溶液，校正测量开关旋到"测量"位置，然后将量程选择开关逐挡下降，直到指针偏转最大但不超过刻度范围。如果被测溶液的电导率范围为已知，则可以省略粗测步骤。

3. 细测

细测应注意以下几点：

（1）选择频率和电极：根据粗测的电导率值，选择好频率和电极。

（2）校正：将电极常数调节旋钮位置与被选用电极的常数值调节一致，但用 DJS-10 型电极时，旋钮位置示值应等于其电极常数值的 1/10；将校正测量开关置于"校正"位置，调整校正调节电位器，使指示为满刻度，电导率值在 10～12 挡范围内时，应将电极与仪器接好，并将电极浸入待测溶液后再进行校正。

（3）测量：将校正测量开关置于"测量"位置，指示值乘以量程开关倍率即为被测溶液的电导率。使用 DJS-10 型电极时，应将读数乘以 10。

测量高纯水时，使用 1 挡或 2 挡，应进行电容补偿。补偿方法是：把仪器与电极接好后，电极浸入溶液前，调节电容补偿电位器，使指示值达到最小值（不能调到零，因极板间有漏电流存在），然后把电极放入被测溶液测量。

二、TP120 电导率分析仪

TP120 电导率分析仪是北京时代新维测控设备有限公司推出的在线测量水中电导率的仪器，具有全中文显示、中文菜单式操作、高智能化、多功能、测量性能高、环境适应性强等特点。可广泛应用于火电、化工、冶金、环保、制药、生化、食品和自来水等溶液电导率值的连续监测。仪器配上电极常数为 1.0 或 10 的电极，可测量一般液体的电导率；配上电极常数为 0.1 或 0.01 的电极，能准确测量纯水或超纯水的电导率，特别适用于电厂锅炉给水和蒸汽凝结水等高纯水电导率的在线连续监测。

（一）基本功能

TP120 电导率分析仪采用高精度 A/D 转换和单片机微处理技术，能实现电导率的测量、温度的测量、温度自动补偿、量程自动转换等多种功能。元器件集成到一块线路板上，没有了复杂的功能开关、调节旋钮和电位器；抗干扰能力强，电流输出采用光电耦合隔离技术，抗干扰能力强，可实现远传；具有良好的电磁兼容性；能对当前温度下的电导率值进行 25℃折算，可显示 25℃时的电导率值，特别适合电厂多种水质的测量；在电极所覆盖的测量范围内实现量程自动转换。

（二）技术指标

测量范围：$K=0.01$ 时，$0.000～3.000\mu S/cm$ 和 $0.00～30.00\mu S/cm$；

$K=0.10$ 时，$0.00～30.00\mu S/cm$ 和 $0.0～300.0\mu S/cm$；

$K=1.00$ 时，$0.0\sim300.0\mu S/cm$ 和 $0\sim3000\mu S/cm$；

$K=10.0$ 时，$0\sim3000\mu S/cm$ 和 $0\sim30000\mu S/cm$

分辨率：$0.001\mu S/cm$

测温范围：$0.0\sim99.9℃$

温补范围：$0.1\sim60.0℃$

水样温度：$5\sim60℃$

环境温度：$5\sim45℃$

供电电源：(220 ± 22) V AC，频率（50 ± 1）Hz

电流隔离输出：$0\sim10mA$、$0\sim20mA$、$4\sim20mA$（任选）

仪器安装方式：开孔式/壁挂式/架装式

电极安装方式：流通式/沉入式/法兰式/管道式

（三）仪器的组成及安装

1. 仪器的组成

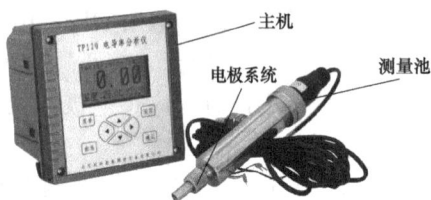

图 1-10　TP120 电导率分析仪

TP120 电导率分析仪由主机、电极系统及测量池组成，见图 1-10。电极系统采用测量灵敏的复合电导电极，自动温度补偿，测量可靠、数据准确。仪器有一个电导输入通道和一个温度输入通道，当不需要自动温度补偿时，可以手动设置进行温度补偿；当需要进行自动温度补偿时，样品的温度由一个内置的 Pt1000 铂电阻温度电极进行测量。

2. 仪器的安装

仪器采用从上往下翻的开启方式，仪器机箱为国际通用的标准机箱，外壳采用全封闭式结构。可安装在远离现场的监控室，也可与测量池一起安装在现场。所需连线与仪器的内部接线柱相接。仪器有三种安装方式：开孔式、壁挂式、管道式。

（1）电极的安装。电极通常有四种安装方式：流通式、沉入式、管道式和法兰式。

流通式安装适用于软硬管连接的水路，进出水管的外径有 $\phi6$、$\phi8$、$\phi10$ 和 $\phi12$ 四种规格，以满足用户的不同需求，一般配 $\phi10$；采用沉入式安装时，电极引线从护套管里穿出，再将电极顶部的螺纹与护套管连接即可；管道式安装是将电极前端的螺纹与管道相连接；法兰式安装是根据客户要求配置法兰盘，如 DN80、DN100 等。

（2）测量池的安装。测量池采用流通式结构，适用于软硬管连接的水路，如图 1-11 所示。

安装步骤：在安装盘上开一个直径为 12mm 的孔，将测量池的出水口的接头从孔中

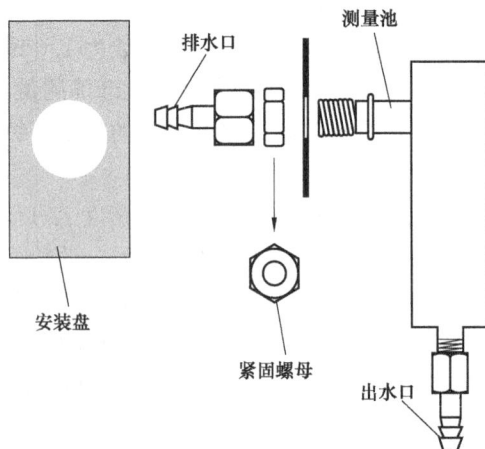

图 1-11　电极测量池的安装示意

穿过，在盘的另一端用紧固螺母将测量池紧固，紧固好后，将软管接头接好；连接进水管和排水管；进水口和排水口接 $\phi6$（内径）软管或焊接 $\phi10$（外径）的不锈钢管。

（3）复合电导电极的安装。将复合电导电极沿顺时针方向旋入电极测量池内，并确保电极接口处无水样溢出，如图 1-12 所示。所用电缆线的长度应留有余量，以免外界拉扯时影响接线。测量池与仪器的距离越近越好，以免对信号产生不良影响。最好将仪器固定在最佳视平线上，接地良好。

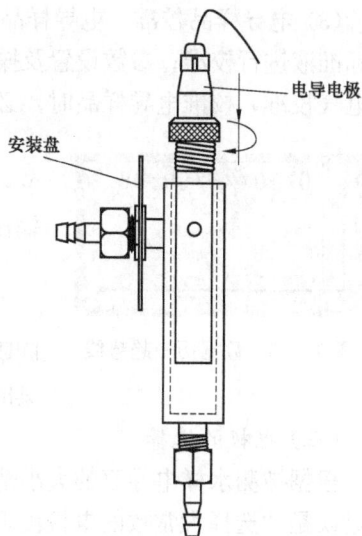

图 1-12 复合电导电极的安装示意

（四）仪器的操作

1. 功能菜单及设置

在测量界面（见图 1-13）下，按菜单键进入菜单选项界面，如图 1-14 所示。

图 1-13 测量界面

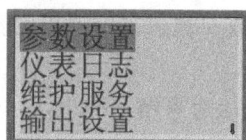

图 1-14 菜单选项

参数设置包括：①电极常数的选择。电极常数应根据仪器所配电极上的标注值修改。②量程转换和量程选择。量程选择主要用于量程选择，每个电极常数均对应两个量程可供选择。③温度补偿。温度补偿分为自动和手动两种方式。

2. 仪器校准

在出现测量不准确时，可用电导率校验器对仪器作模拟校验，来判断是电极还是仪器的问题。先拆下温补电极和电导电极与仪器的连接电缆线，将仪器的电导和温度的接线端子分别接到电导率校验器上进行模拟校验。

（1）温度校准。本表用 Pt1000 铂电阻温度电极，采用两线制进行温度测量。校准温度时通常采用两点校准，即校准 0℃ 和 51.3℃ 两个温度点。校准完成后，要用中间点温度（25.6℃）进行反测校验，来检验校准的准确度。

校准完毕后要进行反测，先将温度补偿改为自动方式，然后返回测量界面，将电导率校验器旋钮调至 25.6℃ 位置处，若仪器测量界面温度显示数值在（25.6±0.5）℃ 误差范围内，则表明校准准确。

（2）电导电气校准。以电极常数为 1 举例说明如下：

通常校准电导电气时，应根据实际的测量范围选择合适的电极常数进行校准。

校准电导电气时通常采用两挡校准，每个电极常数对应两个校准挡位（高挡位和低挡位）。校准时先校低挡位后校高挡位（两挡位必须全部进行校准），校验完成后要进行反测校验，来检验校准的准确度。

（3）电导样品校准。电导样品校准功能与电气校准一样，唯一不同的是它用已知电导值的标准液进行校准；参数设置及操作方法同电气校准一样，可参考电气校准，建议在校准时用电气校准，校准电导样品时，必须选用一个高浓度和一个低浓度进行校准。

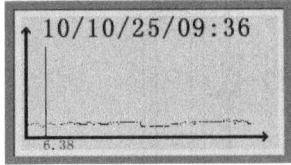

图1-15　数据历史趋势线

（4）输出校准。校准输出时，电流类型有 0～10mA、0～20mA、4～20mA 三组可供选择，校准时用户可根据仪器输出范围选其中一组进行校准。

3. 曲线按键的作用及用法

该功能主要用于仪器历史记录的查询。当用户设定了存储间隔后，仪器将根据设定自动保存数据，当用户想要查看某天某时的数据记录时，只需按下曲线键即可，如图1-15所示。

（五）电极的选择

根据被测水样电导率的大小范围，选择电极常数合适的电极。在选择电极时，最易出现的错误是"选择大常数的电极测低电导"。如选电极常数为 1.0 的电极测小于 $3\mu S/cm$ 的水样，不可能得到准确的值。因为低电导介质的导电性很差，若再用大常数的电极进行测量，只会得到更微弱且不稳定的电信号，势必大幅度增加测量误差。仪表中设置的电极常数必须与电极上所标的常数一致。每个电极常数均对应两个量程，测量时仪表根据测量范围自动进行切换。

（六）电极维护注意事项

电导池污物须及时清洗。用50％的温热洗涤剂和尼龙毛刷刷洗，再用蒸馏水反复淋洗干净电极的内外表面，切忌用手触摸电极。电极的引线和仪器后部的连接插头不能弄湿，否则影响测量的准确度。高纯水盛入容器后应迅速测量。因为空气中的 CO_2 会不断地溶于水样，生成导电较强的碳酸根离子，电导率会不断上升，使测得的数据不准。被测溶液的容器必须清洁，不得有离子沾污。电极的不正确使用常引起仪器工作不正常。在安装电极时，应使电极完全浸入溶液中，禁止在开机状态下插拔电极。平时要观察电极和电导池上有无油污、铁锈、沉淀等物，如有应及时清洗。

复习思考题

1-1　电导分析法有哪些分类？

1-2　电导、电导率、电极常数的含义是什么？

1-3　影响电导率测量的因素有哪些？

1-4　电极常数的测定方法有哪些？

1-5　电导式分析仪器的测量原理是什么？

1-6　简述氢离子电导率的意义，在实际测定过程存在哪些问题？如何解决？

1-7　DDS-11A 电导率仪在使用过程中的注意事项有哪些？

1-8　TP120 电导率分析仪是如何实现在线分析的？其主要结构部件有哪些？

1-9　列举水汽系统常见的电导率异常及解决方法。

1-10　电导电极的维护注意事项有哪些？

第 二 章

电 位 式 分 析 仪 表

电位式分析仪表是指通过测量电极系统与被测溶液构成的测量电池（原电池）的电动势获知被测溶液离子活度（或浓度）的一类分析仪器。电位式分析仪器主要由测量电池和高阻毫伏计两部分组成。测量电池是由指示电极、参比电极和被测液构成的原电池。目前 H^+、Na^+ 含量的测定都是采用电位式分析仪表。

第一节 电位分析法基础

1. 原电池

把锌片插入 $ZnSO_4$ 溶液中，铜片插入 $CaSO_4$ 溶液中，并用素烧瓷将两溶液隔开，使两溶液不相混，但离子可以迁移。如图 2-1 所示，用两根导线分别与锌片、铜片相接，它们的另一端分别接在电流计的两个接线柱上，以电流计指针偏移的方向可知，电流从铜极流向锌极，同时还可以观察到锌片不断变成 Zn^{2+} 进入溶液，溶液中的 Cu^{2+} 不断变为单质铜在铜片上析出，其化学反应为

锌电极（阳极）

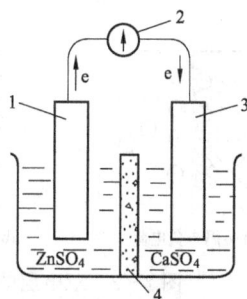

图 2-1 铜锌原电池
（丹尼尔电池）
1—Zn 电极；2—电流计；
3—Cu 电极；4—素烧瓷

$$Zn \longrightarrow Zn^{2+} + 2e（氧化反应）$$

铜电极（阴极）

$$Cu^{2+} + 2e \longrightarrow Cu（还原反应）$$

这类装置可将化学能转换为电能，具有这种功能的装置称为原电池。原电池由两个半电池组成，对于丹尼尔电池来说，就是由锌和硫酸锌、铜和硫酸铜两个半电池组成。两个半电池也叫原电池的两个电极。一般发生氧化作用的电极叫阳极，发生还原作用的电极叫阴极。带负电荷的电子从阳极（锌片）通过外电路（导线）流向阴极（铜片），所以锌片（阳极）作为原电池负极，铜片（阴极）作为原电池正极。在电池内部电子从阳极（负极）流向阴极（正极），对于外电路而言，电流则从正极流向负极。

任何一个自发的氧化还原反应在原则上都可以设计成原电池。将自发氧化还原反应设计成电池反应的重要条件之一是将氧化反应和还原反应分别在两个空间进行，如上述氧化还原反应就必须将锌片和硫酸铜溶液分开，否则，无电流产生，化学能将不能转变成电能而是转变成了热能。

2. 原电池的表示方法

为使原电池的描述简化，原电池可用符号表示，其规定如下：

（1）阳极（负极）及其有关溶液都写在左边；阴极（正极）及其有关溶液都写在右边。

（2）电极的相界面和不相混的两种溶液用"｜"表示，如 $Ag \mid AgNO_3$、$Cu \mid CuSO_4$。

（3）盐桥用"‖"表示，例如：

$$(-)Cu \mid Cu^{2+}(0.1mol/L) \parallel Ag^+(0.1mol/L) \mid Ag(+)$$

（4）气体电极要用惰性材料做电极材料，以传导电流；同时电池中的溶液要注明浓度，气体应注明温度、压力等。

3. 电极电位

当金属 M 插入水或含有该金属离子（M^{n+}）的溶液中时，金属表面由于受到极性水分子的作用，金属晶体中的金属原子有一种把自由电子留在金属表面，而自身以离子形式（M^{n+}）进入水或溶液的趋势，金属越活泼，这种趋势就越大。另外，溶液中的金属离子也有获得金属表面的电子而沉积在金属表面的趋势，金属越不活泼，溶液中金属离子浓度越大，这种趋势就越大。这两种过程同时进行着，在一定条件下，金属的溶解速度和金属离子的沉积速度会达到动态平衡，即

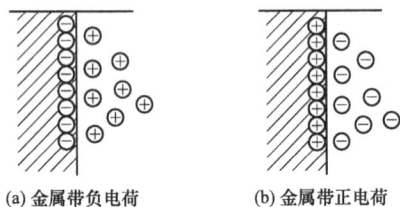

$$M \Longleftrightarrow M^{n+} + ne$$

(a) 金属带负电荷　　(b) 金属带正电荷

图 2-2　双电层的示意

此时，金属与其附近溶液间带有相反电荷，由于正负电荷相互吸引，而使金属表面及其附近溶液间形成稳定双电层（电荷数目不再变化）。若金属失去电子而溶解的趋势大于金属离子获得电子而沉积的趋势，则达到平衡时，金属表面带负电，附近溶液带正电，如图 2-2（a）所示；反之，则金属表面带正电，附近溶液带负电，如图 2-2（b）所示。

这样，在金属片与水或其盐溶液两相间就形成了一个恒定的电位差，这种电位差称为电极电位。

通常把金属和其盐溶液构成的体系称为电极（或半电池），金属和其盐溶液间的恒定电位差称为该电极的电极电位，用 φ 表示，单位为伏特（V）。金属电极电位的大小与金属本身的活泼性、金属离子的浓度以及温度等因素有关。

4. 标准电极电位

原电池的电动势很容易用电压测量仪器测量，但对构成原电池的单个电极的电极电位，却无法测量其绝对值，只能用比较的方法求出其相对值。在实际应用中，必须选择一个特定的电极作为电位标度，规定它的电极电位为零，将其他电极与之相比较而得到其他电极的电极电位。

国际上采用标准氢电极作为电位标度，一般地，某一金属电极体系在某一温度下，和标准氢电极组成的原电池的电动势，称为该电极电位，用 φ 表示。给定电极中参与电极反应的物质都处于标准状态（指定温度为 25℃，气体压力为 101 325Pa，溶液中离子活度为 1mol/L）时的电极电位，称为标准电极电位，用 φ^0 表示，其数值可查有关化学手册。

5. 电极电位的能斯特方程式

原电池在外电路没有接通时，两电极间就存在电位差，该电位差等于原电池的电动势，也等于组成原电池的两个电极电位的差值。每个电极的电位可以由能斯特方程表示为

$$E = E_0 + \frac{RT}{nF} \ln \frac{\alpha_y}{\alpha_h} \tag{2-1}$$

式中：E 为平衡电极电位，V；E_0 为标准电极电位，V；n 为得失的电子数；F 为法拉第常数，$F = 96\,485\,C/mol$；R 为气体常数，$R = 8.314\,J/(mol \cdot K)$；$T$ 为热力学温度，K；α_y 为氧化态物质的活度，mol/L；α_h 为还原态物质的活度，mol/L。

如果将能斯特方程中的自然对数改为常用对数表示，则式（2-1）变为

$$E = E_0 + \frac{2.303RT}{nF} \lg \frac{\alpha_y}{\alpha_h} \tag{2-2}$$

能斯特方程是电位式分析的理论根据。

6. 活度和活度系数

能斯特方程表示电动势 E 或电极电位 φ 与活度，而不是与浓度的关系，活度与质量摩尔浓度的关系为

$$\alpha_i = \gamma_i b_i \tag{2-3}$$

式中：α_i 为校准浓度；γ_i 为活度系数；b_i 为质量摩尔浓度。

单个离子的活度和活度系数还没有严格的方法测定。正、负离子的平均活度系数可由试验求得。因此正、负离子的平均活度系数、平均活度以及平均质量摩尔浓度之间的关系为

$$\alpha_{\pm} = \gamma_{\pm} b_{\pm} \tag{2-4}$$

稀溶液中的离子平均活度系数主要受离子的质量摩尔浓度和离子的电荷数（价数）z 的影响，于是路易斯提出了离子强度的概念，离子强度 I 的计算式为

$$I = \frac{1}{2} \sum_i b_i z_i^2 \tag{2-5}$$

I 的量纲与 b 相同，在稀溶液范围内，活度系数与离子强度之间的关系符合如下经验式：

$$\lg \gamma_{\pm} = -0.512 z_i^2 \sqrt{I} \tag{2-6}$$

不同浓度下，强电解质的活度系数能在化学手册中查到，从而可对溶液进行活度校准。当浓度小于 $10^{-4}\,mol/L$ 时，活度系数接近于 1，可用浓度代替能斯特方程中的活度。

第二节　电极分类及介绍

电极电位的测量需要构成一个化学电池，一个电池有两个电极。在电位分析中，将电极电位随被测物质活度变化的电极称为指示电极，将另一个与被测物无关的、电位比较稳定的、提供测量电位参考的电极称为参比电极。电解质溶液一般由被测试样及其他组分所组成。本节对电极进行详细的介绍。

一、金属基电极

这类电极以金属为基体，它们共同的特点是电极上有电子交换反应，即氧化还原反应的存在，可分成五类。

1. 第一类电极（活泼金属电极）

这类电极由金属与该金属离子溶液组成，（M、M^{n+}），要求金属的标准电极电位为正，在溶液中金属离子以一种形式存在，Cu、Ag、Hg 能满足以上要求，形成这类电极。有些金属的标准电极电位虽较低，但由于动力学因素，氢在其上有较大的超电位，也可以做电极，如 Zn、Cd、In、Sn、Pb。

2. 第二类电极（金属/难溶盐电极）

该类电极由金属、该金属的难溶盐和该难溶盐的阴离子溶液组成，如银-氯化银电极（$Ag|AgCl$，Cl^-），当 α（Cl^-）一定时，其电极电位是稳定的，电极反应是可逆的。在测量电极的相对电位时，常用它来代替标准氢电极（SHE）作参比电极用，它克服了氢电极使用氢气的不便，又比较容易制备，电分析化学将它作为二级标准电极。

类似的电极还有：甘汞电极（$Hg|Hg_2Cl_2$、Cl^-）、硫酸亚汞电极（$Hg|Hg_2SO_4$、SO_4^{2-}）。它们都是一类电极，其电位大小见表 2-1。

表 2-1　　　标准电极电位（25℃）

电极	电极电位（V）
甘汞（$Hg|Hg_2Cl_2$），Cl^-	
0.10mol/LKCl	0.334
1.0mol/LKCl	0.282
饱和 KCl	0.242
银-氯化银（$Ag|AgCl$），Cl^-	
0.10mol/LKCl	0.288
1.0mol/LKCl	0.228
饱和 KCl	0.199
硫酸亚汞（$Hg|Hg_2SO_4$），SO_4^{2-}	
0.5mol/LK$_2$SO$_4$	0.682
饱和 K$_2$SO$_4$	0.65

甘汞电极在温度变化时，常显示出滞后效应，银-氯化银电极对光敏感，较脆，操作不慎表面易被刮伤、破裂，使用时要注意。

3. 第三类电极

这类电极是由金属与两种具有相同阴离子的难溶盐（或难解离的配合物），再与含有第二种难溶盐（或难解离的配合物）的阳离子组成的电极体系。例如，$Ag|Ag_2C_2O_4$、CaC_2O_4/Ca^{2+}，草酸根离子能与钙离子生成草酸根和草酸钙难溶盐，在以草酸根和草酸钙饱和过的、含有钙离子的溶液中，用银电极可以指示钙离子的活度。

4. 零类电极（惰性金属电极）

零类电极由一种惰性金属（铂或金）与含有可溶性的氧化态和还原态物质的溶液组成，如 $Pt|Fe^{3+}$、Fe^{2+}。

$$\varphi = \varphi^0(Fe^{3+}, Fe^{2+}) + 0.059 \lg \frac{\alpha(Fe^{3+})}{\alpha(Fe^{2+})} \qquad (2-7)$$

惰性金属不参与电极反应，仅提供交换电子的场所。

5. 膜电极

膜电极包括大多数的离子选择性电极。

二、参比电极

参比电极是在测量原电池电动势时用来提供已知的标准电极电位的电极。参比电极应具有良好的可逆性、重复性和稳定性。常见的参比电极有标准氢电极、甘汞电极和银-氯化银电极。国际上规定标准氢电极为标准参比电极。

1. 标准氢电极

标准氢电极的结构如图 2-3 所示。国际上规定标准氢电极的电极电动势在任何条件下为零，即标准氢电极的温度系数为零。

标准氢电极是采用镀铂黑的铂片插入含有氢离子活度为 1mol/L 的酸溶液中，并用纯净氢气不断冲击在铂片上，以保持氢气压力为 101 325Pa。1958 年，国际纯粹与

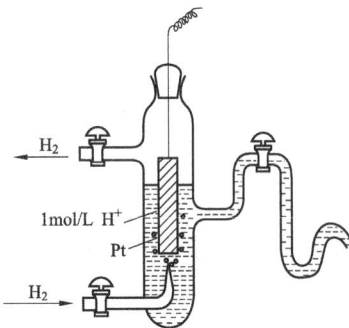

图 2-3　标准氢电极

应用化学会议规定，将标准氢电极作为负极与待测电极组成电池，电池的电动势即该电极的相对电极电位，比标准氢电极的电极电位高为正，反之为负。标准氢电极是性能最好的参比电极，但由于标准氢电极制作复杂，使用条件严格，因而限制了它的使用。实际测定中常用的参比电极是甘汞电极和银电极。

2. 甘汞电极

甘汞电极由汞、Hg_2Cl_2 和已知浓度的 KCl 溶液组成。甘汞电极根据用途不同可分为工业用和实验室用两种；根据 KCl 浓度不同，分为饱和 KCl 甘汞电极、1mol/L KCl 甘汞电极和 0.1mol/L KCl 甘汞电极三种。甘汞电极的结构如图 2-4 所示。在一定温度下，甘汞电极的电极电位取决于 Cl^- 的活度，不受其他离子浓度变化的影响。当 Cl^- 浓度不同时，可得到具有不同电极电位的参比电极。

甘汞电极在高温时不稳定，不宜采用，一般使用温度为 1～70℃；温度过高，甘汞会分解，造成电极电位不稳定，也存在"热滞后效应"，即当温度变化时，其电极电位发生缓慢漂移，很难达到稳定值的现象。甘汞电极的优点是结构简单、使用方便，恒温下电极电位非常稳定，具有负的温度系数，且温度系数随 KCl 溶液浓度的增大而增大。KCl 溶液浓度越低，受温度的影响就越小，但此时 Cl^- 的浓度较难稳定，相对而言，饱和 KCl 甘汞电极受温度的影响小。

3. 银-氯化银电极

银-氯化银电极由银、银的难溶盐氯化银及 KCl 溶液构成。由于它有比甘汞电极更为优越的性能，因而得到广泛应用。银-氯化银电极主要用作离子选择性电极的内参比电极，现在有逐渐取代甘汞电极作为外参比电极的趋势。银-氯化银参比电极的结构与甘汞电极类似，如图 2-5 所示。

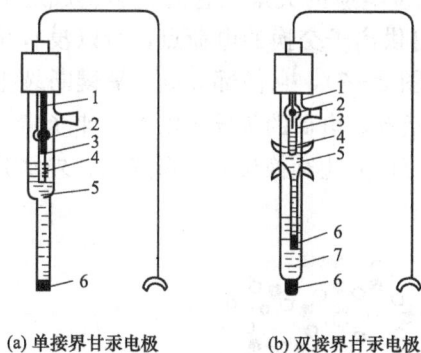

(a) 单接界甘汞电极　(b) 双接界甘汞电极

图 2-4　甘汞电极结构示意
1—引线；2—Hg；3—Hg｜Hg_2Cl_2 槽；4—棉花；5—KCl 溶液；6—陶瓷；7—溶液

(a) 单接界　(b) 双接界

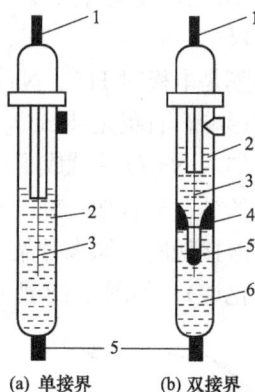

图 2-5　银-氯化银外参比电极结构示意
1—引线；2—KCl 溶液；3—AgCl 丝；4—磨口接口；5—陶瓷；6—溶液

银-氯化银电极在不用时应避光保存，并将其浸在 KCl 溶液中，具有良好的稳定性和测量重现性。在高温（250℃）下电极电位稳定，但温度系数较大；热滞后效应比甘汞电极小，由于 AgCl 的溶解度较大，在添加 KCl 内充液时，应事先用 AgCl 饱和，否则会由于 AgCl

的溶解损失使电极电位漂移或缩短电极寿命。

三、膜电位和离子选择性电极

离子选择电极和金属基电极是电位分析中常用的电极,离子选择性电极是一种电化学传感器,敏感膜是其主要组成部分,敏感膜是一个能分开两种电解质溶液,并对某类物质有选择性响应的薄膜,它能形成膜电位。

(一)膜电位

膜电位是膜内扩散电位和膜与电解质溶液形成的内外界面的 Donnan 电位的代数和。

1. 扩散电位

在两种不同离子或离子相同而活度不同的液液界面上,由于离子扩散速度不同,能形成液液电位,也称为扩散电位,离子通过界面时,没有强制性和选择性,扩散电位不仅存在于液液界面,也存在与固体膜内,在氯离子选择性电极的膜中可产生扩散电位。

2. Donnan 电位

若有一种带负电荷载体的膜(阳离子交换物质)或选择性渗透膜,它能交换阳离子或让被选择的离子通过,如膜与溶液接触时,膜相中可活动的阳离子的活度比溶液中的高,膜允许阳离子通过,不允许阴离子通过,这是一种具有强制性和选择性的扩散,它造成两相界面电荷分布不均匀,产生双电层结构,形成了电位差,这种电位称为 Donnan 电位。在离子选择性电极中,膜与溶液两相界面上的电位具有 Donnan 电位的性质。

(二)玻璃膜电极

最早也是最广泛使用的膜电极就是 pH 玻璃电极,它是电位法测定溶液 pH 值的指示电极。玻璃膜电极的结构如图 2-6 所示,下端部分是由特殊组分的玻璃吹制而成的球状薄膜,膜的厚度为 0.1mm,玻璃管内装一定 pH 值(如 pH=7)的缓冲溶液并插入 Ag|AgCl 电极作为参比电极。

敏感玻璃膜是电极对 H^+、Na^+、K^+ 等产生电位响应的关键,它的化学组成对电极的性质有很大的影响,石英是纯 SiO_2 结构,它没有可供离子交换的电荷点,所以没有响应离子的功能,当加入 Na_2O 后就成了硅酸盐玻璃(见图 2-7),它使部分硅—氧键断裂生成固定的带负电荷的硅—氧骨架,Na^+ 在骨架的网络中活动,电荷的传导也由 Na^+ 来负责,当玻璃电极与水溶液接触时,原来骨架中的 Na^+ 与水中 H^+ 发生交换反应,形成内、外水分硅胶层(统称为水化层),如图 2-8 所示。

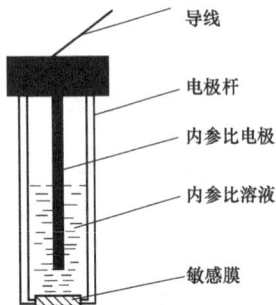

图 2-6　玻璃膜电极的结构

导线
电极杆
内参比电极
内参比溶液
敏感膜

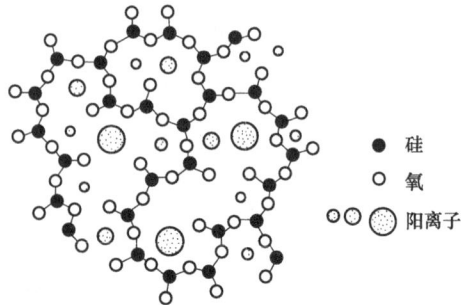

图 2-7　硅酸盐玻璃的结构

● 硅
○ 氧
◐ 阳离子

内充液　　内水合硅胶层　　玻璃膜　　外水合硅胶层　外部溶液
　　　　　0.01~10μm　　80~100μm　　0.01~10μm

α_2

H^+ ⇌ H^+　　　　Na^+　　　Na^+　　　Na^+　　H^+ ⇌ H^+　　α_1

图 2-8　水化敏感玻璃膜的分层模式

在水化层中，由于硅氧结构 H^+ 的键合强度远远大于它与钠离子的强度。在酸性和中性溶液中，水化层表面钠离子电位基本上被氢离子占有，H_2O 的存在使 H^+ 大都以 H_3O^+ 的形式存在，在水化层中 H^+ 的扩散速度较快，电阻较小，由水化层到干玻璃层，氢离子的数目依次减少，钠离子数目相应增加。

水化层表面存在着如下的离解平衡：

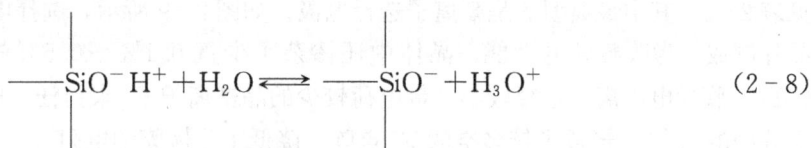

$$——SiO^- H^+ + H_2O \rightleftharpoons ——SiO^- + H_3O^+ \qquad (2-8)$$

水化层中的 H^+ 与溶液中的 H^+ 能进行交换，在交换过程中，水化层得到 H^+ 或失去 H^+ 都会影响水化层和溶液界面的电位，这种 H^+ 的交换，在玻璃膜的内外相界面上，产生两个相界电位 φ_1 和 φ_2，在内外两个水化层与干玻璃层之间又形成两个扩散电位。若玻璃膜两侧的水化层相性质完全相同，则其内部形成的两个扩散电位大小相等，符号相反，结果互相抵消，因此玻璃膜的电位（φ_M）主要取决于内外两个水化层与溶液的之间电位，即

$$\varphi_M = \varphi_1 - \varphi_2 \qquad (2-9)$$

内充液组成一定时 φ_2 的值是固定的，φ_M 的值由 φ_1 决定，φ_1 受溶液中 $\alpha(H^+)$ 的影响，总的 φ_M 在 25℃时可表示为

$$\varphi_M = 常数 + 0.059 \lg\alpha(H^+) = 常数 - 0.059pH \qquad (2-10)$$

pH 的理论定义为 $pH = -\lg\alpha(H^+)$。如果内充液和外部溶液相同，则 φ_M 应为零。但实际上仍有一个很小的电位存在，称为不对称电位。一个给定玻璃电极的不对称电位会随着时间而缓慢地变化，不对称电位的来源尚待进一步研究，影响它的因素有：制造时玻璃膜内外表面产生的张力不同、外表面经常被机械和化学侵蚀等，它对 pH 值测定的影响只能用标准缓冲溶液来进行校正，即对电极电位进行定位的办法来加以消除。

玻璃膜除了对 H^+ 和某些碱金属离子活度有响应外，它们也能发生下列交换平衡：

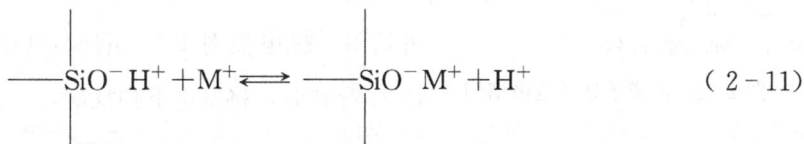

$$——SiO^- H^+ + M^+ \rightleftharpoons ——SiO^- M^+ + H^+ \qquad (2-11)$$

它们对电极电位的贡献，常用选择性系数 $K_{H,M}$ 来表示，这时 φ_M 可写成

$$\varphi_M = 常数 + \frac{RT}{F} \ln[\alpha(H^+) + K_{H,M}\alpha(M^+)] \qquad (2-12)$$

碱金属引起 pH 值测量的干扰，在 pH>9 时就比较明显，称为碱差。改变玻璃膜的化

学成分和结构，如加入 Al_2O_3，形成 $Na_2O - Al_2O_3 - SiO_2$ 三种成分的结构，并改变其相对含量，会使玻璃膜的选择性表现出很大的差异。目前已研制出测定 Li^+、Na^+、K^+、Ag^+ 的玻璃膜电极。

在 pH<1 时，如强酸性溶液中，或盐浓度较大时，或某些非水溶液中，pH 值测量读数往往偏高，这是由于 H^+ 是靠 H_2O 传送的，水分子活度变小了，$\alpha(H_3O^+)$ 也就变小了，这种现象称为酸差。

将玻璃膜电极与外参比电极组装成一体构成的电极称为复合电极。目前 pH 复合电极已得到了广泛的应用。

（三）晶体膜电极

这类膜电极是难溶盐的晶体，这些晶体具有离子导电的功能，晶体膜电极的品种和性能见表 2-2。其中最典型的是氟离子选择电极，如图 2-9 所示，选择电极的敏感膜由 LaF_3 单晶片制成。为改善导电性能，晶体中还掺杂了少量 $0.1\% \sim 0.5\%$ 的 EuF_2 和 $1\% \sim 5\%$ 的 CaF_2。膜导电由离子半径较小，带电荷较少的晶格离子 F^- 来担任。Eu^{2+}、Ca^{2+} 代替了晶格点阵中的 La^{3+}，形成了较多空的 F^- 点阵，降低了晶体膜的电阻。

表 2-2　　　　　　　　　　　　晶体膜电极的品种和性能

电极	膜材料	适用 pH 值	主要干扰离子
F^-	$LaF_3 + Eu^{2+}$	$5 \sim 6.5$	OH^-
Cl^-	$AgCl + Ag_2S$	$2 \sim 12$	Br^-、$S_2O_3^{2-}$、I^-、CN^-、S^{2-}
Br^-	$AgBr + Ag_2S$	$2 \sim 12$	$S_2O_3^{2-}$、I^-、CN^-、S^{2-}
I^-	$AgI + Ag_2S$	$2 \sim 11$	S^{2-}
CN^-	AgI	>10	I^-
Ag^+、S^{2-}	Ag_2S	$2 \sim 12$	Hg^{2+}

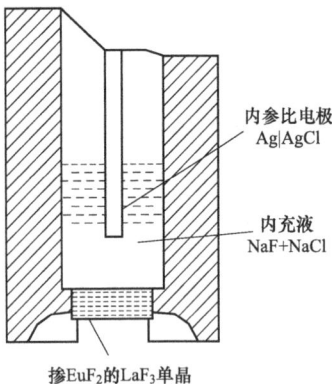

内参比电极
Ag|AgCl

内充液
NaF+NaCl

掺EuF_2的LaF_3单晶

图 2-9　氟离子选择电极结构

测量时，将膜电极插入待测离子的溶液中，待测离子可以吸附在膜表面，它与膜上相同离子交换，并通过扩散进入膜相。膜相中存在晶格缺陷，产生的离子也可扩散进入溶液相。这样，在晶体膜与溶液界面上建立了双电层结构，产生相界电位，即

$$\varphi = 常数 - \frac{RT}{F}\ln\alpha\,(F^-) \qquad (2-13)$$

这种电极对 F^- 有良好的选择性，一般阴离子除 OH^- 外均不干扰电极对 F^- 的响应，OH^- 的干扰可以解释为，OH^- 存在时，将发生下列反应：

$$LaF_3 + 3OH^- \Longleftrightarrow La(OH)_3 + 3F^- \qquad (2-14)$$

上述反应表明 F^- 浓度增大，也可以认为 OH^- 与 F^- 有近乎相等的离子半径，因此 OH^- 可以占据晶格中 F^- 所处的位置，与 F^- 一样参与导电过程，在酸性溶液中因 F^- 能与 H^+ 生成 HF 或 HF_2^-，降低了 F^- 的活度。

某些阳离子，如 Be^{2+}、Al^{3+}、Fe^{2+}、Th^{4+}、Zr^{4+} 能与溶液中 F^- 生成稳定的配合物，

从而降低了游离 F^- 的浓度，使测得结果偏低，可用加入柠檬酸钠、EDTA、钛铁试剂、磺基水杨酸等，使他们与阳离子配合而将 F^- 释放出来。在测定中为了将活度与浓度联系起来，必须控制离子强度。

（四）流动载体电极（液膜电极）

流动载体电极与玻璃电极不同，电极结构如图 2-10 所示。玻璃电极的载体（骨架）是固定不动的，流动载体电极的载体是可流动的，但不能离开膜，而离子可以自由穿过膜，流动载体电极由某种有机液体离子交换剂制成敏感膜，它由电活性物质（载体）、溶剂（增塑剂）、基体（微孔支持体）构成，敏感膜将试液与内充液分开，膜中的液体离子交换剂与被测离子结合，并能在膜中迁移，这时溶液中该离子伴随的电荷相反的离子被排斥在膜相之外，会引起相界面电荷分布不均匀。

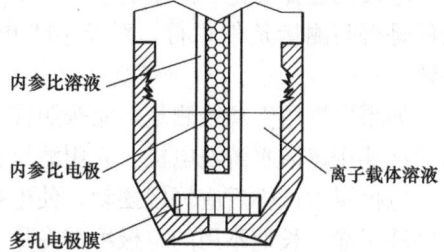

图 2-10 流动载体电极的结构

（五）生物电极

生物电极是将生物化学与电化学分析相结合而研制成的一种电极。

1. 酶电极

酶电极将酶的活性物质覆盖在电极表面，这层酶活性物质与被测的有机物或无机物（底物）反应，形成一种能被电极响应的物质（脲）在尿素酶催化下发生如下反应：

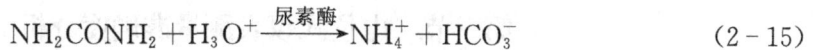

$$NH_2CONH_2 + H_3O^+ \xrightarrow{\text{尿素酶}} NH_4^+ + HCO_3^- \quad (2-15)$$

氨基酸在氨基酸氧化酶催化下发生如下反应：

$$RCHNH_2COOH + H_2O + O_2 \xrightarrow{\text{氨基酸氧化酶}} NH_4^+ + H_2O_2 + RCOCOO^- \quad (2-16)$$

反应生成的 NH_4^+ 可用铵离子电极来测定。制作酶电极，要选择合适的指示电极，还要制成具有催化活性的不溶于水的酶膜，并将它固定在指示电极的表面。固定的方法有吸附、包埋、试剂交联、共价键合等。

2. 组织电极

动植物的某些组织内存在着某种酶，将这些组织用尼龙网紧贴在电极上，可制成各种组织电极。此外，还有离子敏感场效应晶体管（ISFET），它是一种微电子化学敏感元件，既具有离子选择性电极对敏感离子响应的特性，又保留了场效应晶体的性能。ISFET 有很多优点，它是全固态器件，体积小，易微型化和多功能化，本身具有高阻抗转换和放大功能。

四、电极的检查、使用与维护

要做好离子选择性电极的检查、正确使用、维护和保存工作。

1. 使用前电极的检查

使用前将电极取出并使电极的下端与自己的眼睛处于一条直线上，缓慢转动电极，检查电极有无裂纹，检查内充液是否在电极球泡内且无气泡。电极球泡内的内充液不能有气泡，内参比电极必须插在内充液中。

电极外观应清洁透明、无污染物附着。如果电极外表有污染物，可用四氯化碳或乙醚脱脂棉球进行擦洗，然后将擦洗干净的电极置于蒸馏水中浸泡 24h。

2. 电极的活化处理

对于新电极或性能下降的电极，活化处理十分重要。例如 pH 电极可以浸泡在 0.01mol/L 或 0.1mol/L HCl 溶液中 24h 以上。使用前再在蒸馏水中浸泡 24h。

3. 电极的正确使用

电极的选择要符合测量的条件，使用时要注意电极的使用范围、温度、介质压力等技术条件是否与测量条件相符。对于 pH 电极还要注意电极的零电位要与 pH 计的电气零位一致。

如果电极用于离线测量，应按照样品浓度由小到大的顺序依次进行测量。每更换一个样品前都要用蒸馏水清洗电极，并用滤纸吸去电极表面的附着物，避免交叉污染。

电极浸入试样后应轻轻摆动，使电极反应尽快达到平衡。电极用完以后，应立即用蒸馏水冲洗干净。长期不用的电极可在专用盒里进行干式保存。

4. 指示电极的维护

(1) 使用时注意使用的测量条件，防止电极污染。电极用完以后，应立即用蒸馏水冲洗干净。

(2) 定期对电极进行清洗和活化。

(3) 对时断时续使用的电极，可采用湿法保存；对于长期不用的电极，可在专用盒里进行干式保存；对于备用电极，可与运行电极交替使用。

第三节　电位式仪表测量准确度分析

一、温度的影响

在恒定的条件下，离子选择性电极的温度变化可由能斯特方程对温度求导得到，即

$$\left(\frac{dE}{dT}\right)_T = \left(\frac{dE_0}{dT}\right)_T + \frac{0.1984}{Z_i}\lg\alpha + \frac{0.1984}{Z_i}\frac{d\lg\alpha_i}{dT} \tag{2-17}$$

1. 溶液的温度系数项

$\dfrac{0.1984T}{Z_i}\dfrac{d\lg\alpha_i}{dT}$ 项受溶液中离子活度的影响，离子活度又取决于活度系数与离子强度。对于弱电解质和容易形成络合物的电解质溶液，还受它们的平衡常数的影响，所以溶液的温度系数是十分复杂的。在用于校正离子计的离子标准溶液的温度系数时，应注明温度，标准溶液的标准值应根据使用时的实际温度来确定其准确值，比如对于 pH=7 的中性标准缓冲溶液，应根据不同温度下该标准溶液的准确值来确定其正确值。

2. 能斯特温度系数项

$\dfrac{0.1984}{Z_i}\lg\alpha_i$ 项是能斯特温度系数项。当 $Z_i=1$ 时，温度每变化 1℃，能斯特方程斜率将变化 0.1984mV；当 $Z_i=2$ 时，温度每变化 1℃，能斯特方程斜率将变化 0.0992mV。对于温度系数项的校正，通常采用温度补偿装置调节仪器的反馈来进行。

3. 电极标准电位温度系数项

$\left(\dfrac{dE_0}{dT}\right)_T$ 项是离子选择性电极的标准电位的温度系数项，是特定的电极特性。它不仅是

电极膜材料的函数，也是内参比溶液、内参比电极的函数。因为此项本身就包含着离子选择性电极-溶液-参比电极所构成的测量电池的温度系数，所以离子选择性电极标准电位的温度系数项应是各单元的温度系数的代数和。在实验中发现，许多种电极在不同温度下，测量一系列标准溶液并且绘制 pH - mV 的曲线有一个交点，即等电势点。可以看出，在等电势点电极的电位值与温度无关，因而可以根据待测溶液经常可能出现的浓度范围来调节电极的内参比溶液的组成，使电极的等电势点为所需点，以减小温度变化引起的误差。实际上温度效应不仅如此，还有可能影响电极的其他性能，如活性材料的溶解度。温度的变化还会引起化学平衡的移动，这使溶液中游离的待测离子活度发生变化。

综上所述，温度对测量的影响是多方面的，虽然仪器一般设置了温度补偿装置，但这一装置只能补偿温度变化引起的斜率的变化，即只能补偿能斯特方程的温度系数项，不能实现对温度变化的全面补偿。在实际测量过程中，要尽量保持样品与标准溶液的温度恒定在一个较小的温度范围内，以减小或消除温度对测量的影响。

二、溶液离子强度的影响

离子选择性电极响应的是离子活度，而非浓度，即电极电位与活度的对数呈线性关系。但在高浓度溶液中，离子之间的相互吸引作用使相反电荷的离子以离子对的形式存在，这样就限制了离子的活动性，使得离子的有效浓度（即活度）小于其真实值。一般将离子活度与真实浓度之比称为离子的活度系数。只有当离子的活度系数接近于 1，即被测溶液的浓度较小、离子的强度较高时，才能保证测量的准确性。

此外，溶液酸度对测量也有影响。溶液的酸度对离子选择性电极有一定的影响。电极适用的 pH 值范围与电极的类型和溶液中待测物质的浓度密切相关。通常电极电位稳定的 pH 值范围随溶液中待测离子浓度的降低而变小，pH 值的影响主要来自溶液中化学平衡的限制，这导致对溶液和电极的干扰。有的化学平衡受溶液 pH 值的影响相当明显，pH 值的微小变化就会导致较大的测量误差。样品溶液和标准溶液的 pH 值可借缓冲溶液调节为一致，以减小测量的误差。

三、测量条件的影响

测量条件主要包括测量时溶液的温度、光照、测量电极的位置、搅拌与流速、标准溶液等。

对于 Ag | AgX 电极及参比电极，光照不仅引起光电效应、变质，也能导致温度效应。光照对各种电极的影响不同，光照影响的强弱取决于电极的种类、光源和强度。因此，测量过程应避免直射光的光照变化。对于光敏感电极，应该采用不透明的电极槽。

电极的位置对测定结果影响也很大。这是指电极插入溶液的深度和指示电极与参比电极的相对位置两方面的影响。

电极系统在流动式测量杯中的水流方向不同以及电极相对距离的变化均会对测量造成一定的测量误差。在烧杯中测量时，搅拌可加速离子的扩散，保证电极表面的溶液与溶液本体的一致，有利于电极达到平衡状态。尤其是测量非缓冲性溶液的 pH 值或测量低浓度的待测离子时，搅拌不良可能引起显著的误差。但是搅拌速度过快，可能导致噪声水平和液接电位的改变，故选择适当的搅拌速度是非常重要的。搅拌速度的选择要视具体的测量条件而定，如烧杯的大小、溶液的体积、电极浸入的深度、搅拌棒的形状等。在一系列测量过程中，搅拌速度应保持一定。

标准溶液配制的准确性非常重要，必须按照配制标准溶液的步骤与要求进行。配制标准溶液所需药品与溶剂必须符合要求的品质，不得随意更换。标准溶液的保存期不宜过长，尤其是易变质的标准溶液。不对称电位约为几毫伏，它会随时间而缓慢变化，开始时较大，然后趋向一个稳定值。用已知 pH 值的标准缓冲溶液校正或者通过仪表"定位"，可以消除不对称电位的影响。

四、电极特性

pH 计和钠离子浓度计使用的测量电极均为离子选择性电极，其主要技术性能有以下几个。

1. 选择性

任何一支离子选择电极不可能只对某特性离子有响应，对溶液中其他离子也可能会有响应，可用电位选择性系数进行表征。电位选择系数随溶液浓度和测量方法的不同而异，它不是一个常数，其数值可在手册中查到，测量选择性系数常用的方法有分别溶液法和混合溶液法两种。其测定过程不加以叙述，在实际测量中，只要 pH 值比 pNa 值大 3，就可以忽略 H^+ 的干扰。

一般离子选择性电极对相应的被测离子有很强的选择性，但当溶液中存在干扰离子时，共存的干扰离子对电极也会产生一部分响应电位，给测量带来一定的误差。离子选择性电极的电位可表示为

$$E = E_0 + \frac{2.303RT}{Z_A F} \lg(\alpha_A + K_{AB}\alpha_B^{Z_A/Z_B})\qquad(2-18)$$

式中：K_{AB} 为电极的选择性系数。

K_{AB} 表示主要离子 A 受干扰离子 B 的干扰程度，电极的离子选择性能是由玻璃膜材料的组成成分及结构所决定的。它表示电极对被测溶液中的相同活度测量离子与干扰离子所引起的膜电位响应能力的比较。如某 pH 电极的选择性系数是 10^{-11}，表示此电极对氢离子的膜电位响应是对同样活度的钠离子膜电位响应的 1×10^{11} 倍。显然选择性系数越小越好。值越小，A 离子选择电极抗 B 离子干扰的能力越强，选择性就越好。由干扰离子所引起的误差，其值越小，电极对主要离子的选择性就越好。

干扰离子对电极影响造成的测量误差一般为正误差。样品溶液中含有干扰物质时，应根据具体情况采取适当的预处理措施，以消除干扰，或采用抗干扰性能较好的电极，必要时改变测量方法。比如测量溶液中的 Na^+ 浓度时，溶液中的 H^+ 会产生较大的干扰，因而测量时，必须将溶液进行碱化处理，降低溶液中的 H^+ 浓度，以减小干扰。当溶液中的 K^+ 含量相对样品溶液中的 Na^+ 浓度而言较大时，K^+ 对 Na^+ 的测量也会产生干扰。由于溶液中的 K^+ 主要来自于参比电极的内充液，因而可以采用动态测量的方法，测量时将参比电极置于溶液的下游，这样参比电极的内充液渗透到溶液中的 K^+ 就不会到达 Na^+ 选择性电极，这样就可以消除 K^+ 对 Na^+ 测量的干扰。

2. 响应斜率

理想的离子选择性电极的电位与离子活度的关系应符合能斯特方程，即

阳离子　　　　　　　$E = E_0 + \frac{2.303RT}{nF}\lg\alpha_{阳}$

阴离子
$$E = E_0 + \frac{2.303RT}{nF} \lg \alpha_{阴}$$

利用上两式作 $E - \lg \alpha$ 曲线，该曲线是一条截距为 E_0，斜率为 $s = \dfrac{2.303RT}{nF}$ 的直线，s 表示活度每变化 10 倍所引起的电极电位变化的数值，称为电极的响应斜率，在一定温度下，对于给定的离子，s 为常数。在 25℃ 时，对一价离子，$s = 59.16\text{mV}$；二价离子，$s = 29.58\text{mV}$。符合能斯特方程的斜率称为理论斜率，实际电极的斜率与理论斜率有一定的偏差，除了玻璃电极能较好地符合理论斜率外，其他大多数离子选择性电极斜率与理论斜率不符，在标准曲线方法中，这种电极是可以使用的，它们也可以与具有斜率补偿功能的离子计配套使用。使用偏离理论斜率的电极时，需要配制两种活度的标准溶液，其活度应分别大于和小于未知溶液的活度，并尽可能接近未知溶液的活度。

电极响应斜率的测量方法为：将离子选择性电极与参比电极组成测量电池，配制活度（或浓度）为不同级差的标准溶液（10^{-1}、10^{-2}、10^{-3}、10^{-4}、10^{-5}mol/L），依次测出各标准溶液的电池电动势，两相邻电动势之差就是电极在测量温度下的斜率。也可在直角坐标系中以纵轴代表电动势，求出其斜率。在测试中，当浓度较高（大于 10^{-3}mol/L 时），要注意浓度和活度之间的换算关系，同时也要注意液接电位的影响。

3. 监测下限与测量范围

电极的响应斜率只在一定的活度范围内维持基本不变，当活度小于一定值时，斜率明显变小。膜的表面状况、测量前的处理、溶液的组成等都会影响检测下限，因此，注明检测下限时应指出获得它的条件。

4. 电极内阻

离子选择性电极的内阻包括敏感膜的体电阻、内充液和内参比电极等的电阻。各类膜电极内阻的范围：玻璃膜电极 $10^6 \sim 10^9 \Omega$、PVC 膜电极 $10^5 \sim 10^7 \Omega$、固态膜电极 $10^3 \sim 10^4 \Omega$。同类电极的内阻与膜的厚度、表面积、配方等有关。电极内阻越大，要求与其配套的测量仪器的输入阻抗就越高。电极内阻还与温度、活度和使用时间有关。

5. 响应速度

响应速度一般用响应时间来表示，响应时间是指离子选择性电极和参比电极一起接触样品溶液时（或与离子选择性电极和参比电极相接触的待测溶液的离子浓度改变时），到电极电位变为稳定数值的某瞬间所经过的时间。它是整个电池达到动态平衡的时间。稳定数值是指与应达到的数值相比差值不大于 1mV。实际应用中，还有用 t_{50}（电位改变到应到数值的50% 所经历的时间）、t_{90}、t_{99} 等方法表示。它取决于敏感膜的结构性质。一般来说，晶体膜的响应时间短，而流动载体膜的响应则涉及表面的化学反应过程而达到平衡慢。此外，响应时间还与响应离子的扩散速度、浓度、共存离子的种类，试液温度等因素有关。很明显，扩散速度快，则响应时间短；响应离子浓度低，达到平衡就慢；试液温度高，响应速度也就加快，响应时间快者以毫秒为单位，慢者数十分钟。在实际工作中，通常采用搅拌试液的方法来加快扩散速度，缩短响应时间。

6. 稳定性

稳定性包括重现性和漂移。所谓电极电位的漂移是指在温度和溶液的组分恒定，并假定参比电极是稳定的条件下，电极电位随时间缓慢有序变化的程度。漂移的大小与膜的稳定性、电极的结构或绝缘性有关。测定时液膜电极的漂移较大。

7. 电极寿命

电极寿命是指电极在规定测量条件下保持能斯特功能的时间。一般玻璃膜、固态膜电极寿命可达一年以上，液膜电极寿命在半年以上。

第四节　测量电池系统及电路调节

一、电动势测量

测量电池电位示意如图 2-11 所示，测量电池的电动势可简写为

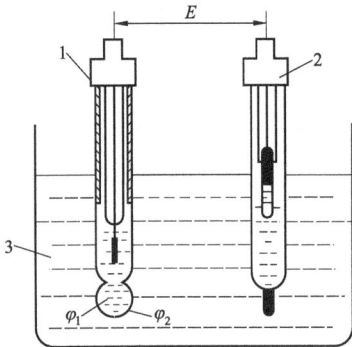

图 2-11　测量电池电位示意

1—指示电极；2—参比电极；3—溶液

$$E = E_0 + \frac{2.303RT}{nF}\lg\alpha_{测} \qquad (2-19)$$

当温度一定，E_0 为恒定值时，则 E_0 与 $\alpha_{测}$ 之间存在一一对应的关系，这种关系与电极电位的能斯特公式类似，称为电动势的能斯特公式。通过测定测量电池的电动势可以得到溶液中某待测离子的活度（浓度），式（2-19）是电位式分析方法的理论依据。

二、电池电动势的标准化变换与离子计的调节电路

离子计（包括 pH 计、pNa 计等）与电极电位仪不同，电极电位仪只能测出电池电动势的毫伏值，而离子计则能对被测电动势的毫伏值进行换算，直接指示被测液中离子的 pX 值或浓度，即仪器的刻度是 pX 或浓度。这样，离子计中要增设一些特殊功能的电路。

1. 定位调节

测量电池的电动势可表示为

$$E = E_0 \pm s\,\mathrm{pX}$$

式中，阴离子用"＋"号，阳离子用"－"号，而 E_0 是与被测溶液浓度即 pX 值无关的项，温度一定时 E_0 为常数，在离子计将测量电池的电动势转换成 pX 值之前，必须把 E_0 从 E 中减掉，使输入信号变为

$$E' = E - E_0 = \pm s\,\mathrm{pX}$$

式中，E' 只保留了与溶液浓度有关的项。仪器中设有定位电路，电路给出一个电压 $E_{定}$（称为定位电压），调节 $E_{定}$ 可使 $E_{定} = E_0$，这样就可以使输入仪器的净信号为 $E_{定} - E_0$，其原理如图 2-12 所示。在仪器使用中将测量电池电动势 E 中减去 E_0 的操作叫"定位"，定位要使用预先配制好的标准溶液（称为定位液）。

图 2-13 所示为定位调节的电路。定位调节电路在电路中一般是由一组单独的稳压电源供电。定位调

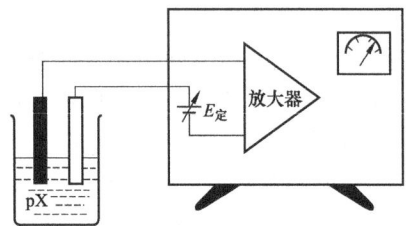

图 2-12　定位调节示意

节电路的常见形式为：电路由正负电源供电，定位电压值可以通过调节分压电阻 R_3 和 R_4 来达到。当电阻 $R_3 = R_4$ 时，它们和定位电位器 RP 组成桥路。当 RP 滑动触头在中间位置时，其触点电位同地电位相等，桥路平衡，桥路输出电压 $E_定$ 为零。调节 RP 触点的位置，可以调节 $E_定$ 的大小，把它接入原电池电极输出端，适当调节 $E_定$ 的大小，就可消除 E_0。定位电压调节范围一般要求在 +100mV 以上。有酸度计的定位调节电压接在放大器输出端，适当调节 $E_定$ 的值也可消除 E，如 pHS-3 型酸度计中采用的定位电路。

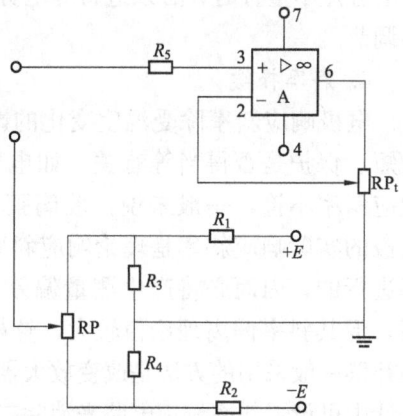

图 2-13　定位调节电路

2. 温度补偿

离子计把接收到的毫伏信号转换成 pX 值，必须以某一温度（一般为 25℃）为基准。但是被测溶液的温度常常是偏离基准温度的，为消除温度对转换斜率的影响，使信号标准化，有多种方法，如采用微处理器进行数据处理，或者用温度探头相应改变放大电路的放大倍数，或者采用温补电路，使处理后的信号不受温度的影响等。不同的仪器一般有不同的补偿电路，用于工业连续监督的仪器还必须能自动连续进行温度补偿。温度补偿有手动和自动两种。手动温度补偿器一般是电位器，自动温度补偿器往往用热敏电阻测温。因此，测量、定位尽量在恒温下进行。

3. 等电势调节

图 2-14 绘出了测量电池不同温度下的 E-pX 曲线。假定定位液的温度为 t_1，被测液的温度为 t_2，用定位液定位时，定位电路给出一个定位电压 E_{01}，也就是说，从测量电池电动势 E_1 中减去了 E_{01}，但测量是在 t_2 温度下进行时，应该从 E_2 中减去 E_{02}，因为 $E_{01} \neq E_{02}$，则产生测量误差。由于 E_{01}、E_{02} 是 E-pX 直线的截距，因而两者之间的误差称为截距误差。

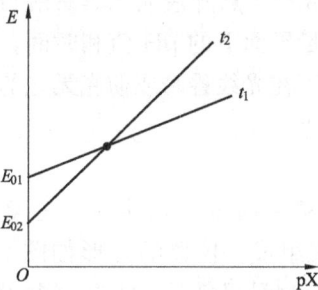

图 2-14　E-pX 曲线

为了消除截距误差，一个办法是使测量电池恒温，但由于测量环境和被测液是不断变化的，很难做到这一点；另一个办法是在离子计中设置等电势调节电路，此办法是行之有效的。

某些电极构成的测量电池，在不同温度下的 E-pX 曲线交于一点 (pX_0, E_0)，这点称为等电势点，该点对应的 pX 值称为等电势 pX 值。如图 2-15 所示，如果把仪器的工作曲线由原坐标系 E-pX 变换到新坐标系 E'-pX'，这时坐标原点通过等电势点 (pX_0, E_0)，在新坐标系中不同温度下的 E-pX 曲线的截距相等且等于零。这样在对不同温度的溶液测量时就不会引进截距误差。当仪表的起点与测量电池的

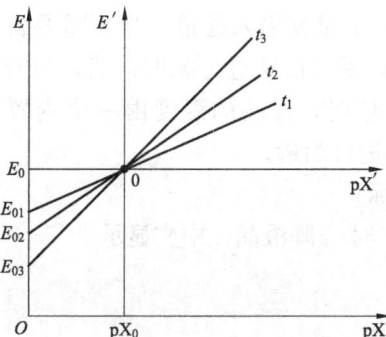

图 2-15　等电势调节示意

等电势点不重合时，必须进行等电势调节。当然，测量电池必须有等电势点，才能实行等电势调节。

4. 斜率补偿

电极响应斜率除受温度变化的影响外，还与电极材料、电极制作过程、电极使用时间长短、保护是否得当等有关。如电极使用久了会老化，从而使电极实际响应斜率与理论响应斜率不符，一般来说，玻璃膜电极的斜率 s 与理论值 $2.303RT/nF$ 比较接近，往往电极的实际响应斜率是理论响应斜率的 $80\%\sim110\%$，电动势与 pX 转换是按理论响应斜率进行的，因而必将产生测量偏差，而许多电极的斜率在一定范围内线性较好，可以使用，但其斜率偏离理论值较大，这样使得 E - pX 转换不准确，需要进行斜率补偿。进行斜率补偿一般采用的方法是改变放大器的放大倍数或利用微机进行信号补偿处理。因此，在离子计中可设置斜率校正电路来消除二者的偏差。有些仪器将温度补偿和斜率校正旋钮组合在一起，统称为"斜率"旋钮或"灵敏度"旋钮或"电极系数"旋钮，因二者均是补偿响应斜率的。

第五节　TP310 型台式精密酸度计

TP310 型台式精密酸度计是北京时代新维测控技术有限公司推出的实验室仪器，可以广泛地应用在电力、石化、造纸、制药、食品、环保等需要实验室测量 pH 值的领域，具有反应快速、测量准确、易于操作的特点。采用高分辨率的液晶显示模块，所有数据、状态和操作提示都是中文显示，菜单结构简单，文本式的人机对话，与传统的仪器相比，TP310 的功能增加了很多，由于采用了分门别类的菜单结构，使用起来更清晰、方便。在同一屏幕上可以同时显示 pH 值、温度、时间和状态。显示屏采用 128×64 点阵液晶，具有醒目、可视距离远等优点。在测量状态下按存储键，仪器自动存储测量界面下的 pH 值和时间，可存储 256 条数据。显示当前的时间为记录功能提供时间基准。可在光线昏暗或彻底无光的环境下使用，背光灯亮度可以通过软件调节，使显示始终保持清晰。

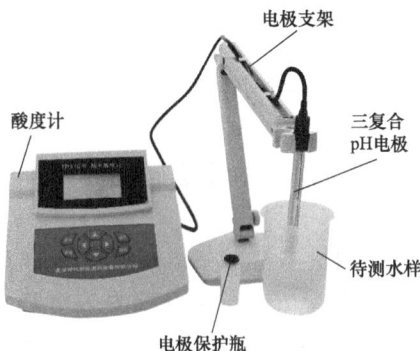

图 2-16　TP310 型台式精密酸度计组成

一、仪器组成

TP310 型台式精密酸度计由主机、三复合的 pH 电极及电极支架组成。仪器的外形如图 2-16 所示。电极系统采用测量灵敏的 pH 复合电极，自动温度补偿，测量可靠、数据准确。仪器有一个 pH 输入通道和一个温度输入通道，当不需要自动温度补偿时，可以手动设置进行温度补偿，当需要进行自动温度补偿时，样品的温度由一个内置的 Pt1000 温度电极进行测量。

二、技术指标

显示：128×64 点阵液晶，中文显示

测量范围（pH 值）：$0.00\sim14.00$

示值误差：±0.02

分辨率：0.01

输入阻抗：$\geqslant 1\times 10^{12}\Omega$

重复性：$\geqslant 1\%$

稳定性：$\pm 1\%$ F. S/4h

响应时间：$T_{90}<1\text{min}$（25℃）

测温范围：$0.0\sim 99.9$℃

温补范围：$0.1\sim 60.0$℃（手动或自动）

水样温度：$5\sim 60$℃

环境温度：$5\sim 45$℃

外形尺寸：$220\text{mm}\times 210\text{mm}\times 65\text{mm}$

温度传感器：Pt1000

三、仪器的安装

1. 位置要求

仪器应放置在平坦、干净、无灰尘的实验台面上，仪器的安放位置应无大的振动，放置仪器的位置应远离有害气体或有液体滴落的地方，确保电极连接电缆及电源线所经过的位置接触不到高温的或有摩擦的物体。

2. pH 电极的安装

取出 pH 电极，摘下电极前端的保护瓶，保留保护瓶以备将来保存电极。目测一下球泡是否有裂纹或破损，如果有破损或裂纹，则该电极不能使用；如球泡内有气泡，应轻甩电极，使气泡上移，保证球泡内充满溶液；电极插口必须保持高度的清洁和干燥，若沾有脏污可用医用棉花和无水酒精擦净并吹干；将电极挂在电极支架上，完成电极的安装。

四、仪器的操作及校准

1. 显示说明

接通仪器电源后，打开电源开关，停顿 2s 后，主机初始化完成，自动转入正常测量界面，如图 2-17 所示。

当前时间及日期　10/11/18/09:30　主测量值

7.00 pH

温度补偿方式及补偿温度　温度:25.0℃　pH值

图 2-17　测量界面

2. 按键说明

按键共 8 个，分别为

上键：光标向上移动一格/数字模式下，数值加一。

下键：光标向下移动一格/数字模式下，数值减一。

左键：光标向左移动一格。

右键：光标向右移动一格。

返回：返回上级界面或退出当前操作。

确认：菜单界面下进入所选择的菜单项/保存当前修改。

菜单：进入菜单选项。

存储：正常测量界面下，按此键可存储当前数据。在菜单选项中，选中某一项后（通常是反白显示），按"◀▶"键移动光标，按"▲▼"键对参数进行修改，修改完成后按确认键保存修改并返回；如不做修改，按返回键不做改动退出。

3. 设置

在主测量界面，按菜单键进入主菜单。

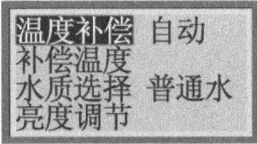

图 2-18 测量界面

此菜单主要用于仪器参数的设置,按确认键进入参数设置子菜单,如图 2-18 所示。

(1) 温度补偿。温度补偿分手动补偿和自动补偿两种方式。

(2) 补偿温度。该功能仅在手动补偿方式下有效,如果温度补偿方式设定为自动,此菜单无效,当温度补偿方式设定为手动时有效。

(3) 水质选择。不同的水具有不同的温度补偿曲线,所以,根据具体的使用情况选择相应的水质是十分必要的,可选项包括普通水、纯水和污水。要根据所配电极选择水质类型。

4. 仪器的校准

(1) pH 缓冲液校准。pH 缓冲液校准是通过使用标准缓冲液对仪器的校准,既可以校准一点,也可以校准两点,一点校准是对仪器内部存储的曲线进行平移,两点校准会在仪器中建立一条毫伏值与 pH 值之间对应的原始曲线,在正常测量过程中,将所测得的样品水的毫伏值在曲线上对应,再经温度补偿补偿到 25℃时的 pH 值显示。仪器在初次使用、更换电极或长时间停用后必须进行 pH 缓冲液两点校准。校准准备工作:

1) 根据情况准备标准缓冲液,每种至少 250mL。

2) 尽可能使用仪器可以自动识别的三种标准缓冲液,即 pH 值为 4.01、6.86、9.18。

3) 盛放标准液的烧杯若干,在使用前先用标准缓冲液冲洗烧杯至少二～三次。

标准缓冲液一的校准:先用标准缓冲液一清洗电极至少二三遍,将电极放入盛放标准缓冲液一的烧杯中,然后进入维护服务菜单,选中仪器校准菜单(此菜单共两项,pH 值校准和电气校准),按确认键进入 pH 值校准界面,如图 2-19 所示。

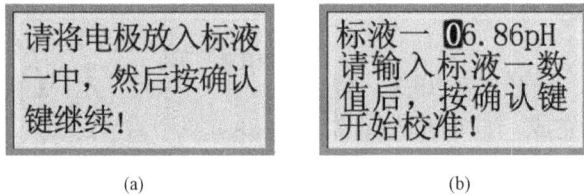

(a)   (b)

图 2-19 pH 值校准界面

仪器可自动识别三种标准缓冲液的 pH 值,如果识别的不正确,按"▲▼"键进行修改,然后按确认键继续标准缓冲液二的校准。

先用标准缓冲液二清洗电极至少二三遍,然后将电极放入盛放标准缓冲液二的烧杯中。仪器可自动识别三种标准缓冲液的 pH 值,待数值稳定后按确认键校准完成。此项有校准判别功能,如果操作有误,完成后会提示"校准错误",并且程序不保存错误信息。

(2) 电气校准。电气校准用于厂家维护仪器,在出厂时已校好,用户在使用时不必另行校准,用户不要随意进入该菜单,否则将影响测量准确度。

(3) 水样的测量步骤:

1) 向塑料烧杯中加入约 100mL 的待测水样,用该水样清洗电极,然后倒掉。

2) 重复步骤 1),至少清洗电极两遍。

3) 用步骤 1) 的方法再取待测水样 100mL 左右,将电极放入盛有水样的烧杯中,待测量数值稳定后即可读数。

注意：

1）电极的稳定时间与电极的新旧程度有关，电极越新，稳定时间就越短，电极使用一段时间后，稳定时间会相应增加。

2）测量时，电极前端的球泡要完全浸没在样水中。

主测量界面下按存储键，保存当前数据，完成后显示"存储成功"字样，数据自动保存。

五、仪器和电极的维护

（1）仪器的维护。若仪器长时间不使用，需断电，将电极取下，往电极保护瓶中加入几毫升 3mol/L 的 KCl 溶液，戴上保护帽收藏起来，在仪器的 pH 电极接口处戴上随机携带的短路接头。

（2）电极的维护。

1）电极在测量前必须用已知 pH 值的标准缓冲溶液进行校准。为提高测量准确度，缓冲溶液的 pH 值要准确、可靠，校准使用的 pH 标准缓冲溶液值越接近被测值越好。

2）电极前端的敏感玻璃球泡不能与硬物接触，任何破损和擦毛都会使电极失效。

3）电极插头必须保持高度清洁和干燥，如有沾污可用医用棉花蘸无水酒精擦净并吹干，防止电极两端长期短路导致失效。

4）电极前端的保护瓶内有适量的 3mol/L 的 KCl 溶液，电极头浸泡其中，以保持玻璃球泡的湿润和液接界畅通。测量时旋松瓶盖，拔出电极，用去离子水洗净电极后即可使用，用后再将电极插进保护瓶并旋紧瓶盖，防止凝胶溶液渗出。如发现保护瓶中的 KCl 溶液有混浊、发霉现象，应及时洗净保护瓶，并更换新的 KCl 溶液。

5）测量前，应注意将玻璃球泡内的气泡甩去，否则将造成测量误差。测量时，应将电极在测试溶液中搅动（注意搅动时不要打破玻璃球泡）后静止放置，以加速响应。

6）测量前和测量后都应用去离子水清洗电极，以保证测量准确度，在黏稠试样中测定后，电极需用去离子水反复冲洗多次，以除去粘在玻璃膜与液接界上的试样，或选用适宜的溶剂清洗，再用去离子水洗去溶剂。

7）电极经长期使用会产生钝化，其现象是电极斜率降低，响应变慢，读数不稳定，此时可将电极下端球泡用 0.1mol/L 稀盐酸（0.1mol/L 稀盐酸配制：9mL 盐酸用蒸馏水稀释至 1000mL）浸泡 24h，然后用 3mol/L 的 KCl 溶液浸泡数小时，或者将电极下端浸泡在 4% HF（氢氟酸）中 3～5s，用蒸馏水洗净，再在 3mol/L 和 KCl 溶液中浸泡数小时，使其恢复性能。

8）玻璃球泡污染或液接面堵塞，也会使电极钝化，此时，应根据污染物质的性质，以适当溶液清洗，详见表 2-3。

表 2-3　污染物类别与清洁方法

污染物	清洁剂
无机金属氧化物	0.1mol/L 稀酸
有机油脂类物	稀洗涤剂（弱碱性）
树脂高分子物质	稀酒精、乙醚
蛋白质血球沉淀物	5%胃蛋白酶＋0.1mol/L HCl 溶液
颜料类物质	稀漂白液、过氧化氢

9）pH 电极为消耗品，由于用户的使用情况和维护状况不同，使用寿命会有所差异，一般 pH 电极的使用寿命为 8～12 个月。当测量过程中出现反应速度慢、斜率降低（小于 45mV/pH）、测量不稳定时，建议更换 pH 电极。

第六节　钠　度　计

电位分析法在火力发电厂中测定水的 pH 值和 pNa 值，用于监督蒸汽和阳床等设备的运行。pNa 测定使用的是 pNa 玻璃电极，由于该玻璃电极的一些特性和外界因素的影响，在 Na^+ 的测定过程中存在一些问题需要处理。

一、影响 pNa 测量的一些问题

（一）离子干扰

pNa 玻璃电极是对 Na^+ 有选择性响应的电极，但 Na^+ 并不是唯一响应离子。pNa 玻璃电极除对 Na^+ 有选择性外，对 H^+ 的响应比对 Na^+ 还敏感。关于 pNa 玻璃电极对各种离子的选择性顺序一般是：$Ag^+ \gg H^+ \gg Na^+ > K^+ \approx NH_4^+ > Cs^+ \approx Cu^{2+} > Hg^{2+} > Mg^{2+}$。可见，该电极对 Ag^+ 和 H^+ 的选择性比对 Na^+ 强很多。因此，这两种离子若存在，势必对钠离子活度或 pNa 的测定带来较大影响。由于一般天然水和工业用水（包括电厂用水）中 Ag^+ 很少，因此可不考虑它的影响，所以 H^+ 是主要的干扰离子。另外，从选择性强弱看，虽然电极对 Na^+ 的选择性比对 K^+ 的强，但参比电极若用甘汞电极，尤其是饱和甘汞电极，由于电极内充液渗漏严重，使试样中 K^+ 浓度增大，则 K^+ 会产生一定的影响。所以 pNa 测定中，有时还有 K^+，甚至有 NH_4^+ 的影响。

1. H^+ 干扰的消除

H^+ 对 pNa 测定的干扰通常采用加碱性试剂调整溶液 pH 值的方法来加以抑制，但不可能完全消除 H^+ 的干扰。一般当溶液 pH 值比 pNa 值大三个单位（即 pH－pNa＝3）时，即可满足测量的要求，而可不必考虑 H^+ 对 pNa 测量带来的误差。加入的碱性试剂要满足如下两个条件：第一是碱性试剂纯度要高，以免带来钠污染或由于其他干扰因素而影响测量准确度；第二是碱性试剂的碱性要强，以免加入量过多而使被测液的组成发生变化，给测量带来误差。常见的碱性试剂如下：

（1）0.2mol 的二异丙胺。由于二异丙胺易挥发，所以该溶液应加盖密闭存放，最好现配现用，不可久置，以防浓度降低。另外，为防止钠污染，应将其存放于塑料瓶中。

（2）饱和 $Ba(OH)_2$ 溶液。由于 $Ba(OH)_2$ 溶液中含 Na^+ 较多，使用时应重结晶一次。溶液应储存于塑料瓶中，以防钠污染。另外，为防止结晶而使浓度下降，应现配现用。

加减的过程要均匀、稳定，不会给 pNa 测定带来误差。

对于一般水溶液（中性），每 100mL 中加入一滴饱和 $Ba(OH)_2$ 溶液或两滴 0.2mol/L 的二异丙胺，使溶液 pH 值约为 10，即可满足测量要求。但为保证测量准确度，调整 pH 值后应用 pH 试纸或 pH 计测定溶液 pH 值。除以上两种碱性试剂外，还可使用基准纯氨水、氨气、马弗林、二乙胺等。

2. K^+ 干扰的消除

对于 K^+ 的干扰，可采用如下两种方法消除：

（1）若静态法测 pNa，最好用内充液 KCl 浓度为 0.1mol/L 的甘汞电极代替饱和甘汞电极，以此来减轻内充液渗漏出的 K^+ 对测量的影响。

（2）最好采用动态法测定 pNa，并使参比电极处于 pNa 玻璃电极的下游，这样渗漏出的 K^+ 不经过 pNa 电极就被试液带走，从而可消除 K^+ 对测量带来的干扰。

（二）污染的影响

最主要的污染是钠污染，尤其测 Na^+ 浓度低的试液，钠污染带来的测量误差更大。这是由于钠的化合物几乎都可溶于水。防止钠污染的方法就是尽量避免测量中所用的所有试剂（包括清洗用蒸馏水）与钠污染源接触，具体方法如下：

（1）在 pNa 测量中，应避免使用玻璃器皿，应选用塑料器皿来盛放试剂、被测液等，因玻璃中都含有钠的化合物。

（2）用来清洗电极的蒸馏水或无钠水均须加碱。电极上的水不要用滤纸去吸，更不能用手、油腻物等接触玻璃敏感膜。

（3）存放试剂、试液、清洗水等的容器应用高纯水清洗三四次再用，尤其是盛放微量钠试样的容器更应这样。

（4）存放不同浓度溶液的容器不能混用。

为防止其他污染，试样取好后应加盖保存，尤其是微量钠试样更应如此，以防止空气污染。此外，工业在线 pNa 表在监测蒸汽中 Na^+ 含量时，蒸汽携带的铁会对 pNa 电极造成污染，给测量带来误差。因为蒸汽中的铁离子会与测定中加入的碱试剂反应，生成 $Fe(OH)_3$ 沉积于电极表面，形成红褐色铁垢，使电极响应速度下降，灵敏度下降，读数不稳定而无法准确测定，严重时甚至无法工作。解决该问题的方法是在加碱装置后设置除铁过滤器，过滤器中滤料一般选用对 $Fe(OH)_3$ 吸附能力强而便于清洗的惰性纤维，过滤器底部应加尼龙网垫，以防滤料堵塞管路，滤料在使用前应用 10％～20％ 的盐酸进行浸泡处理，清洗干净方可使用。

总之，在 pNa 测量中应细心操作，以防各种污染给测量带来的误差。

（三）溶液的温度

pNa 测定时，对于温度要求比较严格，一般在 20～40℃ 为宜。若低于 20℃，电极将响应迟缓，给测量带来误差。另外，测量中为避免温度变化给测量带来的误差，定位液与被测液最好同温，两者温差不要超过±3℃，最好进行恒温测量。

二、DWS-51 钠离子浓度计

用于溶液中 pNa 测量的钠离子浓度计有实验室型和工业在线型两类，DWS-51 型钠离子浓度计是一种广泛应用的国产实验室型钠度计。

（一）DWS-51 钠度计工作原理

DWS-51 钠度计包括由参量振荡放大器、中间交流放大器、全波整流、直流功放、显示仪表构成的主机部分，由零点调节、定位调节、温度调节、量程扩展、校正调节电路等构成的功能性电路部分和电源部分。配用的传感器即测量电池的电极系统由 pNa 玻璃电极和参比电极（一般为甘汞电极）组成，设置量程扩展电路，该表有两种刻度，一种是 pNa 刻度，另一种是 Na^+ 浓度刻度。因此，该表既可直接测 pNa 值又可直接测出 Na^+ 浓度。仪器的测量范围由其配套电极决定。

（二）DWS-51 钠度计使用方法

仪器测量范围：　（1）pNa：0～9；　（2）Na^+：0.023μg/L～23μg/L；　（3）精度 0.02pNa/3pNa。

仪器的外形如图 2-20 所示。

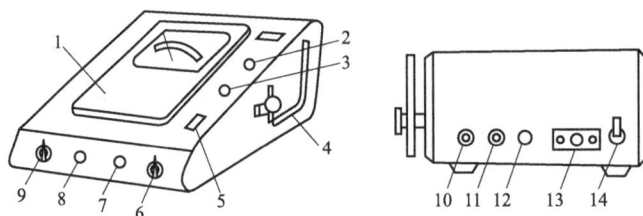

图 2-20　DWS-51 型钠度计外形

1—指示表；2—玻璃电极插口；3—甘汞电极接线柱；4—电极杯；5—读数开关；6—量程分挡开关；
7—定位旋钮；8—校正旋钮；9—温度补偿旋钮；10—记录仪插口；11—零点调节旋钮；
12—准确度调节旋钮；13—电源插口；14—电源开关

1. 准备

调好零点，接通电源，安装电极系统，检查电极是否完好，应无断线、无气泡、无破损干涸。新的或长期不用的玻璃电极应先浸入蒸馏水中活化 24h 左右。若使用复合电极也应活化，并保持电极清洁、干燥。之后进行电极安装。由于仪器受外界条件影响大，尤其是磁场影响，所以该仪器相应的 pNa 电极杯应放在具有绝缘性能的塑料板或橡胶垫上，周围应无强磁场，仪器外壳应有良好接地。

2. 校正

（1）读数开关处于松开位置时，将量程分挡开关置 "0" 位，调节零点调节旋钮，使表头指针指向 "0" 处。

（2）测定定位液温度，将温度补偿调节旋钮调到相应温度处。

（3）将量程分挡开关置 "校" 位，调节校正调节旋钮，使表头指针指向满刻度位置 "1" 处。

（4）重复（1）和（3）步骤，至二者都满足即可。

3. 定位

（1）在塑料杯（电极杯）中加入适量碱性试剂，再将 pNa=4 的标准定位液约 100mL 倒入杯中，用 pH 试纸检测溶液酸碱度，使 pH≥10（若原试液 pH=7），用该标准溶液反复清洗电极两三次，然后将电极浸入该溶液。

（2）将量程分挡开关置 pNa 为 "3" 处，按下读数开关，调节定位调节旋钮，使表头指针在刻度范围内，2~3min 后，当指针指示最大值后，观察 1~2min 没有明显倒退，立即调节定位调节旋钮，使指针指满刻度。

（3）放开读数开关，检查仪器零点，若偏差在一小格内，说明仪器正常，重复定位一二次，直到定位偏差在 ±0.03pNa 以内。

需注意，定位时间与定位误差主要取决于 pNa 玻璃电极的性能。对于新电极来说，定位时间一般为 5~10min，继续观察 3~5min，表头指针若无变化，就可调整读数，完成定位。而对于使用了一段时间的旧电极，定位时间则在 15min 以上。若定位时间超过了 25~30min，则应更换电极。若表头指针始终单方向漂移而无法达到稳定，也应更换电极。

4. 测量

用加好碱试剂（pH 值约为 10）的蒸馏水或无钠水清洗电极四五次，若测定微量 Na^+ 的水样时，还需用加碱试剂的待测试样清洗电极二三次。在塑料杯中加适量碱性试剂。再加待测液约 100mL，使其 pH 值约为 10，将电极浸入被测液中。估计待测液 pNa 值，将量程开关置合适位置后，按下读数开关，若指针偏大，则改变量程挡，1～2min 后，当指针达到最大值并开始倒退的瞬间进行读数，读数等于量程挡读数和表头读数之和。放开读数开关，检查零点是否偏差在一小格内。

三、TP130 型在线钠离子监测仪

TP130 型在线钠离子监测仪是北京时代新维测控设备有限公司推出的在线测量水中含钠量的仪器，广泛应用于火电、化工、化肥、冶金、环保、制药、生化、食品和自来水等行业的溶液中 Na^+ 的连续监测。

（一）基本功能

历史数据功能：在测量状态下按存储键，二次表自动存储测量界面下的钠浓度值和时间，可存储 3000 条数据。

数字时钟功能：显示当前的时间，为记录功能提供时间基准。

显示屏亮度调节功能：可在光线昏暗或彻底无光的环境下使用，显示屏的亮度可以通过软件调节，使显示始终保持清晰。

模拟信号输出方式：软件选择电流输出类型，可在 0～10、0～20、4～20mA 间切换选择，不需用户任何操作。

（二）技术指标

显示：128×64 点阵液晶，中文显示

测量范围：pNa0～8.00

测量准确度：±0.03pNa/±2μg/L（取大值）

分辨率：0.1μg/L

稳定性：漂移不超过±0.02 pNa/24h 或±0.5μg/L/24h

温度补偿范围：0.1～60.0℃

校准方法：二点校准

响应时间：小于 2min

水样要求：流量 10～40L/h

温度：0.1～60.0℃

环境温度：5～45℃

试剂消耗：约 1.5L/月（二异丙胺）

信号输出：0～10、0～20、4～20mA（任选）

报警信号：水温过热或上、下限报警

电源：(220±22)V AC，(50±1)Hz

（三）仪器的组成及安装

TP130 型在线钠度计由主机、测量电极、参比电极、温度电极、测量流路及碱化瓶组成。电极系统采用测量灵敏的钠电极，自动温度补偿，测量可靠、数据准确。

仪器有一个钠离子输入通道和一个温度输入通道，当不需要自动温度补偿时，可以手动设置进行温度补偿，当需要进行自动温度补偿时，样品的温度由一个外接的 Pt1000 温度电极进行测量。仪器的外形如图 2-21 所示。

图 2-21 TP130 型在线钠度计的外形

1. 仪器的安装

整套仪器由一台 TP130 钠度仪主机和测量流路组成。测量流路系统由 pNa 测量电极、参比电极、温度电极共同构成的测量池，水样溢流加碱杯，标样瓶，碱液瓶和连接管路等组成。

2. 钠度计的安装

在安装机箱上开 645mm×410mm 方孔，将钠度计箱镶嵌其中。用乳胶管或塑料软管，经表箱底部过孔并连接至排废水管的接头处，管另一端与表盘的排水管连接，用来将溢流和已测量水样排出。用乳胶管或塑料软管，经表箱底部过孔，将水样取样端与水样入口的管接头相连接，用来将被测水样连接到钠度计测量系统；将钠电极套好密封圈，按钠电极位置插入测量池内，适度旋紧电极套管，以不漏水为准；将参比电极套好密封圈，按参比电极位置插入测量池内，适度旋紧电极套管，以不漏水为准；将温度电极套好密封圈，按温度电极位置插入测量池内，适度旋紧以不漏水为准；将各电极插头穿过过线孔，与表头后面各端子连接，并右旋一定角度，将其锁紧以防接触不良；将钠度计的电源端子接好，确认连接无误后插入表头电源端子，准备调试运行。

（四）仪器的使用及操作

1. 功能菜单及设置

按键说明。按键共 8 个。

上键：光标向上移动一格/数字模式下，数值加一。下键、左键、右键与上键操作类似。

返回：返回上级界面或退出当前操作。

确认：菜单界面下进入所选择的菜单项/保存当前修改。

菜单：测量界面下进入菜单选项。

曲线：测量界面下按曲线键，直接进入曲线查看界面。

2. 参数设置

此菜单包括温度补偿、补偿温度、亮度调节、存储间隔和输出保持等，如图 2-22 所示。

由于样品温度的波动会对测量造成影响，所以必须进行温度补偿，可以选择自动或手动温度补偿方式，如图 2-23 所示。

3. 仪器校准

维护服务项包括输入零点、输入斜率、仪器校准和仪器时间共四项。其中，仪器校准较为关键，其过程如下：

（1）准备工作。将水样接入钠表测量系统，适当调节流量，达到刚好溢流的液面；使水样流速适合钠表测量系统测量的流速；加入二异丙胺到碱化瓶，以达到碱液瓶容积的 60% 左右为宜，旋紧瓶盖保证密封；接通表头电源开

图 2-22 参数设置菜单

图 2-23 温度补偿

关，等待表头内计算机系统启动后，有正常的显示及输出；加碱池内通入适量碱气，并与水样充分溶解以满足钠度计的测量要求；标定钠电极，钠度计即可投入正常使用。

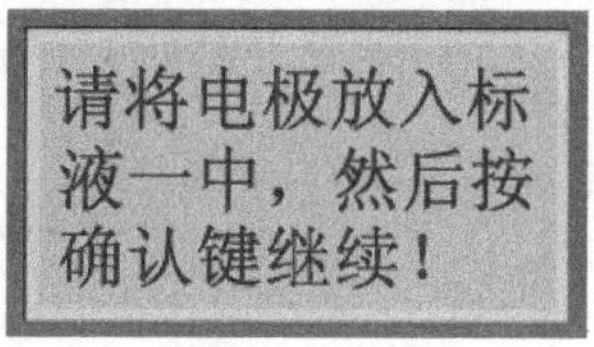

请将电极放入标液一中，然后按确认键继续！

图 2-24 钠标准液校准界面

（2）钠标准液校准。主测量界面下，按菜单键进入主菜单，按"▼"键将光标移至维护服务选项，按确认键进入校准菜单，按确认键进入钠标液校准界面，如图 2-24 所示。

1）钠标准液一（pNa5）的校准。先用钠标准液一（pNa5）清洗电极（在线校准不用清洗电极），然后倒掉标准液一，至少清洗电极二三遍，然后再倒一杯（pNa5）标准液，加入三四滴碱化液，将电极放入盛放钠标准液一的烧杯中，按确认键，显示如图 2-25 所示。

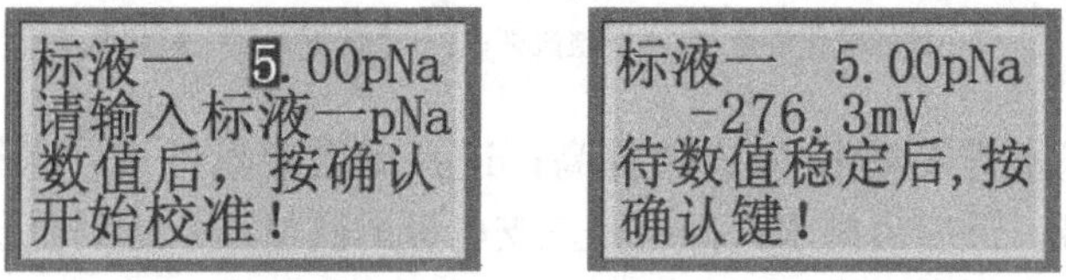

标液一 5.00pNa 请输入标液一pNa数值后，按确认开始校准！

(a)

标液一 5.00pNa -276.3mV 待数值稳定后，按确认键！

(b)

图 2-25 钠标准液一校准

若要校准其他浓度，钠标准液值可修改，若不做修改，按确认键继续。

2）钠标准液二（pNa4）的校准。先用钠标准液二（pNa4）清洗电极，然后将标准液倒掉，至少清洗电极二三遍，然后再倒一杯钠标准液二（pNa4），加入三四滴碱化液，将电极放入盛放标准液二的烧杯中。按确认键继续，如图 2-26 所示。按仪器界面提示，待数值稳定后，按确认键校准完成。

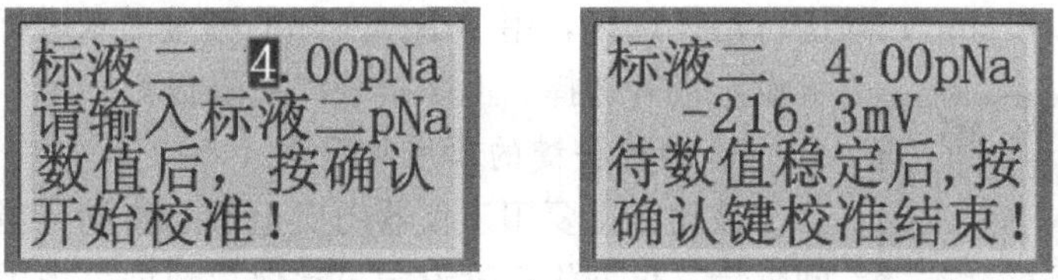

标液二 4.00pNa 请输入标液二pNa数值后，按确认开始校准！

(a)

标液二 4.00pNa -216.3mV 待数值稳定后，按确认键校准结束！

(b)

图 2-26 钠标准液二校准

（3）在线钠离子监测仪的碱化。

1）蒸汽钠的流路及碱化如图 2-27 所示。

经过适当处理（温度、压力）的样品从仪器后面的进水口进入仪器，首先进入进样碱化混合块；经进样入口水管进入溢流杯，溢流杯的作用是使水样保持一个固定的高度，多余的水样会从溢流管中排掉。固定高度的水样在进样碱化混合块的出口产生一个负压，将汽化的碱化液（二异丙胺气体）一同带向测量池，形成一串规则的气泡流，在进入测量池前，碱化

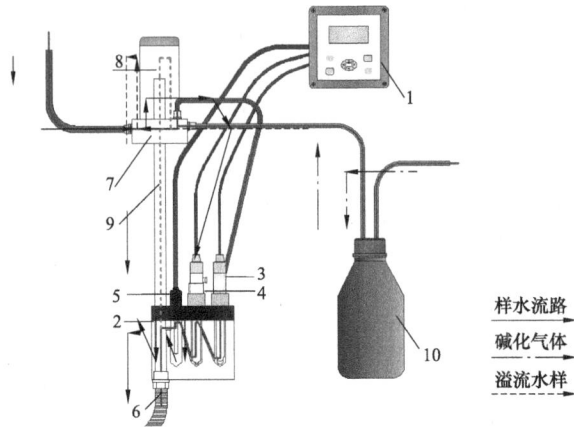

图 2-27　蒸汽钠的流路及碱化

1—电子单元；2—测量池；3—钠电极；4—参比电极；5—温度电极；6—排水口；
7—进样碱化混合块；8—溢流杯；9—溢流管；10—碱化瓶

剂溶入样水，使测量水样被碱化，pH 值提高；进入流通测量池后，水样依次流经钠电极、参比电极、温度电极，最后由排水口排出；三支电极的测量结果送到电子单元后，经处理进行显示和输出。

2）碱化液的更换。当发现碱化液蒸气用尽时，可更换碱化液，方法为将碱化瓶塞取下，然后取一瓶新的碱化液，取下瓶塞，将原来的碱化瓶塞装入新碱化瓶即可。

4. 输出设置

该菜单共有 8 个子菜单，分别为：电流类型、钠零点、钠满度、温度零点、温度满度、电流输出一、电流输出二和输出类型，其中电流类型用户根据电流的输出类型，可在 0～10、0～20、4～20mA 间进行切换选择，可根据实际的测量需要自己定义零点和满度，可在电极的测量范围内进行选择定义；温度零点和满度，用户可根据实际的测量需要自己定义零点和满度，可在 0～100℃ 范围内进行选择；输出类型主要用于切换选择钠离子浓度的输出方式，可在 $\mu g/L$ 和 mg/L 间进行切换选择，用户根据实际的测量需求进行选择。报警设置可设定报警选择、上限报警和下限报警。

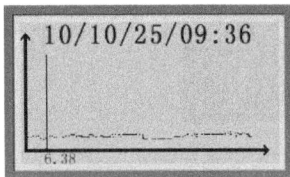

图 2-28　历史数据

5. 曲线按键的作用及用法

该功能主要用于仪器历史记录的查询。当用户设定了存储间隔后，仪器将根据设定自动保存数据，当用户想要查看某天某时的数据记录时，只需按下曲线键即可，查看某天某时的数据记录，如图 2-28 所示。

（五）注意事项

用二异丙胺调节被测溶液的 pH 值至 10.5 以上，能消除 H^+ 的干扰，使测量值稳定。

电极前端的保护瓶内有适量的碱性 Na^+ 浸泡溶液（在 1L $10^{-5}mol/L$ Na^+ 溶液中加入 5mL 二异丙胺），电极球泡浸泡其中，以保持玻璃球泡的活化状态。测量时旋松瓶盖，拔出电极，用无钠水冲洗干净即可使用，用后再将电极装回保护瓶并旋紧瓶盖。应经常更换保护瓶内的浸泡溶液，以保持溶液的纯净。每次测量时电极应充分洗涤，洗涤用水应是用二异丙胺调节 pH≥10.5 的去离子水。如用中性水洗涤电极可能会出现反应迟钝及电动势漂移的现象。

复习思考题

2-1　何为电位分析法？其理论依据是什么？

2-2　原电池、电极电位及标准电极电位的含义是什么？

2-3　指示电极、参比电极的含义是什么？常见的参比电极有哪些？

2-4　电极有哪些分类？列举水质监督中常见的电极。

2-5　玻璃膜电极的选择性机理是什么？

2-6　什么是定位调节、温度补偿、斜率校正？如何进行上述调节？

2-7　影响 pNa 测量的因素有哪些？如何消除干扰？

2-8　影响电位分析测量准确度的因素分析有哪些？

2-9　如何使用 DWS-51 型钠离子浓度计？

2-10　TP310 型台式精密酸度计原理是什么？主要部件有哪些？

2-11　为什么 TP130 型在线钠离子监测仪要设置碱化管路？与实验室仪表有什么区别？

2-12　玻璃电极使用时需要注意哪些问题？如果不慎污染应如何处理？

第 三 章

电 流 式 分 析 仪 表

电流式分析仪表的传感器能把被分析物质浓度的变化转化成电流信号的变化。电力行业应用的溶氧表和联氨表属于这类分析仪器，按其工作原理不同，可分成原电池式和极谱式两种。

第一节 电 流 分 析 法 基 础

一、原电池型传感器

在这类传感器中，被分析物质（如溶解氧、联氨）参与原电池化学反应，产生一个与被测物质浓度相关的电流信号，检测其电流就能得到被分析物的浓度。

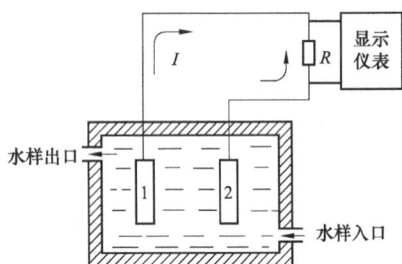

图 3-1 接触式原电池电流传感器示意
1—Au 电极；2—Cd 电极

这类型的传感器又可分为接触式、复膜式、洗出式。

1. 接触式原电池电流传感器

接触式原电池电流传感器原理如图 3-1 所示，原电池阴极（金电极）和阳极（镉电极）直接插在被测水样中，水样是原电池的电解质。外电路接通后，阳极上的电极反应为

$$Cd = Cd^{2+} + 2e$$

其结果使金属镉离子化，并进入水溶液，产生的电子通过泄放电阻 R 到达金电极，金电极上积聚了过剩电子，如果水样中没有溶解氧或其他去极化剂存在，则最终两电极电位相同，流过电阻 R 的电流变为 0，原电池电动势也变为 0，处于这种平衡状态的原电池是完全极化了的电池。

当水样中有溶氧存在时，溶解氧与金电极表面过剩电子作用，其电极反应为

$$O_2 + 2H_2O + 4e \longrightarrow 4OH^-$$

生成的氢氧根与水中的镉离子化合，生成氢氧化镉，其反应为

$$Cd^{2+} + 2OH^- \longrightarrow Cd(OH)_2$$

氢氧化镉随水样的流动带走。氧不断地与阴极上的过剩电子作用，镉不断离子化，产生的电子不断流向阴极，这样就破坏了电池原来的平衡状态，部分地消除了原电池的极化。因为氧具有这种去极化作用，所以称氧为去极化剂。由去极化作用产生的电流称为去极化电流。根据电极扩散动力学方程式，在一定条件下，去极化电流 I 的大小与溶解氧浓度 c_m 的关系可用下式表示：

$$I = \frac{DAnF}{\delta} c_m \tag{3-1}$$

式中：D 为氧的扩散系数；A 为金电极有效面积；n 为一个氧分子在金电极上接纳电子数，$n=4$；F 为法拉第常数；δ 为扩散层的有效厚度。

在 D、A、δ、一定时，电流 I 与浓度 c_m 成正比。

由于水样是原电池的电解质，因此水样的电导率、水样中某些离子、污染电极的杂质均能影响测量结果，并增加维护量，所以这种传感器已基本不再使用。

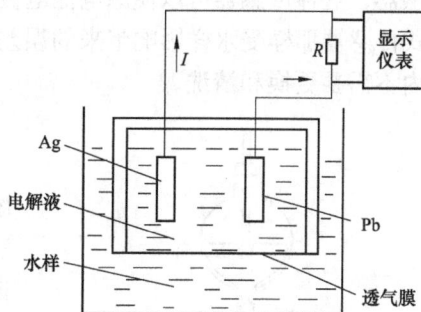

图 3-2　复膜式原电池电流传感器示意

2. 复膜式原电池电流传感器

在这种传感器中，一种对氧有选择性的透气膜将样品溶液与电极室隔离，电极室内充满一定浓度的 KOH 电解溶液，复膜式原电池电流传感器如图 3-2 所示。

原电池的电极反应如下：

阴极（Ag）

$$O_2 + 2H_2O + 4e \longrightarrow 4OH^-$$

阳极（Pb）

$$2Pb - 4e \longrightarrow 2Pb^{2+}$$

$$2Pb^{2+} + 4OH^- \longrightarrow 2Pb(OH)_2$$

$$2Pb(OH)_2 + 2KOH \longrightarrow 2KHPbO_2 + 2H_2O$$

原电池的极限扩散电流 I 可用下式表示：

$$I = \frac{P_m A n F}{\delta} p_{O_2} \tag{3-2}$$

式中：P_m 为透气膜对氧的透气率；δ 为透气膜厚度；A 为阴极有效面积；n 为氧的电价；F 为法拉第常数；p_{O_2} 为氧在银电极（Ag）表面的分压。

透气膜的性能可用选择性和稳定性来衡量。选择性是指膜对被测组分有很高的透过能力，而对其他组分则很难透过，即传感器有很强的抗干扰能力。微孔膜是四氟乙烯、聚乙烯制成的非均态膜。微孔膜对氧有很好的选择性。透气率是温度的正指数函数，需采用负温度系数的热敏电阻网路来补偿温度变化引起的测量误差，对于带有微处理的仪器，可利用测温电路和软件来实现温度补偿。透气膜的稳定性是指膜对酸、碱的化学稳定性、抗过温能力、膜的机械强度等，与仪器的稳定性、膜使用寿命及仪器的维护量有关。

电极室的内电解质溶液与传感器的性能有关。以氧传感器为例，内电解质溶液主要由强电解质和缓冲液组成，常用的强电解质有 KOH 和 KCl，因其在水中有很强的离解能力，使原电池内阻很小，可降低功率消耗，避免热效应引起电位漂移。缓冲组分用来维持内电解质溶液的 pH 值，以创造电极反应的条件，常用的缓冲剂是硼酸钠，使 pH 值保持在 8 以上，以减少 pH 值波动引起的测量误差。

复膜式传感器比接触式传感器具有较高的选择性、稳定性和准确性。

3. 洗出式电流传感器

该传感器由洗出装置和检测器组成，洗出装置又称置换器，其作用是用纯氢将水中溶解的被测气体（如氧）洗提到氢气中，再被氢气带到检测器中进行分析，检测器是原电池电流传感器，这种传感器可以使原电池电极在纯净气体环境中工作，避免了像接触式传感器和复膜式传感器那样受水样影响带来的误差，减小了维护工作量，使传感器在正常运行条件下两年内不需要更换和清洗。

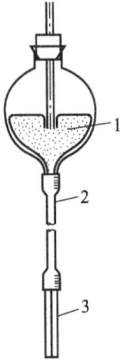

图 3-3　滴汞电极结构
1—储汞瓶；2—塑料管；3—毛细管

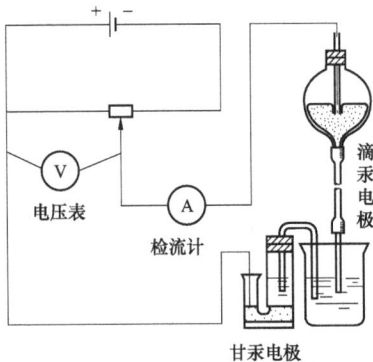

图 3-4　极谱分析基本装置

二、极谱型电流传感器

以测定电解过程中所得到的电压-电流（伏安图）为基础建立起来的电化学分析方法称为伏安法，其中以滴汞电极为工作电解的伏安法称为极谱法。

极谱分析是一种在特殊条件下进行的电解分析，它的特殊性表现在两个电极上，即采用了一个面积很大的参比电极和一个面积很小的滴汞电极进行电解。滴汞电极的构造见图 3-3。滴汞电极的上部为储汞瓶，下接塑料管，塑料管的下端接一毛细管，汞自毛细管中一滴滴有规则地滴落。图 3-4 所示是极谱分析基本装置，电解池由滴汞电极和饱和甘汞电极组成，通常滴汞电极为负极，饱和甘汞电极为正极。电解时利用电位器接触片的变动来改变加在电解池两极上的外加电压，用灵敏检流计记录流经电解池的电流。将待测试液加入电解池中，在试液中加入大量的 KCl 作为支持电解质。通入 N_2 或 H_2，以除去溶解于溶液中的氧。然后使汞滴以每滴 3～5s 的速度滴下，记下各个不同电压下相应的电流值，以电压为横坐标、电流为纵坐标绘图，即得电压-电流曲线。

极谱型传感器分为扩散型和平衡型两种。

1. 扩散型传感器

在扩散型电流传感器的阴、阳电极间施加从小到大的电压时，由于溶液中某种被分析物质的存在，可以得到图 3-5 所示的极谱图。

由图 3-5 可见，当电压小于 U_0 时，极限扩散电流 $I \approx 0$，随电压 U 增高，I_0 按指数函数规律上升，直至 $U \geqslant U_1$，I 趋于稳定值 I_0，且 I_0 与被测物浓度成正比。$I_0/2$ 对应的电压 $U_{1/2}$ 称为半波电位，其值仅与被测物属性有关，可作为定性分析的依据。

当溶液中存在多种物质时，相应的极谱图如图 3-6 所示。由图可见，各物质对总极限扩散电流都有贡献，当要用极谱法在线连续测量溶液中某种物质时，例如溶解氧浓度时，就会受到某些物质的干扰，所以必须用有选择性的膜将样品液与电极室隔离。

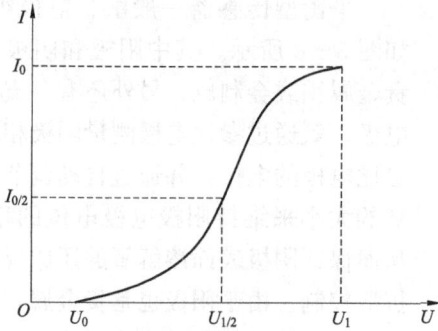

图 3-5　被测物质的极谱图

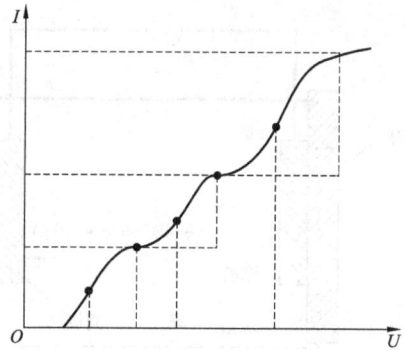

图 3-6　多种物质存在的极谱图

新型扩散型传感器是三电极体系，除传统的铂阴极、银阳极外，还有银参比电极，大大提高了信号的稳定性和准确度，零点稳定，内置自消耗电极，自行消耗电解液中的残余氧。

扩散型氧电极结构如图 3-7 所示。参比电极（阳极）是大面积的银电极，而测量电极（阴极）是金电极。金电极是极化电极，银电极是去极化电极，电解液为一定浓度的 KCl 溶液。

当电极间加直流极化电压后，氧通过薄膜连续进行扩散，扩散通过薄膜的氧立即在金电极表面还原，电流正比于扩散到阴极的氧的速率。电极反应如下：

图 3-7　扩散型氧电极示意

阴极（金）还原反应　　　　$O_2 + H_2O + 4e^- \longrightarrow OH^-$

阳极（银）氧化反应　　　　$Ag + 4Cl^- - 4e^- \longrightarrow AgCl \downarrow$

由极谱分析原理可知，此传感器在一定温度下，电解液中溶解氧产生的极限扩散电流与溶解氧的浓度呈线性关系。

测定时为消除水的电导率、pH 值和水中杂质的影响，在金电极外表面覆盖一层疏水透气的聚四氟乙烯或聚乙烯薄膜，将电解池中的电极、电解液与被测水样隔开，被测水样在流通池流过时与膜的外表面接触，水中溶解氧透过薄膜进入电解液，在金电极上发生电极反应，透过膜的氧量与水中溶解氧浓度成正比。因而传感器的极限扩散电流与水中溶解氧浓度成正比，测量此电流就能测得水中溶解氧浓度。

反应产生的电流符合以下关系式：

$$I = \frac{DScnF}{LM} \tag{3-3}$$

式中：D 为溶解氧的扩散系数（与温度有关）；S 为溶解氧传感器阴极表面积（与污染有关）；c 为溶解氧浓度；n 为氧的得失电子数目；F 为法拉第常数；L 为扩散层的厚度（与膜的加工和流速有关）；M 为氧的分子量。

令 $k = nF/M$，则 $I = kDSc/L$，电流与溶解氧浓度成正比。

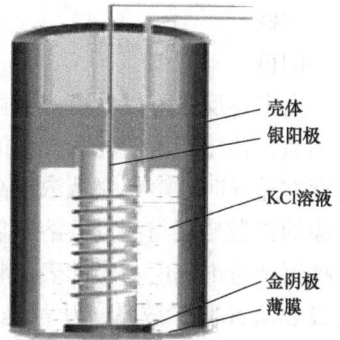

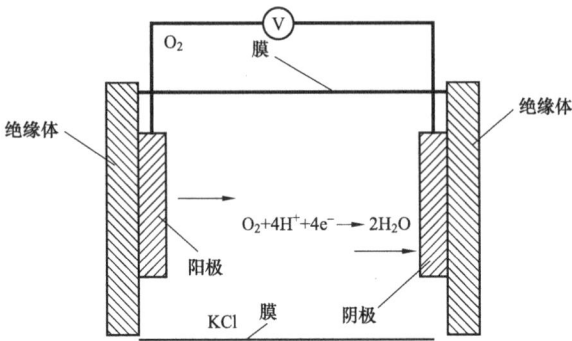

图 3-8　平衡型溶解氧测量传感器

2. 平衡型传感器

平衡型传感器一般由二电极组成，如图 3-8 所示。其中阳极和阴极均由贵金属铂或金制成，另外还有一支参比电极。氧通过参比电极测量阴极相对于参比电极的电位，并通过自动调节槽压 V 的大小来维持阳极电极电位的稳定，从而保证阴极表面溶解氧的还原反应受扩散控制。由于阳极也是贵金属，不可能发生金属的氧化反应，只能发生水的氧化反应，生成氧和氢离子并释放出电子。

阴极　　　　　　　　　　$O_2 + H_2O + 4e^- \longrightarrow OH^-$

阳极　　　　　　　　　　$2H_2O \longrightarrow O_2 + 4H^+ 4e^-$

由上述反应可以看出，平衡型溶解氧测量传感器在测量过程中阴极消耗的氧等于阳极产生的氧，传感器不消耗水样中的氧。因此，测量过程中只有膜内溶液中溶解氧浓度与水样浓度存在差异时，溶解氧从浓度高的一侧扩散到另一侧，直到膜两侧氧浓度达到平衡。而氧通过膜的扩散速度与测量的溶解氧浓度无关，这与扩散型溶解氧测量传感器完全不同。平衡型传感器测量准确度与膜的表面状态和水样流速无关。反应产生的电流符合 $I = DScnF/LM$；电极表面 S 和扩散厚度 L 都是常数，因为电极在膜隔离电极的电极壳内，不会受到污染而变化，电极表面的 KCl 溶液也是静止的，所以平衡型传感器测量结果只受到阴极表面扩散系数 D（内扩散）的影响，通过自动准确测量温度并进行温度补偿，可以将温度对扩散系数的影响产生的误差消除掉。

在水样浓度相对稳定时，平衡型传感器测量值与膜的扩散速度无关，而且不消耗水样中的氧，因此测量值不受水样流速和膜表面污染物的影响，平衡型传感器阳极为贵金属 Pt，不会存在老化带来的误差问题，也不需要更换膜，因此也没有传感器内气泡影响问题。

三、极谱型电流传感器在测量中的影响因素

1. 水样温度

水样温度对极谱型电流传感器的影响与复膜式原电池电流传感器相同，可以用温度补偿的办法来解决水样温度的波动带来测量误差的问题。

2. 水样流量

溶解氧测量结果除了与溶解氧浓度有关，还与扩散层的厚度 L 有关。扩散层由两部分组成。一部分是膜的厚度，由膜的加工质量决定。如果膜的厚度比正常设计值厚，会使氧通过膜的扩散速度减慢，造成测量灵敏度低，这可以通过仪表标定消除（更换膜后，需重新进行标定）。另一部分扩散层是与膜外表面紧密接触的水膜，这部分扩散层的厚度取决于水流速度。水流速度的提高会降低氧扩散速度，导致测量值增高，反之亦然。因此必须严格控制测量时水样流速在要求的范围内，最好与标定时的流速相同。

另外，扩散型传感器消耗水样中的氧并减少氧浓度，如果水样不流动或者流速过低，会

造成测量结果偏低，所以，应保证达到制造厂要求的最低流速。水样流量偏小时，随着流量的增加，I 随之增大，直至达到或超过某一流量时，I 趋于稳定。因为流量小时，在复膜表面附近被测物形成浓度梯度，使膜表面的浓度小于溶液中实际浓度，只有流量增大到某值后，浓度梯度才趋近消失，I 的值趋于稳定值，因此要求配备一个水样流量大于上述定值的恒流装置。

3. 复膜材质及厚度

对膜材料，要求选择性好、透气率高、强度大。在保证膜强度及使用寿命的情况下可以将膜做得很薄，有效地提高传感器的灵敏度和响应速度。例如在氧传感器中，一般选用 $10\mu m$ 厚的聚四氟乙烯膜，能较好地满足要求。

4. 水样中的其他物质影响

溶解氧测量结果除了与溶解氧浓度有关，还与溶氧传感器阴极的表面积 S 有关。该面积在使用过程中受渗透膜表面污染的影响，表面附着物会阻挡一部分面积使氧的渗透受阻，对应的阴极反应面积相对减少，造成测量结果偏低。

水样中存在能产生浊度的物质会污染膜表面，某些气体（如硫化氢、二氧化硫）也对电极有损害，这些都会导致传感器灵敏度下降和清洗周期缩短。还原剂，如联氨等，可以通过膜在电极上发生反应，产生误差。误差的大小与除氧剂和溶解氧的相对浓度、电解池类型有关。氧化铁和其他沉积物可能在流速低的水平段管子中沉积，产生类似色谱柱一样的保持作用，导致很长的滞后时间。膜破损造成传感器内 KCl 逐渐被稀释，传感器内溶液电阻大幅度增加，从而使电极表面的极化电位大大降低，使测量结果偏低，甚至无法进行测量。含氧和除氧剂的高温水样会发生反应，使测量结果降低，可采用缩短取样管长度、在前面加冷却器等方法加以改进。

5. 溶解氧的扩散系数 D

随着水样温度的提高，扩散系数 D 增大，测量结果相应增加。温度对测量结果的影响很大。因此，为了保证测量结果准确，溶氧表传感器中都有精确的温度测量传感器，并且能根据温度测量结果自动进行温度补偿。所以对溶氧表进行调整的重要内容之一是进行温度校验。

6. 测量回路泄漏问题

溶解氧测量过程中经常遇到的一种干扰是测量系统管路接头和阀门泄漏，使空气漏进测量水样中，造成测量结果偏高。因为经过测量传感器的水样一般直接排放到排水管，压力与大气压力相同，而管道中由于水样的流动，使水的静压降低，水样的压力低于大气压力，如果管路有漏点，水样不会向外泄漏，而是空气向管内渗漏，很难发现漏点。所以，应确保密封水样不漏气。

7. 阳极老化

长期运行生成的氯化银沉淀不断增加，与氢氧化钾反应后在阳极表面生成氢氧化银，并进一步转化成黑色氧化银沉淀，附着在银电极表面，改变了阳极性质。为了防止极化电阻老化，长期不用的溶解氧电极应保存在无氧水中。

8. 传感器内有气泡

扩散型溶解氧测量传感器需要定期进行膜和内参比液的更换。如果更换膜操作不当，在传感器内部存在气泡，气泡内存在一定的氧气分压力。常温常压下，同体积的空气中的氧含量是同体积水中溶解的氧量的约 30 倍。当测量浓度降低时，气泡内的氧气分压力大于与溶液中氧相平衡的氧分压力，气泡中的氧通过气液界面进入溶液中，同时气泡内氧气发生浓差扩散。这比无气泡时的液相（单相）扩散增加了两个过程，从而大大降低溶解氧测量的响应速度。因此，更换膜时要特别注意传感器内部填充液中不能有气泡存在。

此外，传感器结构是否合理，也直接影响传感器性能。管路和传感器壳内中细菌繁殖会消耗氧，也会引起误差。

四、溶氧分析仪的校准

溶氧分析仪在现场长期使用，除受环境因素影响外，还能引起电极氧化，内电解液消耗及组分变化及老化等，致使灵敏度下降及零点缓慢漂移。因此必须对仪器进行定期校准。校准的方法主要有化学分析法、饱和氧水法、空气法、电解氧法。

1. 化学分析校准法

化学分析校准法以电力行业标准为基础，定时取样得到分析结果后，用分析结果去调整溶氧分析仪的指示值，使指示值等于化学分析值。这种方法通常因药剂、器皿、人为操作等引起的误差外，还有手工取样过程不当引起空气中氧进入水样引起的误差，以及手工取样和分析结果获得期间由于测水样中氧浓度发生波动引起的误差，因此具有较大的局限性。

2. 饱和氧水校准法

被空气饱和的水中的溶解氧浓度与大气压力、饱和氧水温度、含盐量及其他影响氧溶解度的溶质的影响有关。可用空气饱和氧水作标准物来校准溶解氧分析仪。校准过程中建议采用除盐水，为了对痕量溶解氧分析进行校准，需配制浓度更低的标准液。

3. 空气校准法

将电极暴露在空气中，使空气中的氧通过透气膜进入内电解液中达到平衡，内电解液中的饱和氧浓度与温度、大气压力及内电解液的性质有关。空气标定时使用氧气含量为20.9％的空气，根据当地的气压进行修正，以确保得到准确的氧分压力。空气校正时，如果不校正大气压力，饱和氧浓度偏高，测量结果会产生误差。

对于扩散型传感器，进行空气标定时必须使电极表面膜不能有水滴，以免水滴影响氧的扩散速率；对于平衡型传感器，进行空气标定时，可以将探头置于湿度为 98％的空气中（以免膜干燥受损）5min 以上，也可以把电极放入装满水的容器中，向水中曝气 15min 以上，使水中溶解氧浓度达到饱和，待仪器读数稳定后再进行校正调节。

4. 电解氧校准法

电解氧校准法是在进入传感器前的水样流程上配置一个电解池（一般由两个铂电极构成），在电解池电极上加上一定的电压，电极间的水样中就会通过电解电流 I，当水样流量恒定时，电解氧与水样混合后，在水样中会产生一个恒定氧浓度增量，利用此氧浓度增量对溶解氧分析仪进行校准。

电解氧校准法操作方便，因而被普遍采用。电解氧校准法的可靠性取决于水样流量、电解电流测量的准确度及电解效率的高低。电解效率的高低与电极间水电阻的电极间绝缘电阻的比值有关，比值越小，电解电流中漏电部分越小，电解效率就越高。另外，水中某些氧化还原电位低于 OH^- 的阴离子，参加了化学反应，消耗了部分电解电流，降低了电解效率，影响氧增量的大小，也降低了电解氧校准法的可靠性。

第二节 电流式分析仪表简介

一、TP150 溶解氧分析仪

TP150 溶解氧分析仪是北京时代新维测控设备有限公司生产的在线分析仪，配有复合溶解氧电极，实现从微克级至毫克级的宽范围测量。复合溶解氧电极具有响应速度快、稳定、使用费用低等特点，在水质监测中应用广泛。

（一）工作原理

目前，常用的溶解氧连续测定方法是隔膜电极法。其隔膜采用聚四氟乙烯纤维、聚乙烯等组成，用铂作正电极，两金属电极浸没在电解质溶液中，电极和电解质溶液装在有氧半透膜的小室内。当把这种电极浸入测定水中，连通电流测定回路，水中的分子氧透过隔膜扩散到电极表面上，发生电极反应。阳极发生氧的还原反应，阴极进行氧化反应，从而产生扩散电流。当电极参数一定时，在一定温度下，稳定后的扩散电流与水样中的氧浓度成正比。电极反应为

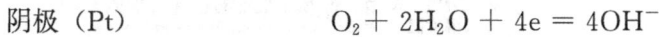

阴极（Pt） $O_2 + 2H_2O + 4e = 4OH^-$

阳极（Ag） $4Ag + 4Cl^- = 4AgCl + 4e$

最内部含铂阴极和热敏电阻的玻璃棒，被套在呈管状的银阳极里面，两者组成电极内体，内体又被嵌入不锈钢电极杆中。

（二）基本功能

历史数据功能：仪器按所设定的时间自动存储测量界面下的氧浓度值和时间，可存储 3000 条数据。数字时钟功能：显示当前的时间，为记录功能提供时间基准。背光功能：可在光线昏暗或彻底无光的环境下使用，背光灯亮度可以通过软件调节，使显示始终保持清晰。信号输出方式：软件选择电流输出类型，可在 0～10、0～20、4～20mA 间切换选择。

（三）技术指标

显示：128×64 点阵液晶，中文显示

测量范围：0.0～100μg/L、100～1000μg/L、1.00～20.00mg/L

分辨率：0.1μg/L，0.0～100μg/L、1μg/L，100～1000μg/L、0.01 mg/L，1.0～20.00mg/L

温度传感器：Pt1000

测温范围：0.0～99.9℃

温度补偿范围：0.1～80.0℃

水样温度：5～80℃

环境温度：5～45℃

电源：交流（220±22）V，频率（50±1）Hz

信号输出：0～10、0～20、4～20mA（任选）

仪器安装方式：开孔式/壁挂式/架装式

电极安装方式：流通式/沉入式/法兰式/管道式

（四）仪器的组成

仪器由主机、复合溶解氧电极及测量池组成。仪器的外形及组成如图 3-9 所示，电极系统采用测量灵敏的溶解氧复合电极，自动温度补偿，测量可靠、准确。

仪器有一个溶解氧输入通道和一个温度输入通道，当不需要自动温度补偿时，可以手动设置进行温度补偿，当需要进行自动温度补偿时，样品的温度由一个内置的 Pt1000 温度传感器进行测量。

（五）仪器的使用与维护

1. 显示说明

自动转入正常测量界面，如图 3-10 所示。

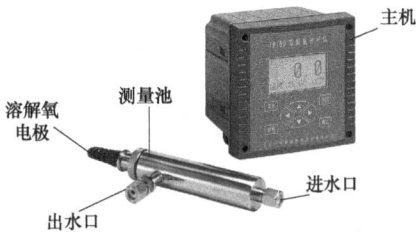

图 3-9 TP150 溶解氧分析仪组成

图 3-10 测量界面

2. 电极的标定

每只氧电极都有自己的零点和斜率，而且随着不断的使用，电解液因消耗会逐渐减少，零点和斜率就会发生变化。标定就是为了得到电极的真实零点和斜率。

斜率标定：在空气中标定电极的斜率。

两点标定：在零氧环境中标定电极的零点，在空气中标定电极的斜率。

若要准确地标定出零点，用无水 Na_2SO_3 溶解于纯水中，形成"无氧水"来标定零点。

3. 仪器校准

启动仪器，确保所有的连接正确、可靠；将溶氧解电极与仪器接好，向下放置于空气中，将电极活化 8h 后，再进行两点标定。流通杯下进水、上出水。

仪器校准方法有三种：溶解氧零点校准、溶解氧空气校准和输出校准。

（1）零点校准（溶解氧零点校准）。首先准备好校准仪器的标液（一般建议用无水 Na_2SO_3 溶解于纯水中，形成"无氧水"来标定零点，通常使用时不建议零点标定，只做溶氧空气标定，先用标准液清洗电极至少二三遍，然后将标准液倒掉，再倒一杯标准液，将电极放入标液中，待数值稳定后，按确认键完成校准。

（2）空气校准（溶解氧斜率校准）。斜率标定只标定电极的斜率，零点不会改变。

在仪器校准菜单下，将光标移到溶解氧空气校准，按确认键进入溶解氧空气校准界面，进入仪器溶解氧空气校准状态。此时按仪器界面提示，将电极放入空气中，稍等，若需要修改浓度，可按上、下方向键进行修改，若不需要改浓度，直接按确认键进行校准，按确认键校准完成。

（3）输出校准。校准输出时，电流类型有 0~10、0~20、4~20mA 三组可供选择，校准时用户可根据仪器使用时的输出范围选其中一组。

4. 电极极化、维护及检查

(1) 电极的极化。电极首次使用时应进行极化，极化的目的是使电极里的化学体系达到平衡，维持电极稳定。开始时，电极的电流较大，按指数规律下降，8h 后处于稳定态。在此期间的显示数据逐渐降低，直到稳定，随后才能进行标定。

(2) 电极的维护。在使用中最容易发生的是膜的堵塞，造成测量不稳定，结果不准确。由于水质的变化，特别是电厂，停炉后再开炉时，水中夹带着较多的杂质，严重时可用肉眼看见污物（烂泥、铁锈、藻类物质等）覆在膜上，这类污染容易发现。而另一类离子污染就不易发现了，因微小的离子附着在膜的表面，影响了膜的通透性，而用肉眼又不易发现，对这类污染，可将电极取下，用 3%～5% 的稀盐酸浸泡几个小时后再使用。

每次标定前应用肉眼观察膜是否有损坏。若膜上有脏物，应用软纸小心擦去。

膜失效后应更换。以下几种现象常常表示膜失效：响应时间变长，反应变慢；仪器读数不稳定，漂移大；标定时明显达不到零点和满值；机械损伤等。

(3) 电极的性能检查。为了检测电极性能的好坏，可通过零氧测量，定性地检测电极的好坏。先将电极取出，置于空气中，稳定几十分钟后，记下浓度值。看浓度值是否与电极说明书中的温度与氧浓度对应值相吻合，不吻合就采用斜率标定。再将电极置于无氧水中，几十分钟后，微克级溶解氧电极应在 $10\mu g/L$ 以下，毫克级溶解氧电极应在 $500\mu g/L$ 以下。读数超出以上范围，往往是电解液用尽或膜损坏，应更换。每次更换电解液或膜后，应重新极化和标定。

5. 仪器使用注意事项

(1) 如发现整个测量系统响应时间长、膜破裂、无氧介质中电流增大等，就需要进行更换膜、更换电解液的维护工作。每次换膜或换电解液后，电极需重新极化和校准。

(2) 进水水样的流速尽量保持恒定。

(3) 在测低氧时，建议使用硬管连接变送器，以防氧气从软管中互相渗透进水路。

(4) 电极应定期清洗，拆装及清洗电极时不能弄破渗透膜，不能用滤纸擦电极上的渗透膜，以免损坏渗透膜。

(5) 必须保持电缆连接头清洁，不能受潮或进水。

(6) 仪器显示值与实际测定值相差很大或不能测定低含量的氧时，可能氧电极内的电解液干涸，需重新灌注入电解液。

(7) 电极极化时，电极连接到仪器上后，应连续通电 8h 以上，电极极化后才能进行标定。

(8) 当现场较长时间断水或仪器较长时间不使用时，应及时取出电极，套上保护帽。

(9) 如果电极失效需更换电极。（在开机状态下，禁止拆装电极）

(10) 被测水样温度较高时，应采取降温措施，使之符合仪器要求。如在锅炉给水测量中，一般应先降温。

二、奥立龙 2116 纯水溶氧监测系统简介

奥立龙 2116 纯水溶氧监测系统用于溶解氧的连续监测。该系统可以监测低于 20ppm（mg/L）浓度的溶解氧和监测浓度低于 1000ppb（$\mu g/L$）的溶解氧，还能监测一定范围内的样品温度。监测过程中样品流通池固定在电极上，样品首先接触到电极探头，然后在顶端离开电极，这样可以消除顶端滞留泡沫，提高了电极的响应效率，降低了工艺条件对溶氧测量的影响。

（一）系统参数

接液材质：样品池-腈纶、橡胶、316 不锈钢、电极-PEEK、316 不锈钢、橡胶

操作温度：5～50℃（40～120 ℉）

最大压力：60psi

样品流速：50～400mL/min（0.8～6.3gal/h）

测量范围：0.1ppb～20ppm（0.1μg/L～20mg/L）

分辨率：0.1ppb/0.01ppm

（二）系统组成及安装

奥立龙 2116 纯水溶氧监测系统如图 3-11 所示。它包括低浓度氧电极探头、DataStick 电极主体和通信适配器、样品池及背板、AV38 控制系统及远程显示器。其中 AV38 远程显示器可以安装在背板或者其他位置，同时还可以显示系统测量值，AV38 控制系统还包括与主机通信的多种网络协议规范。

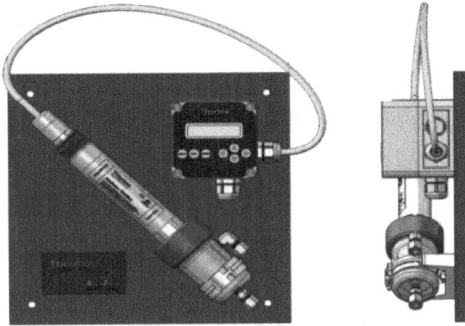

图 3-11　奥立龙 2116 纯水溶氧监测系统

1. 电极系统

微量溶氧电极测量范围为 0.1ppb～20ppm，分辨率为 0.1ppb，响应速度快，更换膜和电解液方便。该电极可以实现温度测量，同时具有测量范围校准和零点采集功能，电极还可以自动校准及保留数据。

微量溶氧探头使用 DataStick 电极系统，DataStick 电极系统如图 3-12 所示。它包括标准电极主体、可更换电极探头、通信适配器。

图 3-12　DataStick 电极系统

2. AV38 远程显示器

图 3-13 为 AV38 远程显示器，AV38 详细配置信息包括电流输出、继电器、主机通信。配置和溶氧补偿功能，将直接关系到溶解氧的测量。

AV38 测量溶氧，使用通用接口与 DataStick 电极系统连接。它采用最佳显示效果的高对比度背光液晶显示屏（LCD），使用 24V DC 或 240V AC 供电。DataStick 电极与 AV38 通过 MODBUS RTU 协议通信。AV38 可以选择任何两种 DataStick 电极使用。当仪表通电后如果显示 "DataStick Absent"，表示电极线缆没有连接至仪表或没有正确连接。

3. 系统安装和装配

Aqua 微量检测系统装配在 30cm×30cm 仪表盘上，将 1/4in 螺丝和垫圈固定在墙上。

按照标准控制压力和流速，将样品连接到底部流通池。样

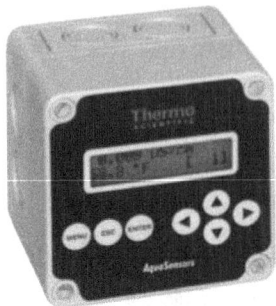

图 3-13　AV38 远程显示器

品的压力小于 60psi，流速为 50～400mL/min。流速快速变化会造成暂时性的测量波动，而影响电极的正常工作。样品流通池提供的样品必须具有稳定流速、恒定压力及温度。

样品池的出口过滤必须连接通风排水。在 AquaTrace 系统检测使用中，管线和泵不能有气体，并确定管路内是连通的。不锈钢、PVDF 和聚丙烯都是非渗氧材质，而其他材料如硅树脂是可渗透氧材质，会导致系统中适用于低溶氧测量的精确部件出现氧污染。

（三）系统操作与维护

1. 电极启动

电极在运输过程中应使用防护帽以免受损坏，还应保持电极膜湿润。经过测试后的电极在安装后仍需要一定的稳定时间。一般需要运行 12h 以后才稳定。

2. 系统停用

如果整个系统长时间停运，应关闭样品流通池，卸下样品流通池中微量溶氧探头，并清洁微量电极，清空样品池后用清水清洗，吹干样品池内腔，清洗好电极将它装回流通池。

3. 系统维护和清洁

为了得到精确的测量结果，电极需要随时维护。定期维护可以延长电极寿命。样品流通池同样需要清理。如果电极头已经清洗后，校正仍不成功，则需要更换电极膜和电解液。安装膜套时一定要缓慢，快速安装时产生的压力会有损坏膜的可能，且不要安装过紧。

4. 电极校准

（1）溶氧校准——空气校准。当环境压力变化时，应进行环境压力更新。如果不更新压力，校准精度会降低，使用寿命也会受到影响。环境压力设置更新使用以下步骤：

进入 AV38 电表的配置菜单，滚动配置选项，直到系统显示压力。按"ENTER"键更新环境压力。完成环境压力的更新，进入 AV38 电表的校准菜单（见图 3-14）。按"ENTER"键开始进入校准程序。当校准启动后，模拟输出为保持模式。提示用户准备电极，在这一步电极值动态升级，从样品流通池中取出微量溶氧电极，用纯水清洗电极头，倒掉帽中多余的纯水。将电极插入装有纯水的烧杯中停留大约 15min 后，电极达到稳定并适应环境，按"ENTER"键完成校准。

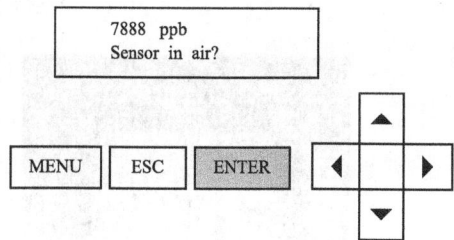

图 3-14 AV38 电表的校准菜单

（2）溶氧校准——零点校准。零点校准可以更新电极信号偏移。进入 AV38 电表的校准菜单，按"ENTER"键开始进入校准程序。当温度校准程序开始后，模拟输出为保持模式。提示用户准备电极，在这一步电极值动态升级。从样品流通池中取出微量溶氧电极。用纯水清洗电极头，倒掉帽中多余的纯水。

将校零溶液加入烧杯大约二分之一刻度，与 13.0g 亚硫酸钠固体混合后用去离子水稀释到 1.0L 容量瓶中，电极底端悬浮在烧杯中校零溶液液下至少 1in 深。为了达到稳定零点，标定前电极需稳定 12h，达到稳定后，按"ENTER"键完成校准，按"ESC"键退出菜单并恢复正常运行，电极装回样品流通池，恢复样品通过 AquaTrace 系统。

三、奥立龙 2118XP 联氨表简介

奥立龙 2118XP 联氨表适用于给水、锅炉水及省煤器入口水中联氨（除氧剂）浓度的测量和监测，属于在线仪表。该表提供优化的流路设计，使用优良的电极技术，获得精确的测量结果，即使联氨的浓度有轻微变化也能及时响应。在给水、锅炉水或省煤器入口的联氨分析、监测方面，奥立龙2118XP联氨表符合并超过所有联氨检测所需要的准确度和可靠性要求，具有电极品质高、无试剂泵的试剂添加技术和DYN校正系统等优点。由于2118XP联氨表维护需求量小和试剂用量低，可以用于远程监测使用。

（一）仪表的特点

具有可靠的测量结果和可选择分辨率的宽量程，高品质的参比电极和碘电极，具有良好的测量准确度和稳定性，配备自动水样处理和污染控制系统，历史测量数据和校正数据的记录功能，查看测量、校正和错误信息的历史记录，具有自诊断功能，维护简单，自动量程范围选择，读数值显在带背光的LCD屏幕上。

（二）工作原理与校正

1. 工作原理

图3-15为仪表的控制面板，水样进入奥立龙2118XP联氨表，仪表的管路系统如图3-16所示，依次通过入口阀门、旁路/针阀过滤器、压力调节阀、流量计，进入限流管。之后，水样通过流路连接组件进入试剂瓶，然后在经过扩散管时进行样水pH值的调节，碘也被加入水样。经过pH值调节的样水通过流路连接组件进入试剂反应回路，在此水样中的除氧剂与碘反应形成碘离子。水样经过碘电极、参比电极和温度电极、流入直通大气的排放口。水样中的联氨与碘反应形成碘离子，即

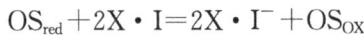

$$OS_{red} + 2X \cdot I = 2X \cdot I^- + OS_{OX}$$

其中

$$OS_{red} = 还原态的联氨$$

$$OS_{OX} = 氧化态的联氨$$

图3-15 奥立龙2118XP联氨表控制面板　　　　图3-16 奥立龙2118XP联氨表管路系统

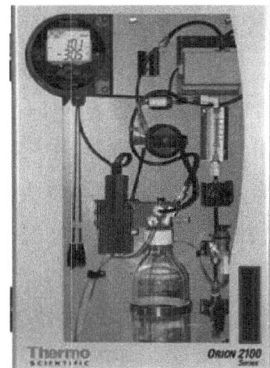

碘离子电极对碘离子浓度变化的响应符合对数关系，其响应符合能斯特方程，所测量的电位随着温度和碘离子浓度的变化而改变。

加入水样中的酸避免了负反应的产生，即

$$3I_2 + H_2O \longrightarrow 5I^- + IO_3^- + 6H^+$$

维护酸性条件可避免碘离子的释放，碘离子释放将导致联氨（除氧剂）浓度读数偏高。pH值调节和碘试剂是通过奥立龙具有的扩散工艺进入水样中的，水样流经试剂瓶中的

扩散管，瓶中装有酸溶液和碘试剂，酸和碘溶液通过扩散管的管壁向水样中扩散，并溶解在水样中。这种扩散技术避免了因直接向水样中添加试剂而对水样造成的污染，并使得流路处理系统变得更简单、可靠。

2. 校正

为了消除水样温度波动造成的误差，2118XP 联氨表的微处理机不断地按温度探头所提供的数据修正温度补偿值。从能斯特方程可以知道，在 25℃时碘离子选择性电极对十倍离子浓度的变化的理论响应值为-59.16mV，称为电极斜率（S），在实际测量过程中，大多数电极并不表现出电极斜率，需校正仪表以确定其真实斜率值。

2118XP 联氨表使用的是动态两点标定法，配合高性能电极技术和动态校正器。

（1）动态两点校正（DYN）。动态两点校正法利用动态校正器，提供了最大的校正精度。另外，除了像离线标定一样可以得到 E_0 值外，还能得到电极的斜率值。要进行动态的两点标定，首先将不含联氨的水样连接至 2118XP 联氨表，再准备相应较稀浓度的标准液，将配制好的标准液加入注射器中，并将注射器安装在动态校正器上，将校正器靠近仪表放置，注射器管连接至标准液注射入口。通过调节校正器，两种不同的流速将产生两种不同稀浓度的标准液，加入至水样中。根据提示，按仪表上相应的按键，仪表的微处理器自动完成标定。使用水样冲洗流路大约 30min 后，可将校正液冲洗干净，2118XP 联氨即可投入使用。

（2）离线标定。对于某些除氧剂也可以使用离线标定。因为给水中联氨的浓度一般控制在相当窄的范围内，通常一点标定能基本满足精度的要求，离线标定过程具有标定速度快、操作方便的特点。如果水样中联氨的浓度经常在较宽的范围内波动，或者需要检验仪表的读数，应进行两点标定。

奥立龙 2118XP 联氨表的离线标定功能允许用户使用其他的实验室分析方法，比如光谱、离子色谱法分析水样，然后将仪表调至该读数。实际上，这是一种单点标定。离线标定的步骤是从仪表的旁路取样，水样的浓度值存入内存，选择其他的方法对样品进行分析，将原来存储的读数调至实验室分析得到的数值，然后返回正常测量分析模式。

（三）应用

联氨测量范围：0～200ppb。

在高压锅炉系统中，加入系统的联氨与系统中的溶解氧反应，并有少量的联氨残留在系统内。这些残留的联氨将确保当溶氧渗漏进入整个系统后可以将其完全去除。

不管是在高压、低压锅炉中，还是在热力系统的高温、低温段，联氨都是一种非常有效的除氧剂和金属钝化剂，加入系统中的联氨与系统内的溶解氧反应并使金属钝化，少量的联氨残留在系统内，必须着重监测以保护系统。过量的联氨将导致除氧剂的成本增加，联氨的有效控制取决于预先确定的最佳值用量范围。

复习思考题

3-1 什么是电流式分析法？

3-2 电流式分析仪表常用的传感器有哪些？

3-3 简述极谱分析法原理。

3-4 极谱型传感器有哪些分类？各自特点是什么？

3-5　影响溶解氧测量准确性的因素有哪些?

3-6　简述溶氧分析仪的校准方法。

3-7　简述 TP150 溶解氧分析仪的原理和结构组成。

3-8　简述奥立龙 2116 纯水溶氧监测系统的组成。

3-9　简述奥立龙 2118XP 联氨表工作原理和使用方法。

第 四 章

分 光 光 度 法

基于被测成分的某些光学特性（如吸收光波、发射光波、反射光波、散射光波等），采用适当的装置，对被测成分进行定性或定量分析的方法称为光学分析法。这种方法实质上是研究物质的成分和辐射能之间的关系，测量物质（分子或原子）吸收或发出的辐射能。用于光学分析的仪器称为光学式分析仪器。

分光光度法是一种基于物质对光的选择性吸收而建立的光学分析法，它是光学分析法的一个分支，又称吸收光谱法。分光光度法包括比色法、可见分光光度法、紫外分光光度法及红外光谱法等。

分光光度法是采用分光器获得纯度较高的单色光，基于物质对单色光的选择性吸收，对测定物质的组分进行分析的方法。分光光度法根据分子的特征吸收光谱可以进行定性分析，根据分子的分光程度大小可以进行定量分析。

分光光度法的特点如下：

（1）灵敏度高。可用于测定微量组分的含量，一般所测定的下限可达 $10^{-6} \sim 10^{-5}$ mol/L。若在测定前对被测组分先进行分离和富集，可提高实验的灵敏度。

（2）准确度较高。分光光度法的相对误差为 2%～5%。分光光度法的准确度虽不如滴定分析法高，但已能满足微量组分测定的准确度要求。并且滴定分析法难以进行微量组分的测定。

（3）简便快速。分光光度法所使用的仪器为分光光度计，设备简单，价格较低，一般实验室都能配备。分光光度计的操作方法简单，易于掌握。

（4）应用广泛。几乎所有的无机离子和有机化合物都可直接或间接地用分光光度法进行测定。目前分光光度法在实验室中是一种常规的分析方法，特别适合痕量和微量成分的分析，已广泛应用于生产和科研部门。

本章在介绍分光光度分析仪器有关基本知识的基础上，重点介绍当前电厂中使用较多的分光光度式分析仪器。

第一节　分光光度法原理

分光光度法借助分光光度计测定溶液的分光度，根据朗伯-比耳定律确定物质溶液的浓度。分光光度法的原理是比较有色溶液对某一波长光的吸收情况。

一、光的本质

1. 光的波粒二象性

物质呈现的颜色与光有着密切的关系。当光束照射在物质上时，光与物质发生相互作用，于是产生反射、散射、吸收或透射。若被照射物为均匀的溶液，则可以忽略光的散射。

光是一种电磁波，如果按照波长或频率排列，则可得电磁波谱图，如图 4-1 所示。光具有二象性：波动性和粒子性。

光的波动性是指光按波动形式传播，光的波动性可用波长 λ、频率 ν、周期 T 等物理量来描述。例如：光的折射、衍射、偏振和干涉现象，就明显地表现其波动性，即

$$\lambda \cdot \nu = c$$

式中：λ 为波长，cm；ν 为频率，Hz；c 为光速，约 $3 \times 10^{10}\,cm/s$。

如光电效应就明显地表现光的粒子性，即光是由"光微粒子"（光量子或光子）所组成的。光量子的能量与波长的关系为

$$E = h\nu = \frac{hc}{\lambda}$$

式中：E 为光量子的能量，erg，$1erg = 10^7 J$；h 为普朗克常数，$6.6262 \times 10^{-34}\,J \cdot S$

人眼能感觉到的光称为可见光，其波长范围为 400～750nm。理论上将具有单一波长的光称为单色光；由不同波长的光组合而成的光称为复色光。日光、白炽灯光等可见光都是复色光。

2. 原子与光的吸收和发射

原子结构理论指出，带正电荷的原子核和带负电荷的电子组成原子，而原子核又是由带正电荷的质子和不带电荷的中子所组成的。一个原子的核外电子数等于其核中的质子数，即正、负电荷数相等，所以原子呈电中性。

核外电子按一定的量子轨道绕核运动，并在一定的空间内以不同的几率出现，形似电子云。这些量子轨道呈分立的层状结构，每一层即每一个量子轨道都具有各自确定的能量，称为原子能级。原子、分子等所允许的能量状态可用能级图来描绘。

图 4-2 所示为氢原子能级。离核越远的量子轨道的能级能量越高。在通常情况下，电

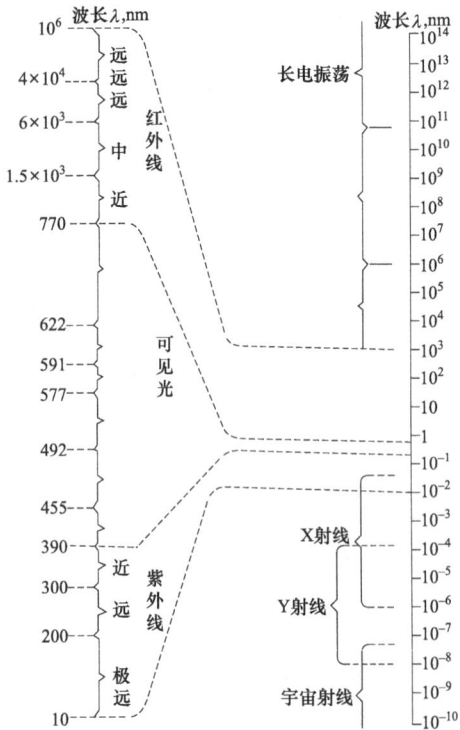

图 4-1 电磁波谱

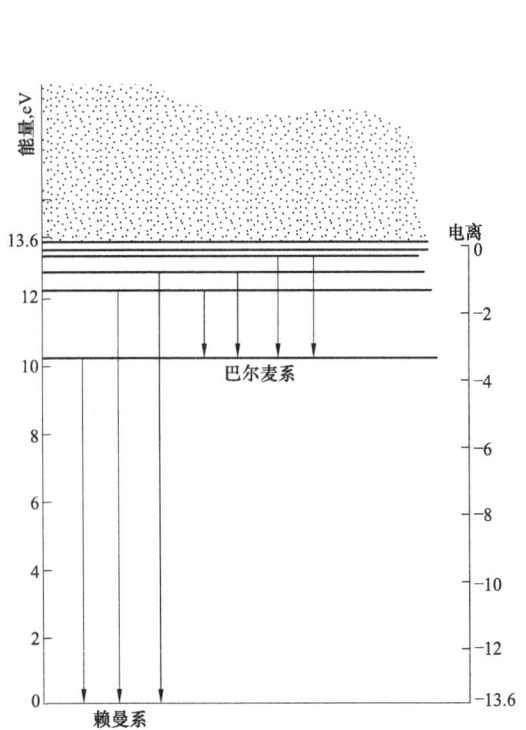

图 4-2 氢原子能级

子都处在各自的最低能级上，这时整个原子的能量最低，处于稳态称为基态。当基态原子受到外界作用时，电子就可能吸收能量，由低能级向高能级跃迁，此过程就是原子吸收能量的过程。在这一过程中，原子因获得能量而激发，这种处于高能量状态的原子称为激发态原子，它很不稳定，通常在 10^{-8} s 左右电子又会从高能级跃迁回低能级，成为基态原子，同时将多余的能量以光辐射的形式释放出来，发射相应的光谱线，这种过程就是原子发射光子的过程。原子激发过程中吸收的能量与其从该激发态跃迁回基态所发射出的能量，在数值上相等，等于两能量级间的能量差 ΔE，即

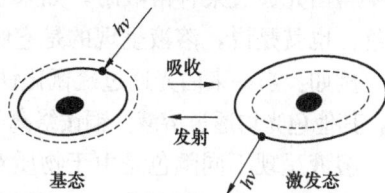

图 4-3 原子吸收和发射能量示意

$$\Delta E = E_m - E_n = h\nu$$

式中：E_m 为激发态的能量；E_n 为较低能级或基态的能量。

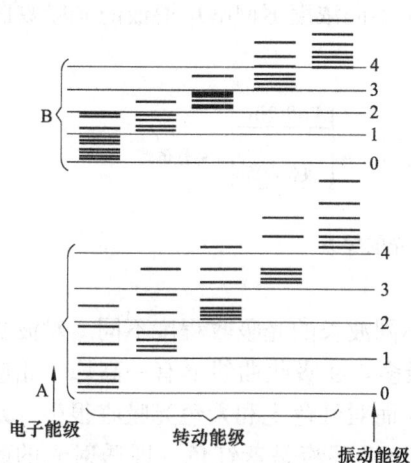

图 4-4 分子能级示意

图 4-3 所示为原子吸收和发射能量的示意。不同的元素有不同的原子结构，它们的能级有各自的特征，因此不同元素的原子只有吸收符合其特征的能量时，才能被激发而做相应的跃迁。同理，不同元素的激发态原子跃迁到低能级或基态时，释放能量所发出的电磁波的频率也是符合其特征的，即随元素而异。

图 4-4 所示为分子能级示意。分子能级由电子能级和分子的振动能级、转动能级构成，同样具有不连续性。由图可见，每个电子能级 A 或 B 都包含着若干个振动能级 0、1、2、3…而每个振动能级又包含一组转动能级（如图 4-4 中短线所示）。

任何分子都有自己的特征能级。分子不同，其特征能级也不同，因此，当分子能量状态发生变化时，即从一个能级变到另一个能级时，它只能吸收或放出符合其能级差特征的能量。包含各种频率的复色光照到物体上时，物体对光的吸收是有选择性的，即只能吸收符合其能量特征的那部分频率的光。

二、物体的颜色

如果让一束白光（日光）通过棱镜，由于发生折射，白光便分解为红、橙、黄、绿、青、蓝、紫等单色光。如果把两种适当颜色的单色光按一定强度比例混合后，就能得到白光。这两种单色光称为互补色光，两种颜色为互补色。如硫酸铜溶液因吸收白光中的黄色光而呈现蓝色，黄色与蓝色即为互补色。因此，物质呈现的颜色和吸收的光颜色之间是互补关系，如图 4-5 所示。图 4-5 中处于一条直线的两种色光都是互补色光。

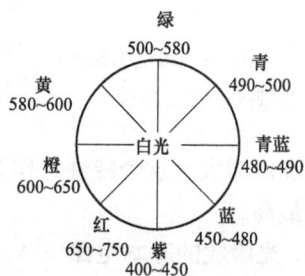

图 4-5 光的互补色示意（λ，nm）

对固体物质来说，当白光照射到物质上时，如果物质对各种波长的光完全吸收，则呈现

黑色；如果完全反射，则呈现白色；如果对各种波长的光均匀吸收，则呈现灰色；如果选择性地吸收某些波长的光，则呈现反射或透射光的颜色。对溶液来说，溶液呈现不同的颜色是由于溶液中的质点（离子或分子）对不同波长的光具有选择性吸收造成的。

当白光通过某种溶液时，如果它选择性地吸收了白光中某种色光，则溶液呈现透射光的颜色，也就是说，溶液呈现的是它吸收光的互补色光的颜色。

例如：当一束白光通过硫氰化铁 $[Fe(SCN)_3]$ 溶液时，它选择性地吸收了白光中的蓝青色光，其他色光均透过溶液。铜铵络离子的溶液因选择性地吸收了白光中的黄色光而呈现蓝色。

溶液呈现不同颜色是由于物质对光的选择性吸收所造成的。

当一束白光（强度为 I_0）通过不同溶液，溶液呈现的颜色和吸收光的关系如图 4-6 所示。

如果将各种波长的单色光依次通过某一固定浓度的有色溶液，测定每一波长下有色溶液对光的吸收程度（即分光度 A），然后以波长为横坐标，分光度为纵坐标作图，得一曲线，称为吸收光谱曲线（简称吸收曲线）。图 4-7 所示为四个不同浓度 $KMnO_4$ 溶液的光吸收曲线。从图中可以看出：

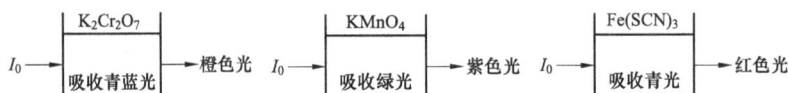

图 4-6 溶液呈现的颜色和吸收光的关系

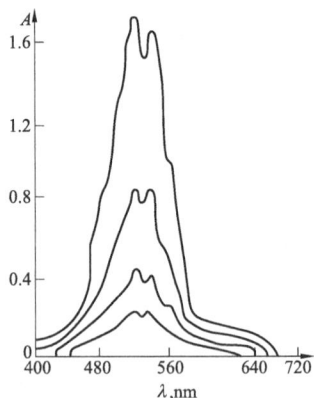

图 4-7 四个不同浓度 $KMnO_4$ 溶液的光吸收曲线

（1）$KMnO_4$ 溶液对不同波长的光吸收程度不同。对波长为 525nm 的绿色光吸收最多，在吸收曲线上有一高峰（相应波长称为最大吸收波长），而对红色光和紫色光吸收很少，几乎能完全透过，因此 $KMnO_4$ 溶液呈紫红色（即透射光的颜色）。光吸收程度最大处的波长称为最大吸收波长（常以 $\lambda_{最大}$ 或 λ_{max} 表示）。

（2）不同浓度 $KMnO_4$ 溶液的吸收曲线形状相似，最大吸收波长不变。不同物质的吸收曲线形状和最大吸收波长都各不相同。但对某一种物质来说，尽管浓度不同，其吸收曲线形状相似，最大吸收波长相同。因此各种物质都有不同特性的吸收曲线和最大吸收波长。这些特性可作为物质定性分析的依据。

（3）同一物质不同浓度的溶液，在一定波长处分光度随浓度增加而增大（这个特性可作为物质定量分析的依据）。若在最大吸收波长处测定分光度，灵敏度最高。

三、光吸收的基本定律

1729 年，波格（Bouguer）建立了分光度与吸收介质厚度之间的关系。1760 年，朗伯（Lambert）用更准确的数学方法表达了这一关系。1852 年，比耳（Beer）确定了分光度与溶液浓度及液层厚度之间的关系，建立了光吸收的基本定律，称为朗伯-比耳定律。

当一束平行单色光照射到任何均匀、非散射的介质（固体、液体或气体）上，例如溶液时，光的一部分被吸收，另一部分透过溶液，还有一部分被器皿的表面反射。如果入射光的强度为 I_0，吸收光的强度为 I_a，透过光的强度为 I_t，反射光的强度为 I_r，则

$$I_0 = I_a + I_t + I_r \tag{4-1}$$

在分光光度法中，测量时都是采用同样质料的比色皿，反射光的强度基本上是不变的，其影响可以相互抵消，于是式（4-1）可简化为

$$I_0 = I_a + I_t \tag{4-2}$$

透过光强度 I_t 与入射光强度 I_0 之比称为透光度或透光率，用 T 表示，即

$$T = \frac{I_t}{I_0} \tag{4-3}$$

溶液的透光度越大，对光的吸收就越小；相反，透光度越小，则溶液对光的吸收越大。实践证明，溶液对光的吸收程度与溶液的浓度、液层厚度以及入射光的波长等因素有关。如果保持入射光的波长不变，光吸收的程度则与溶液的浓度、液层厚度有关。

1. 朗伯定律

当一束单色光通过溶液后，由于溶液吸收了一部分光能，光的强度就要减弱。设入射光的强度为 I_0，透过浓度为 C，液层厚度为 b 的溶液，透过光的强度为 I_t，由于一部分光被吸收，所以 $I_t < I_0$，如果溶液的浓度保持不变，当液层越厚时，光在溶液中通过的路程就越长，则光被溶液吸收的程度就越大，透过光的强度就越小。

为了求得分光度 A，现将厚度为 b 的液层分为许多厚度相等的薄层，每一薄层的厚度为 db，如图 4-8 所示，照射在薄层上的光强度为 I，当光线通过该薄层后，被吸收的光强度（即减弱的光强度）$-dI$ 与 db 及 I 成正比，即

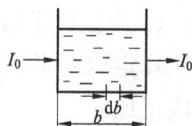

图 4-8 朗伯定律示意

$$-dI \propto I db \tag{4-4}$$

$$-dI = k_1 I db \quad (k_1 \text{ 为比例常数}) \tag{4-5}$$

将式（4-5）进行变量分离并定积分得

$$\int_{I_0}^{I_t} -\frac{dI}{I} = k_1 \int_0^b db \tag{4-6}$$

$$-\ln \frac{I_t}{I_0} = k_1 b, \quad \lg \frac{I_0}{I_t} = 0.434 k_1 b \tag{4-7}$$

令 $0.434 k_1 = k_2$，则

$$\lg \frac{I_0}{I} = k_2 b \tag{4-8}$$

当溶液浓度一定时，光的吸收与液层厚度的关系，称为朗伯定律，表达式为

$$A = \lg \frac{I_0}{I} = \lg \frac{1}{T} = k_2 b \tag{4-9}$$

A 称为分光度（也称光密度 D 或消光度 E）。

2. 比耳定律

对于液层厚度一定而浓度不同的溶液（即颜色深浅不同的溶液），光的吸收与溶液的浓度（C）及入射光的强度成正比，即入射光的强度减弱的情况与浓度固定而改变厚度的情况完全相似。

比耳定律如图 4 - 9 所示。

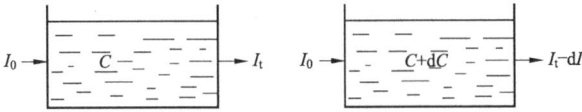

图 4 - 9　比耳定律示意

当溶液的浓度由 C 增加为 $C+\mathrm{d}C$，则透过光强度由 I_{t} 减为 $I_{\mathrm{t}}-\mathrm{d}I$，则减弱的光强度 $-\mathrm{d}I$ 与照在 $\mathrm{d}C$ 上的光强度 I 及浓度的增量 $\mathrm{d}C$ 成正比，即

$$-\mathrm{d}I \propto I\mathrm{d}C \qquad (4-10)$$

$$-\mathrm{d}I = k_3 I \mathrm{d}C$$

$$-\frac{\mathrm{d}I}{I} = k_3 \mathrm{d}C \qquad (4-11)$$

将式 (4-11) 进行变量分离并定积分得

$$\int_{I_0}^{I_{\mathrm{t}}} -\frac{\mathrm{d}I}{I} = k_3 \int_0^C \mathrm{d}C \qquad (4-12)$$

$$-\ln \frac{I_{\mathrm{t}}}{I_0} = k_3 b, \qquad \lg \frac{I_0}{I_{\mathrm{t}}} = 0.434 k_3 C \qquad (4-13)$$

令 $0.434 k_3 = k_4$，则 $\lg \dfrac{I_0}{I_{\mathrm{t}}} = k_4 C$

如果用 I 表示透过光强度，则式 (4-12) 改为

$$A = \lg \frac{I_0}{I} = \lg \frac{1}{T} = k_4 C \qquad (4-14)$$

式中：k_4 为比例常数，它与入射光波长及溶液的性质、温度有关。

比耳定律表明：当入射光的波长、液层厚度和溶液温度一定时，溶液的分光度与溶液的浓度成正比。

3. 朗伯-比耳定律

如果要求同时考虑溶液浓度 C 和液层厚度 b 对光吸收的影响，可将朗伯定律和比耳定律合并为朗伯-比耳定律，即

$$A = \lg \frac{I_0}{I} = \lg \frac{1}{T} = kCb \qquad (4-15)$$

式 (4-15) 为光吸收定律的数学表达式，也叫比色公式。式中 k 是比例常数，与入射光波长、物质的性质和溶液的温度等因素有关。式 (4-15) 表明：当一束单色光通过均匀溶液时，其分光度与溶液的浓度和厚度的乘积成正比。这个规律称为朗伯-比耳定律，也称光吸收定律。

4. 朗伯-比耳定律的应用

朗伯-比耳定律成立的前提：①入射光为平行单色光且垂直照射；②分光物质为均匀非散射体系；③分光质点之间无相互作用；④辐射与物质之间的作用仅限于光吸收过程，无荧光和光化学现象发生。

朗伯-比耳定律的应用主要体现在以下几方面：

(1) 等分光度法。调节溶液的厚度，使分光度相等，例如：

在标准溶液中　　　　　　　　　　　$A_1 = kb_1 C_1$

在试样溶液中　　　　　　　　　　　$A_2 = kb_2 C_2$

当 $A_1 = A_2$ 时　　　　　　　$b_1 C_1 = b_2 C_2, \qquad C_2 = \dfrac{b_1 C_1}{b_2}$

杜氏比色计就是按此原理设计的。

（2）等厚度法。当液层厚度相同时，分光度与分光物质的浓度成正比，例如：

在标准溶液中　　　　　　　　　$A_1 = kb_1 C_1$

在试样溶液中　　　　　　　　　$A_2 = kb_2 C_2$

当 $b_1 = b_2$ 时　　　　　　　　$\dfrac{A_1}{A_2} = \dfrac{C_1}{C_2}$

通常使用的分光光度计都是按此原理设计的。

（3）示差法。对于高含量组分的测定，若以空白试剂作参比溶液，即使没有偏离比耳定律的现象，所测的分光度值也常超出准确测量的读数范围，因而引进误差，而示差法可克服这一缺点。

示差法是采用一个与试样浓度接近的已知浓度的标准溶液来代替空白溶液作参比溶液的一种比色测量法。其测定原理如下：

设 C_1 和 C_2 分别为标准溶液和被测液的浓度，而且 $C_1 \neq C_2$。根据比耳定律：

$$A_1 = kbC_1, \quad A_2 = kbC_2$$

所以　　　　　　　　　　　　$\Delta A = kb \Delta C$

示差法可以提高高含量溶液分光度法测量的准确度。

四、影响分析精密度的因素及偏离朗伯-比耳定律的原因

（一）影响分析精密度的因素

用比色分析法和分光光度法去做定量分析时，影响分析精密度的原因有两方面：一是由分析方法决定的，二是由仪器本身引起的。前者引起的误差称为方法误差，后者称为仪器误差。

1. 方法误差

（1）溶液浓度的影响。被测物的浓度与分光度的关系通常只在低浓度时与比耳定律相符，测高浓度溶液时，浓度与分光度之间的关系便偏离比耳定律，但这时若用标准曲线法则便可得到准确的测量结果。

（2）操作条件的影响。在显色反应过程中，显色剂的用量，溶液的 pH 值、温度和显色时间对溶液颜色的深浅或光的吸收都有一定影响。因此测量时须严格控制操作条件，特别是要保证标准试样与被测样品操作条件一致，才能提高测量准确度。

（3）干扰物质的影响。干扰物本身的颜色，干扰物与显色剂生成有色物质，或者干扰物与金属离子、显色剂生成稳定的无色物质，都会对溶液的颜色或显色过程带来影响，影响分析准确度。一般可用加掩蔽剂或将干扰物从溶液中分离出去的方法予以消除。

2. 仪器误差

（1）光源的不稳定。光源不稳定主要由光源电压不稳定引起。为了减少电源电压的波动，仪器中设有稳压电源。有的仪器设计成双光路系统，可部分补偿光源不稳定给测量带来的影响。

（2）光的单色性影响。在光电比色计和分光光度计中，为提高仪器的灵敏度和分析准确度，都采用被测物最大吸收的单色光作为光源。光的单色性越好，分析准确度就越高。在光电比色计中，用滤光片得到单色光，其单色性比分光光度计中用棱镜或光栅分成的单色光的单色性差。这样，在分析中易受其他干扰物的影响，所以分光光度计的分析准确度比光电比色计高。在分光光度计中，光的单色性还与光路上的狭缝有关，狭缝越宽，光的单色性就越

差，但狭缝过窄，光又太弱，不能满足测量要求。因此分光光度计要在满足光强度的条件下尽量减少狭缝的宽度。

（3）光电元件的光电转换特性的影响。在一定条件下，光电元件（光电池、光电管、光电倍增管等）具有一定的光电转换特性，且在一定范围内保持线性关系。但是由于原件老化或受强光照射而产生疲劳现象等原因，会导致光电转换关系变化，给测量造成误差。因此老化的光电元件应置于暗处，让其消除疲劳，然后才能重新使用。

光电池的光电转换特性还与所带负荷电阻的大小有关，当负载超过一定值时，其线性关系变差，所以使用中要要注意负载电阻的匹配。

（4）比色皿的影响。同组比色皿的材质、厚度、长度应相同，否则会给测量带来误差。在使用中不要将不同仪器的比色皿混用。仪器在紫外区工作时，要用石英比色皿。要求制作比色皿的材料对化学试剂高度稳定。

（二）偏离朗伯-比耳定律的原因

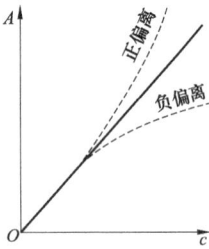

图 4-10　光度分析工作曲线

在分光光度分析中，通常固定吸收层的厚度不变，用比色计或分光光度计测量一系列标准溶液的分光度（即配制一系列已知浓度的标准溶液，在一定条件下进行显色，使用同样厚度的比色皿，在一定波长时测定各溶液的分光度），根据朗伯-比耳定律，分光度与分光物质的浓度成正比，故以分光度为纵坐标，浓度为横坐标作图，得到一条通过原点的直线，称为标准曲线或工作曲线，如图 4-10 所示。

偏离朗伯-比耳定律的原因，主要包括以下几个。

1. 单色光不纯

在光度分析仪器中，使用的是连续光源，用单色器分光，用狭缝控制光谱带的密度，因而投射到吸收溶液的入射光常常是一个有限宽度的光谱带，不是真正的单色光。由于非单色光使吸收光谱的分辨率下降，因而导致了对朗伯-比耳定律的偏离。

为了克服非单色引起的偏离，应尽量设法得到比较窄的入射光谱带，这就需要有比较好的单色器。棱镜和光栅的谱带宽度仅几纳米，对于一般光度分析是足够的。此外，还应将入射光波长选择在被测物的最大吸收波长处。这不仅是因为在 λ_{max} 处测定的灵敏度最高，还由于在 λ_{max} 附近的一个小范围内吸收曲线较为平坦，在 λ_{max} 附近各波长的光的 k 值大体相等，因此在 λ_{max} 处由于非单色光引起的偏离要比在其他波长处小得多。

2. 非平行入射光

非平行入射光将导致光束的平均光程大于吸收池的厚度，实际测得的吸光度将大于理论值。

3. 溶液不均匀

朗伯-比耳定律要求吸光物质的溶液是均匀的。如果溶液不均匀，例如产生胶体或发生混浊，就会发生工作曲线偏离直线。当入射光通过不均匀溶液时，除了被吸光物质所吸收的那部分光强以外，还有部分光强因散射等原因损失。实际的吸光度比理想的吸光度偏离。而一旦产生胶体，往往是吸光物质的浓度越大，所产生的胶体的浓度也越大，散射也就越严重，吸光度偏高得就越多，从而使工作曲线偏离直线向吸光度轴弯曲。故在光度法中应避免溶液混浊或产生胶体。

4. 溶液浓度过高

朗伯-比耳定律建立在吸光质点之间没有相互作用的前提下。但当溶液浓度较高时，吸光物质的分子或离子间的平均距离减小，从而改变物质对光的吸收能力，即改变物质的摩尔吸收系数。浓度增加，相互作用增强，导致在高浓度范围内摩尔吸收系数不恒定而使吸光度与浓度之间的线性关系被破坏。

5. 化学变化

溶液中吸光物质常因解离、缔合、形成新的化合物或在光照射下发生互变异构等，从而破坏了平衡浓度与分析浓度之间的正比关系，也就破坏了吸光度 A 与分析浓度之间的线性关系，产生对朗伯-比耳定律的偏离。

在实践中可能遇到的情况并不止这些。例如显色剂的纯度、干扰离子的存在等，也会影响到应用朗伯-比耳定律的准确性，至于哪个因素起主要作用，尚需在实践中根据具体情况进行具体分析。

第二节　分光光度计的主要部件

分光光度计有各种型号的产品，但都是由光源、单色器、吸收池、检测器和显示器几部分组成。

一、光源

在可见、近红外区进行测定时，常采用钨灯或碘钨灯做光源，它们的辐射适用波长范围为 $320 \sim 2500nm$。但因其发射光谱的强度分布受电源电压变化的影响较大，故需使用稳压器提供稳定的电源电压，以保证光源输出的稳定性。

在近紫外区测定时，常采用氢灯或氘灯，它们在 $180 \sim 375nm$ 波长范围产生连续光谱。

二、单色器

分光光度计中，单色光是靠单色器获得的，常用的单色器是棱镜和光栅。

1. 棱镜

利用棱镜的色散作用，配以其他光学器件，根据不同波长的光通过棱镜时，具有不同的折射率，从而将复合光按波长顺序分解为单色光的一种色散元件。在可见光区域工作的棱镜可用一般光学玻璃制作，玻璃的透光范围在 $300nm$ 以上；在紫外区域工作的棱镜需用石英玻璃制作，石英玻璃的透光范围在 $200nm$ 以上。

当一束白光射入棱镜时，经棱镜折射，就得到按红、橙、黄、绿、青、蓝、紫排列的光谱带，这种现象称为光的色散，棱镜的这种作用称为色散作用。色散作用与棱镜对不同波长光的折射率有关，随着波长的增加，折射率会逐渐减少。所以当白光射到棱镜上时，红光通过棱镜的出射方向相对入射方向的偏转最小，紫光偏转最大，其余各色光则以波长的递减排列在红与紫之间。将棱镜、平面镜和狭缝按图 4-11 组合起来，即成为一个单色光器。若转动棱镜，在狭缝出口就能得到各种波长的单色光。

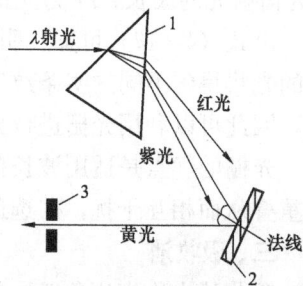

图 4-11　棱镜单色光器示意
1—棱镜；2—平面镜；3—狭缝

在棱镜中，垂直于棱镜底面的截面称为主截面。图 4-12 中平面 ABC 为主截面之一。光线进入和射出的两个面 AB、

AC 称为折射面，两折射面的夹角 α 称为棱镜的顶角，入射光线与出射光线的夹角 δ 称为偏向角，i_1、i_2 分别为光线在 AB、AC 面上的入射角，i_1'、i_2' 为光线的折射角。由图 4-12 可知

$$\delta = i_1 + i_2' - \alpha \qquad (4-16)$$

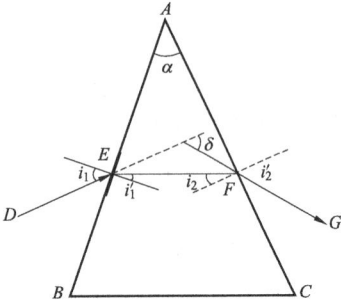

图 4-12　主截面内的光路示意

式（4-16）表明，偏向角是入射角的函数。可以证明：当 $i_1 = i_2'$ 时（在棱镜中的光线 EF 平行棱镜底面的 BC 线），δ 有极小值，称之为最小偏向角。显然，对于不同波长的光线，由于频率不同，满足最小偏向角条件的入射角也不同，波长越长，折射率越小，发生最小偏向折射的入射角就越小。根据这一规律，用一块直角棱镜和一个狭缝，按照图 4-13 组合起来，即可成为一个单色光器。在图 4-13 中，实线 AB 表示入射光线（复色线），经棱镜色散后，射到镀铝反射面的是一条宽度为 DG 的光谱带，经镀铝反射面反射到折射面 MN 时，进一步扩宽为 EH，然后折射回到空间。在入射光中只有某一波长的光经折射后，沿着平行 QN 方向垂直入射到镀铝反射面 MQ（如图 4-13 中光线 BC），反射光沿着原路从狭缝射出，所以在狭缝的出口，就能获得一单色光。若转动棱镜 MQN，可使不同波长的单色光依次从狭缝射出。

2. 光栅

光栅由刻有大量等宽、等距、平行线条（刻痕）的光学玻璃制成。它的刻度在 1cm 内可达万条以上，每一刻痕都相当于不易透光的毛玻璃。光栅是利用光的衍射和干涉现象进行分光的。单色平行光经过刻痕间的光学平面（狭缝）反射或折射后发生衍射。衍射光相互干涉，有的加强有的减弱，从而出现明暗相间的条纹。满足下列关系式的将出现明条纹：

$$d\sin\theta = m\lambda \qquad (4-17)$$

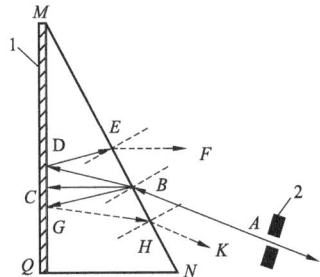

图 4-13　直角棱镜构成的单色器
1—镀铝反射面；2—狭缝

式中：d 为光栅常数，以每毫米内刻痕数的倒数表示，如 1/1200mm 表示 1mm 内有 1200 条刻痕的光栅；θ 为衍射角，衍射光与入射光间的夹角；λ 为衍射光的波长；m 为光谱级次，可为 0、± 1、± 2……

由式（4-17）可知，明条纹的位置和间距都与波长有关。若入射光为复色光，不同波长的光将得到不同的明条纹间距，除 $m=0$ 的零级条纹重合外，各种波长的明条纹均不重合，因此可以利用光栅进行分光。

光栅的优点是适用波长范围宽、色散均匀、分辨能力强、便于保存；缺点是各级光谱会有重叠从而相互干扰，需选适当的滤光片以除去其他级的光谱。

三、吸收池

吸收池也称为比色皿，它是由无色透明的光学玻璃或石英制成的，盛待测溶液和参比溶液的容器。可见区使用玻璃制的吸收池，紫外区则使用石英制的吸收池。每台仪器通常配备厚度为 0.5、1.0、2.0、3.0cm 等规格的吸收池备选。同一规格的吸收池彼此之间的透光率误差应小于 0.5%。使用时应保持吸收池的光洁，特别要注意透光面不应磨损。

四、检测器

它是测量光线透过溶液以后光强度变化的一种装置。通常利用光电效应使光照在检测器上产生光电流。分光光度计上常用的光电转换器有光电池、光电管或光电倍增管。

(1) 光电池。光电池是用某半导体材料制成的光电转换元件。在分光光度计中广泛应用的是硒光电池。硒光电池是由三层物质所组成的，其表层是导电性能良好的可透光金属，如用金、铂等制成的薄膜；中层是具有光电效应的半导体材料硒；底层是铁或铝片。当光透过上层金属照射到中层的硒片时，就有电子从半导体硒的表面逸出。由于电子只能单向流动到上层金属薄膜，使之带负电，成为光电池的负极。硒片失去电子后带正电，使下层铁片也带正电，成为光电池的正极。这样，在金属薄膜和铁片之间就会产生电位差，线路接通后，便会产生与照射光强度成正比的光电流。硒光电池产生的光电流可以用普通的灵敏检流计测量。但当光照射时间较长时，硒光电池会产生"疲劳"现象，无法正常工作，必须暂停使用。

(2) 光电管。光电管是一种二极管，在其内部装有两个电极，阳极通常是一个镍环或镍片。阴极是在金属片上涂一层光敏物质，如氧化铯的金属片，这种光敏物质受到光线照射时可以放出电子。当光电管的两极与一个电池相连时，由阴极放出的电子将会在电场的作用下流向阳极，形成光电流，并且光电流的大小与照射到它上面的光强度成正比。管内可以抽成真空，称为真空光电管；也可以充进一些气体，称为充气光电管。由于光电管产生的光电流很小，需要用放大装置将其放大后才能用微安表测量。

五、显示器

显示器的作用是把放大的信号以适当方式显示或记录下来。低档分光光度计常采用悬镜或光点反射检流计测量光电流，其灵敏度约为 10^{-9}A/格。在检流计的标尺上有两种刻度，等刻度的是百分透光率 T，对数刻度的是分光度 A。中、高档的分光光度计采用记录仪、数字显示器或电传打字机。

第三节　分光光度法操作条件选择

一、显色反应及其条件的选择

(一) 显色反应和显色剂

1. 显色反应

在分光光度分析中，将试样中被测组分转变成有色化合物的化学反应称为显色反应。实际工作很少利用金属水合离子本身的颜色进行光度分析，因为它们的分光系数值都很小。一般都是选适当的试剂，首先利用显色反应把待测组分转变为有色化合物，然后进行测定。

将待测组分转变为有色化合物的反应叫显色反应，与待测组分形成有色化合物的试剂称为显色剂。

对显色反应的要求：

(1) 选择性要好。一种显色剂最好只与一种被测组分起显色反应，或者干扰离子容易被消除，或者显色剂与被测组分和干扰离子生成的有色化合物的吸收峰相隔较远。

(2) 灵敏度要高。灵敏度高的显色反应有利于微量组分的测定（但灵敏度高时，应注意选择性）。灵敏度的高低，可从摩尔吸光系数值的大小来判断。

(3) 有色化合物的组成更恒定，化学性质要稳定。有色化合物的组成若不符合一定的化学式，测定的再现性就较差。有色化合物若易受空气的氧化，光的照射而分射，就会引入测量误差。

（4）显色剂和有色化合物之间的颜色差别要大。这样，试剂空白一般较小。一般要求有色化合物的最大吸收波长与显色剂最大吸收波长之差在 60nm 以上。

（5）显色反应的条件要易于控制。如果条件要求过于严格，难以控制，测定结果的再现性就差。

2. 显色剂

（1）无机显色剂。无机显色剂在比色分析中应用得并不很多，主要原因是生成的络合物不够稳定，灵敏度和选择性也不高。目前应用较多的主要有硫氰酸盐（测定 Fe、Mo、W、Nb 等），钼酸铵（测定 Si、P、W 等）和过氧化氢（测定 Ti）。

（2）有机显色剂。大多数有机显色剂与金属离子生成极其稳定的螯合物，而且具有特征的颜色，因此，选择性和灵敏度都较高。不少螯合物易溶于有机溶剂，可以进行萃取比色，这对进一步提高灵敏度和选择性很有利。

有机显色剂大多是含有生色团和助色团的化合物。在有机化合物分子中，一些含有不饱和键的基团，它们能吸收大于 200nm 波长的光，这种基团称为广义的生色团。

某些含有孤对电子的基团，它们与生色团上的不饱和键相互作用，可以影响有机化合物对光的吸收，使颜色加深，这些基团称为助色团。

有机显色剂的种类很多，下面简单介绍几种：

1）邻二氮菲。属于 NN 型螯合显色剂，是目前测定 Fe^{2+} 较好的试剂。

2）双硫腙（即二苯硫腙）。属于含 S 的显色剂，是分光光度分析中最重要的显色剂，是目前萃取比色测定 Cu^{2+}、Pb^{2+}、Zn^{2+}、Cd^{2+}、Hg^{2+} 等很多重金属离子的重要试剂。

3）二甲酚橙（缩写为 XO）。二甲酚橙属三苯甲烷显色剂，是配位滴定中常用的指示剂，也是光度分析中良好的显色剂。在酸性溶液中能与多种金属离子生成红色或紫红色的配合物。

4）铬天蓝 S（也称铬天菁 S，简称为 CAS）。属于三苯甲烷类螯合显色剂，是测量铝的很好试剂。

（二）影响显色反应的因素

1. 显色剂用量

生成有色配合物的显色反应一般可用下式表示：

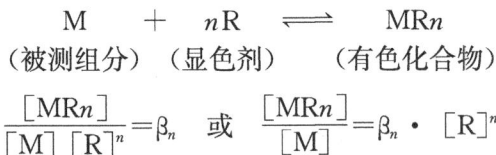

$$M \quad + \quad nR \quad \rightleftharpoons \quad MRn$$

（被测组分）（显色剂）　　（有色化合物）

$$\frac{[MRn]}{[M][R]^n} = \beta_n \quad 或 \quad \frac{[MRn]}{[M]} = \beta_n \cdot [R]^n$$

稳定性较高的配合物，只要加入稍过量的试剂，显色反应即能定量进行。对于有些显色反应，显色剂如果加入太多，有时反而会引起副反应，对测定不利。必须严格控制试剂的用量。

例如：以 SCN^- 作显色剂测定钼时，要求生成红色的 Mo（SCN）₅ 配合物，当 SCN^- 浓度过高时，可生成浅红色的 Mo（SCN）₆⁻ 配合物，反而使其分光度降低，即

$$Mo（SCN）_3^{2+} \rightleftharpoons Mo（SCN）_5 \rightleftharpoons Mo（SCN）_6^-$$

（浅红）　　　　　　（橙红）　　　　　（浅红）

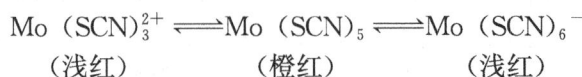

而以 SCN^- 作显色剂测定 Fe^{3+} 时，随 SCN 浓度增大，逐步生成颜色更深的不同配位数的配合物，

使分光度值增大。上述两种情况，必须严格控制显色剂的用量，才能得到准确的结果。

2. 溶液的酸度

酸度对显色反应的影响主要有以下几方面：

（1）影响显色剂的浓度和颜色。

$$Me^+ + HR \rightleftharpoons MeR + H^+$$

（2）影响被测金属离子的存在状态。

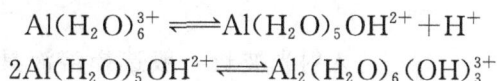

$$Al(H_2O)_6^{3+} \rightleftharpoons Al(H_2O)_5OH^{2+} + H^+$$

$$2Al(H_2O)_5OH^{2+} \rightleftharpoons Al_2(H_2O)_6(OH)_3^{3+}$$

（3）影响配合物的组成。对于某些生成逐级配合物的显色反应，酸度不同，配合物的配位比不同，其色调也不同。例如：磺基水扬酸与 Fe^{3+} 的显色反应，在不同酸度条件下，可能生成 1∶1、1∶2、1∶3 三种颜色不同的配合物，故测定时应控制溶液的酸度。分光度与溶液酸度的关系如图 4－14 所示。

3. 显色时间

有些有色化合物能迅速形成，但是不太稳定，放置过程中颜色会改变，故吸收光度法测定时搁置时间不能太长。有些有色化合物形成很快，而且相当稳定。

在这种情况下，最利于进行吸收光度分析；有些有色化合物形成较慢，必须放置一段时间后才能进行吸收光度测定。总之，不同的显色反应颜色达到最大的吸收强度所需时间是不同的，而且保持颜色稳定的时间范围也是不同的。所以，为了测得准确的结果，应在保持颜色稳定的时间内测定分光度。分光度与显色时间的关系如图 4－15 所示。

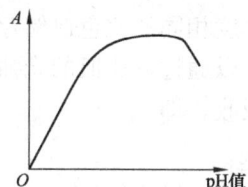

图 4－14　分光度与溶液酸度的关系　　图 4－15　分光度与显色时间的关系

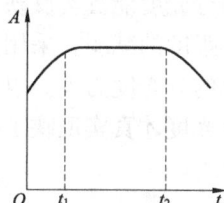

4. 温度的影响

显色反应的进行与温度有很大关系。一般显色反应可在室温下完成。但是有的在室温下进行得很慢，需要加热促使反应迅速完成；有的显色反应所形成的配合物在温度高时发生分解或褪色；有的需放置一段时间才能使反应进行完全。显然，对于不同的显色反应，应选择适宜的温度，使反应能进行完全。同样，标样和试样显色时，其温度应很近似，以减小误差。

5. 溶剂的影响

有机溶剂会降低有色化合物的离解度，从而提高显色反应的灵敏度。同时，有机溶剂还可能提高显色反应的速度、影响有色配合物的溶解度和组成。

6. 干扰离子的影响

干扰离子的存在对光度测定的影响大致有以下三种情况：

（1）干扰离子本身有颜色，在被测物所选用的波长附近有明显的光吸收，但不因加入试剂而改变。

（2）干扰离子（不论本身有无颜色）能与显色剂生成有色化合物。

（3）干扰离子阻止被测离子与显色剂的反应，致使显色反应不能彻底进行，而产生负干扰。

消除干扰作用一般有以下几种方法：①控制酸度；②选择适当的掩蔽剂；③利用生成惰性络合物；④选择适当的测量波长；⑤选用适当的参比溶液；⑥分离。

二、测量条件的选择

为使分光光度法有较高的灵敏度和准确性，还必须控制适当的分光度测量条件。选择合适的测量条件，可从下面几个方面考虑。

1. 入射光波长

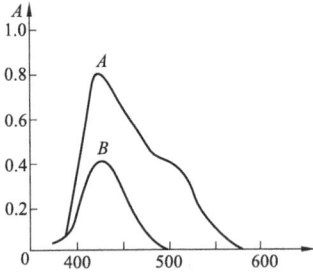

图 4-16　吸收曲线

A—钴配合物；

B—1-亚硝基-2-苯酚-3,6-二磺酸

入射光波长一般选择溶液具有最大吸收时的波长，以便获得较高的灵敏度。如果在最大波长处有干扰物质的强烈吸收，则可选择次强吸收峰。以图 4-16 为例，曲线 A 是钴与显色剂 1-亚硝基-2-苯酚-3，6-二磺酸形成的配合物的吸收曲线；曲线 B 是显色剂的吸收曲线，它们在 420nm 波长处均有最大吸收峰。如用此波长测定钴，则未反应的显色剂会发生干扰而降低测定的准确度。因此，必须选择 500nm 波长测定，在此波长处显色剂不发生吸收，而钴配合物则有一吸收平台。用此波长测定，灵敏度虽有所下降，却消除了干扰，提高了测定的准确度和选择性。

2. 参比溶液的选择

为了使测得的分光度能真实反映待测物质对光的吸收，必须校正比色皿、溶剂等对光的吸收造成的透射光强度的减弱。采用光学性质相同、厚度相同的比色皿储存参比溶液，调节仪器使透过参比皿的分光度为零。也就是说，实际上是以通过参比皿的光强度作为入射光强度。这样得到的分光度才真实反映了待测物质对光的吸收，即

$$A = \lg \frac{I_0}{I} \approx \lg \frac{I_{参比}}{I_{试液}}$$

也就是说，实际上是以通过参比皿的光强度作为样品池的入射光强度。这样测得的分光度比较真实地反映了待测物质对光的吸收，也就能比较真实地反映待测物质的浓度。因此，参比溶液若选择不适当，对测量的准确度影响较大。一般选择参比溶液的原则如下：

（1）如果仅待测物与显色剂的反应产物有吸收，可用蒸馏水作参比溶液。

（2）如果显色剂或其他试剂略有吸收，可用空白溶液（不加待测物溶液）做参比溶液。

（3）如果试剂和显色剂均无色，试液中其他离子有色时，采用不加显色剂的试样溶液做参比溶液。

（4）当显色剂有色，可加掩蔽剂使待测组分掩蔽，再加入试剂和显色剂，以此溶液做参比溶液。

3. 读数范围的选择

分光度的实验测定值总存在误差。在不同分光度下相同的分光度读数误差对测定带来的浓度误差是不同的。这可推证如下：

设试液服从比耳定律，则

$$A = \lg \frac{1}{T} = -\lg T = kbc$$

对朗伯-比耳定律微分并求极值，得

$$-d\lg T=-0.434d\ln T=\frac{-0.434}{T}dT=kbdC$$

上式等号两边同除以 $-\lg T$ 后，得

$$\frac{0.434}{T\lg T}dT=\frac{dC}{C}$$

以有限值表示，可写作

$$\frac{\Delta C}{C}=\frac{0.434}{T\lg T}\Delta T \tag{4-18}$$

式中：$\frac{\Delta C}{C}$ 为浓度的相对误差；ΔT 为透光度的绝对误差。

若令式（4-17）的导数为零，可以求出当透光率 $T=0.368$（$A=0.434$）时，浓度相对误差最小。一般测量分光度控制为 $0.2\sim0.8$，测量的准确度较高。可以改变吸收池厚度 b 或待测液浓度 C 使分光度读数处于适宜范围内。

因而在实际工作中，应参照仪器说明书，创造条件使测定在适宜的分光度范围内进行。如通过改变吸收池厚度或待测液浓度，使分光度读数处于适宜范围内。

第四节　常见分光光度计简介

一、721 型分光光度计

721 型分光光度计采用自准式光路单光束法，其波长范围为 $360\sim800nm$，采用钨灯作光源。仪器在波长为 $410\sim710nm$ 时可以增加消光片或采用有色溶液作被测溶液的陪衬代替空白溶液，以便提高分析灵敏度和提高吸光度的范围。

（一）光路系统

仪器的光路系统如图 4-17 所示。由光源 5 发出的连续辐射光谱，照射到聚光透镜上，汇聚后经过平面反射转角 90°，反射至入射/出射狭缝，狭缝正好位于准直镜的焦面上，当入

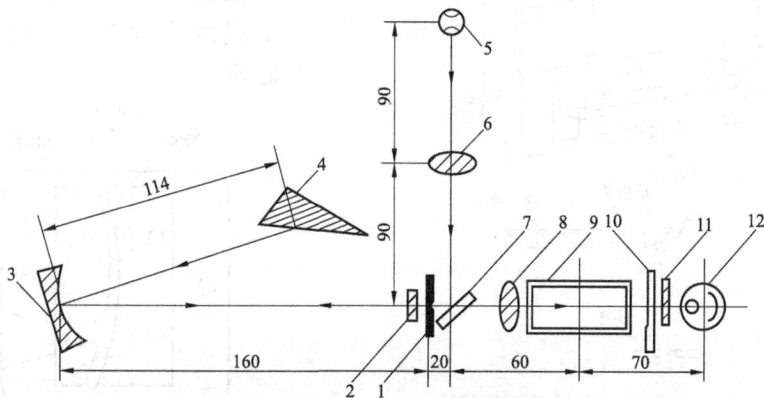

图 4-17　仪器的光路系统

1—入射/出射狭缝；2—保护玻璃；3—准直镜；4—色散棱镜；5—钨灯（12V、25W）；

6—聚光透镜；7—平面反射镜；8—聚光透镜；9—比色皿室；

10—光门；11—保护玻璃；12—光电管

射光线经准直镜反射后就以一束平行光射向色散棱镜（该棱镜的背面镀铝），光线进入棱镜后，就在其中发生色散，入射角在最小偏向角，入射光在铝面上反射后，依原路稍偏转一个角度反射回来，这样从棱镜色散后出来的光线再经过准直镜反射后，就汇聚在出光狭缝上，出射狭缝和入射狭缝是一体的。为了减少谱线通过棱镜后的弯曲性状对于单色性的影响，把狭夹缝两个刀片做成弧形，以便近似吻合谱线的弯曲度，保证仪器有一定的单色性。

1. 光源

光源使用的是 12V、25W 的钨灯，如图 4-18 所示。安装时应注意使钨丝平行，这样进入光路系统的光线强且均匀。

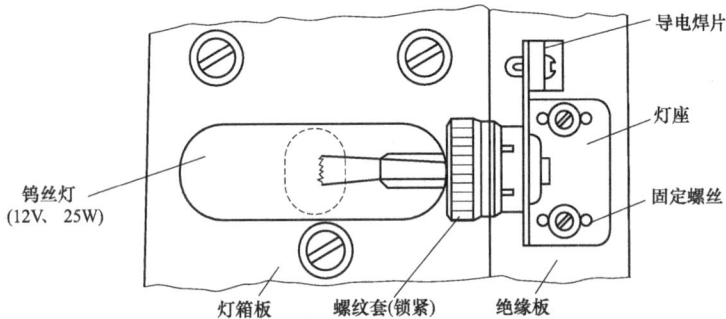

图 4-18　钨灯结构示意

2. 入射光、出射光调节部件

(1) 聚光透镜。聚光透镜的作用是将光源产生的发散光聚集，变为较强的平行光。

(2) 平面反射镜。平面反射镜的作用是改变光的传播方向，使仪器的结构更紧凑。如图 4-19 所示，调节反射角调节螺杆，可以改变入射光的角度。

(3) 入射/出射狭缝。如图 4-20 所示，狭缝设计成弧形（宽度 0.3mm，弧度 $R175mm$），目的是与谱线的弯曲吻合，减少杂散光的影响。

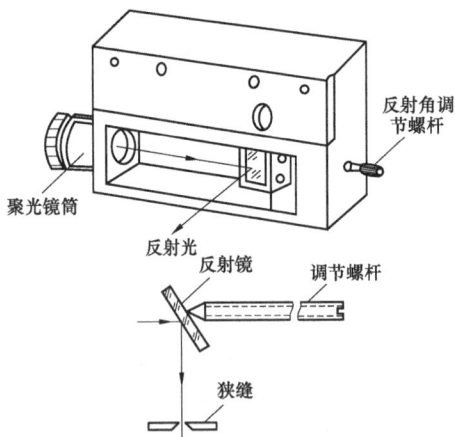

图 4-19　入射光、出射光调节部件

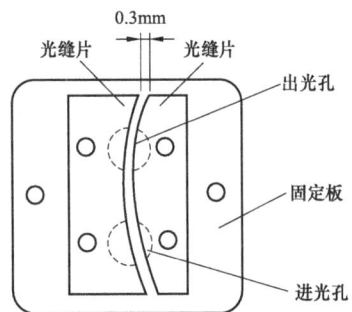

图 4-20　狭缝部件

3. 单色器部件

单色器的外部结构如图 4-21 所示，内部结构如图 4-22 所示。

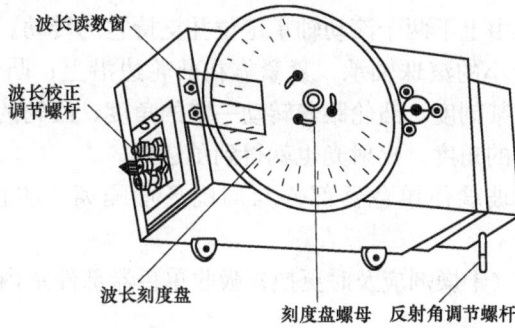

图 4-21 单色器的外部结构

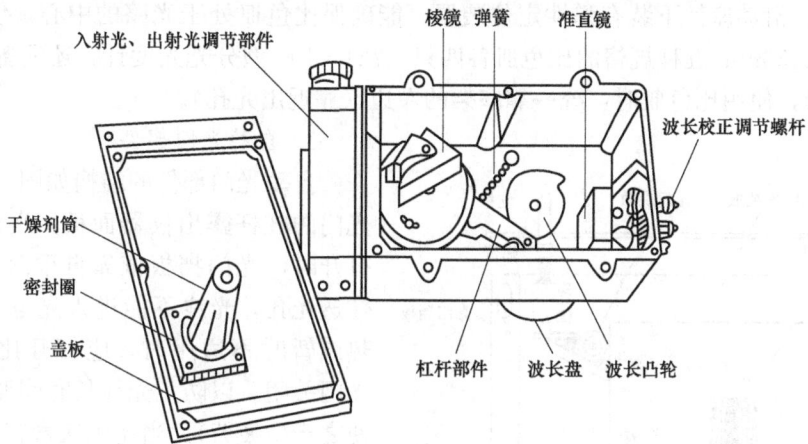

图 4-22 单色器的内部结构

（1）准直镜。准直镜是一块凹形长方的玻璃镜面，装载镜座上，后部装有三套精密的细牙螺纹调节螺丝用来调整出射光，如图 4-23 所示。通过调整波长校正调节螺丝。可使出射光的波长与波长盘所指示的相对应，如图 4-24 所示。由于准直镜的焦平面恰位于出射/入射狭缝上，故这种光路称为直准式光路。

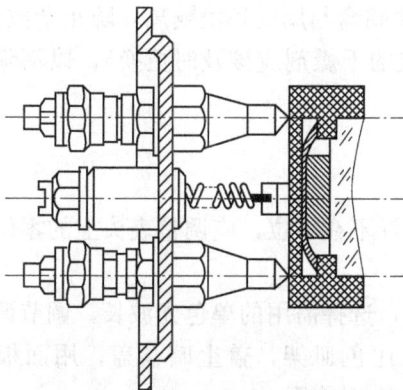

图 4-23 准直镜部件

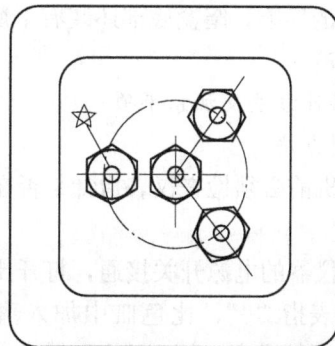

图 4-24 波长校正调节螺丝

（2）色散棱镜。仪器的色散原件是棱镜，用于获得不同波长的单色光。它安装在一个圆形活动板上，活动的轴承由上下两个滚动轴承定位并支持它的转动。圆形活动板的一端固定了一个杠杆，前端有一个小的滚珠轴承，紧紧靠在凸轮边沿上；凸轮轴的上端连接了波长盘，旋转波长盘使指示在某刻度，凸轮跟着转动一定的角度，凸轮的边缘推动杠杆移动了位置，从而使棱镜偏转一定的角度，出射光也就得到了选择。

（3）保护玻璃。保护玻璃使单色器部件与周围环境隔离，防止灰尘等对单色性能的影响。

（4）干燥剂。干燥剂（干燥剂应及时更换）吸收单色器部件室内的水汽，消除水汽对单色性能的影响。

4. 比色皿室

比色皿室有四个比色皿槽，装在比色皿座架上，整个比色皿装置装在比色皿暗盒中，置于光路中时，滑动座架下装有弹性定位装置，能确保比色皿处于光路的中心，仪器配置 5、10、20、30、50mm 五种规格的比色皿各四只（721-100 型分光光度计，还配备 100mm 的比色皿四只），使用比色皿时，统一靠座架的左边（靠近出光孔）。

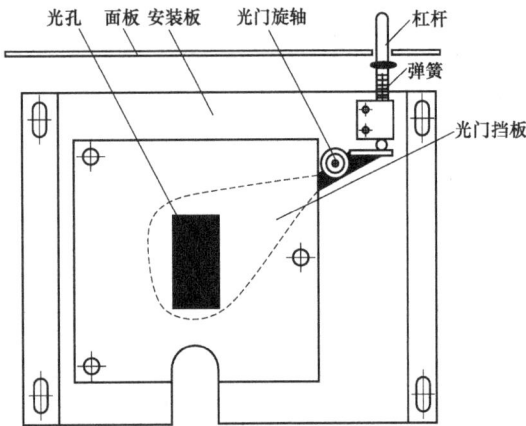

图 4-25 自动光门部件

5. 自动光门部件

自动光门部件的结构如图 4-25 所示。光门的杠杆露出仪器面板，当比色皿盒盖打开时，光门挡板依靠自重向下垂落，遮住透光孔，光线不能进入光电管（仪器预热或暂时不适用时，应打开比色皿盒盖，光门关闭，以防止光线长时间照射光电管，使之产生疲劳）。当比色皿盒盖盖下时，杠杆被向下压落，光门挡板向上抬起，光门打开，光线进入。

6. 光电管暗盒部件

GD-7 型光电管的光电流放大器一起密封在暗盒内，光窗上装有保护玻璃，以整个暗盒与周围环境隔离，防止杂散光线、灰尘对测量的影响，暗盒底部还装有干燥剂筒（内装的干燥剂应该及时更换），以消除水汽对测量的影响。

（二）操作方法及注意事项

1. 使用方法

（1）开机前必须检查仪表指针是否在零位。若指针不在零位，应调整表头上的零位调整螺丝。

（2）将仪器的电源开关接通，打开比色皿暗盒盖，选择需用的单色光波长，调节调零电位器，使电表指"0"，比色皿中加入蒸馏水，放入比色皿架，盖上暗盒盖，用面板上的"100"旋钮调整满度。打开比色皿暗盒盖，预热 20min 后使用。

（3）面板上的"100"旋钮若无法调整至满度，可增加或减小灵敏度挡位开关。预热结束后，再次调整好零位和满度以后才能进行准确测量。放大器灵敏度有 5 挡，1 挡最低，逐步增加。其选择原则是在保证空白时透光率能调至100％的情况下，尽可能采用灵敏度较低挡，这样将有更高的稳定性。使用时一般将灵敏度至于最低挡，然后根据需要逐步升高。但改变灵敏度后要重新校正"0"和"100"。

（4）将比色皿暗盒盖合上，将充有蒸馏水或其他空白试样的比色皿推入光路，这时光电管受光，调100％透光率调节旋钮，使电表指满刻度。

（5）在仪器预热20min后，连续几次调整"0"和"100"透光率，然后可进行测量。

2.注意事项

每次使用结束后，应对比色皿暗盒内进行清洁和干燥处理，并用套子罩住仪器，及时或定期更换单色光器盒以及光电管暗盒中的干燥剂，干燥剂筒内的干燥剂烘干后可继续使用。如果220V的电源波动很大，建议备用一只稳压电源，同时仪器必须良好接地，定期检查仪器波长的精确度。每次改变测试波长后，必须等到指针稳定后再次调整零位和满度，然后使用。

二、7230型分光光度计

7230型分光光度计是一种实验室型的光学分析仪器，用于测量被测物的最大吸收波长在可见光范围内的比色分析。

1.仪器光路系统

7230型分光光度计的光路系统如图4-26所示。

仪器采用单一溴钨灯作为测量的光源，波长范围为300～900nm，由于不在紫外光区工作，光电转换元件只采用一只硅光电池，因此光路系统中的透镜、比色皿等无须用石英材料制作。

7230型分光光度计的光门控制部件位于比色皿盒右侧盒盖的下方。打开比色皿盒盖时，光门挡板依靠自重及弹簧向下垂落，遮住透光孔，光束不能通过光孔照射到光电池上，这样可以对仪器进行零位调节。当合上比色皿盒盖，光门控制部件的顶杆下压，使光门挡板打开，光电池受光，

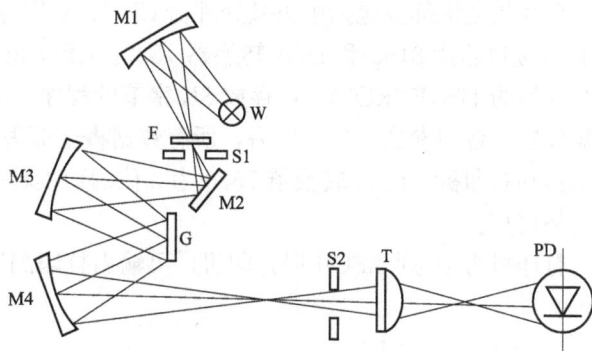

图4-26 7230型分光光度计光路系统

W—溴钨灯；M1—球面反射镜；F—滤色镜片；S1—进光狭缝；S2—出光狭缝；M2—反射镜；M3、M4—准直镜；G—衍射光栅；T—透镜；PD—硅光电池

此时可以对仪器进行100％透光率的调节或进行测量。通过调节波长旋钮可以改变光栅的位置，从而改变通过出射狭缝的单色光。

2.仪器的测量电路系统

7230型分光光度计的电路系统方框图如图4-27所示。

7230型分光光度计采用MCS-51单片机技术进行数据的采集和处理，提高了仪器的自动化程度，通过设定可以显示测量的透光度、吸光度及溶液浓度，并通过打印机输出测量的结果。

光电池将光信号转换为电信号，经前置放大器进行电流/电压信号的转换并放大。前置

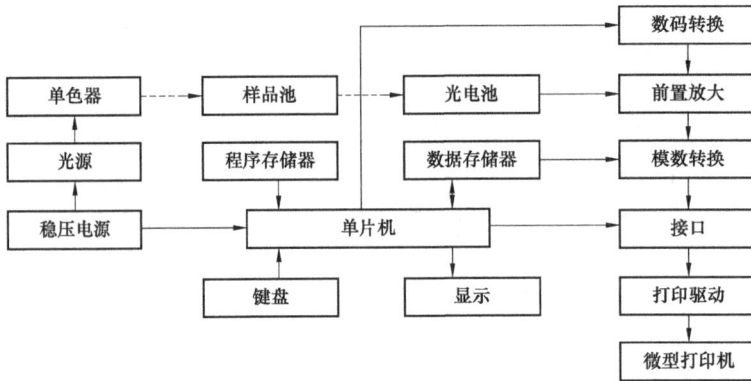

图 4-27 7230 型分光光度计电路系统方框图

放大器采用第四代 ICL7650 型运算放大器，该运算放大器具有自稳零功能，对自身漂移有自动消除功能，可对微小信号进行放大处理，从而提高转换精确度和稳定性。

经前置放大器放大的信号进入模数（A/D）转换器，将模拟信号转换为数字信号，供单片机进行数据处理。模数转换器采用 $3\frac{1}{2}$ 位双积分 A/D 转换器 MC14433，转换精确度为 1/1999，能够满足测量时对仪器精确度的要求。

单片机主机部分包括中央微处理器 CPU、程序存储器 EPROM、数据存储器 RAM、扩展 I/O 接口芯片 8155 和 D/A 转换器 7520。CPU 完成数据采集、处理并实施各种控制，程序存储器为 1764EPROM，可存放 8K 字节的程序。数据存储器主要用于存放标定的参数及仪器设定的各项参数，掉电以后，所有数据将全部丢失。扩展 I/O 接口 8155 用于扩展键盘、显示器和打印机。D/A 转换器 7520 为 8 位的数模转换器，可输出标准的模拟信号供记录仪等设备使用。

打印机为 16 列 ASCII 码打印机。可输出打印测定的具体时间、透光率、吸光度及浓度值等。

3. 仪器键盘功能

7230 型分光光度计的键盘面板结构如图 4-28 所示。

图 4-28 7230 型分光光度计键盘面板结构示意

键盘各键的功能如下：

（1）数字键 0~9。数字键对应相应的数，用于设定仪器的参数。

（2）"-/."键。未按数字键时，按此键表示负号；按过数字键时，按此键表示小数点。

（3）"CE"（"CLEAR"）键。按此键可消除目前输入的数；在多种提示出错的显示状态下，按此键可恢复仪器的正常工作状态。

（4）"MODE"键。开机后，此键作为年、月、日、时、分的输入键；时钟开始启动后，此键作为仪器显示模式的选择键。

（5）"PRINT"键。未按数字键时按此键，仪器的打印机将打印年、月、日、时、分和对应显示模式的数据；如果按过数字"0"键，按此键时，打印机将打印表格；按过"一/."键后按此键，打印机将空走而不打印字；按过数字键"1"～"9"后按此键，打印机将进入定时打印。

（6）"100%T"键。未按数字键时按此键，表示对仪器置满度；如果按过数字键后按此键，表示输入或回归方程 $A=mc+n$ 中的系数 m、n。

（7）"0%T"键。未按数字键时按此键，表示将仪器测量的暗电流置零；按过数字键后按此键，表示输入标准试样的浓度值；按过"CLEAR"键后按此键，表示仪器将进入 0 起始计时状态。

4. 仪器使用方法

（1）启动电源开关，仪器显示"F7230"。

（2）按"CLEAR"键，仪器显示"YEA"进入年设定，依次再按"MODE"键，进入月、日、时、分设定。若不设定时间，即进入工作状态，则依次按"CLEAR"、"0%T"和"MODE"键，仪器就进入透光率测量状态。

（3）调节波长旋钮使波长移动到所需之处。

（4）将四个比色皿放入参比溶液和相应的待测溶液，再放到比色皿架中，并用夹子夹紧，盖上样品池盖。

（5）将参比式样推入光路，按"MODE"键，显示 T 状态或 A 状态。

（6）按"100%T"键，直至显示"T100.0"或"A0.000"。

（7）打开样品池盖，按"0%T"键，直至显示"T0.0"或"AE1"，此时暗电流已调整完毕。

（8）盖上样品池盖，再按"100%T"，至显示"T100.0"，此时相对透光率已调整完毕。

（9）将待测试样推入光路，显示试样的 T 值或 A 值。

（10）若要打印，只需按"PRINT"键即可。

5. 波长校正方法

（1）仪器带有镨钕滤光片，用特征吸收峰进行校正，把镨钕片放入比色皿架上，对准光斑进入测试状态，盖上样品盖，按"MODE"键，使显示处于 T 模式。

（2）用镨钕滤光片的 808.0nm 这个吸收峰校正波长，先将波长调至 780.0nm 左右，将空气作为参比样品，按使用方法调整零点和满度，再将镨钕滤光片推入光路，缓慢调节波长旋钮，观察显示数字，当达到最小值时，停止调节波长。

（3）观察波长读数是否在 808.0nm±2nm 之内，若在这个区间内，不用校正，否则应调节波长校准螺钉，使读数达到要求为止。

仪器使用方法的（5）～（8）项为置满度置零调节，仪表有下述三种情况之一，必须进行置满度置零调节。这三种情况是指开机后首次测试、调节过波长、调换过参比样品（空白液）。

第五节　硅酸根与磷酸根测定仪表简介

一、TP106 在线硅酸根分析仪

TP106 在线硅酸根分析仪是北京时代新维测控设备有限公司推出的一款具有自动完成

化学反应、光学检测、图文显示、控制输出及数据存储等功能的，高精度的在线式自动化仪表；该仪器采用独特的空气搅拌及光电检测技术，使其具有化学反应速度快和测量准确度高等特性；该仪器采用了彩色液晶显示器，以丰富的色彩、文字、图表和曲线等方式，显示测量结果、系统信息以及全中文菜单操作界面；人性化的设计理念与高新技术的充分结合，突出体现了该仪器的产品竞争性。

（一）仪器特点

（1）检测下限低，非常适合电厂给水、饱和蒸汽及过热蒸汽的硅含量检测。

（2）真正使用单色冷光源的在线式硅表，光源使用寿命长。

（3）仪器具有历史曲线记录功能，可存储 30 天的数据。

（4）仪器具有自动标定功能，周期任意设定。

（5）支持多路水样的测量（可选 1～4 路）。

（6）该仪器除添加试剂、标样外，无任何工作量，真正达到了免维护。

（二）技术参数

（1）测量范围：0～200、0～2000μg/L 可选

（2）准确度：±1%F.S

（3）重现性：±1%F.S

（4）稳定性：漂移≤±1% F.S/24h

（5）响应时间：最初响应 12min

（6）采样周期：10min 左右/通道

（7）水样条件：流量大于 100mL/min；温度 10～45℃；压力 10～100kPa

（8）环境条件：温度 0～45℃；相对湿度小于 85%

（9）试剂消耗：三种试剂，每种约 3L/月；电流输出 0～20mA（此范围内任意设置，多通道仪表各通道独立输出）

（10）报警输出：继电器常开接点（220V/1A）

（11）电源：220V±10% AC；50Hz

（12）功耗：约 50V·A

（13）外形尺寸：720mm（高）×460mm（宽）×300mm（深）

（14）开孔尺寸：665mm×405mm

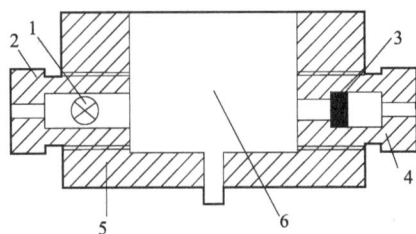

图 4-29　仪器的结构

1—单色光源；2—光源外壳；3—硅光电池；
4—光电池外壳；5—检测器外壳；6—比色皿

（三）仪器结构和工作原理

1. 仪器结构和反应原理

仪器的结构如图 4-29 所示。在一定酸度条件下，硅酸根与钼酸盐反应生成硅钼黄，再用还原剂还原成硅钼蓝，然后采用分光光度法测定。磷酸盐在此条件下也发生类似的反应，会对测量产生干扰，通过加入草酸掩蔽磷酸根离子的干扰。上述显色产物的最大吸收在 810nm 左右，本仪器选用 810nm 特制冷光源进行测定。

2. 分析流路

测量过程采用定量进样、显示反应、比色分析的方式，流路如图4-30所示。

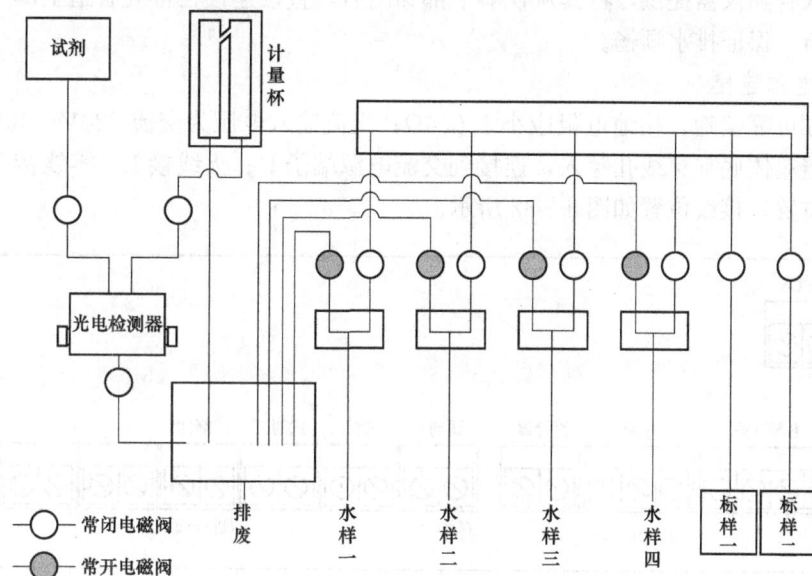

图4-30 四通道硅表分析流路示意

3. 电气原理

电路工作原理如图4-31所示，电路系统由驱动测量系统和信号数字化处理系统组成。

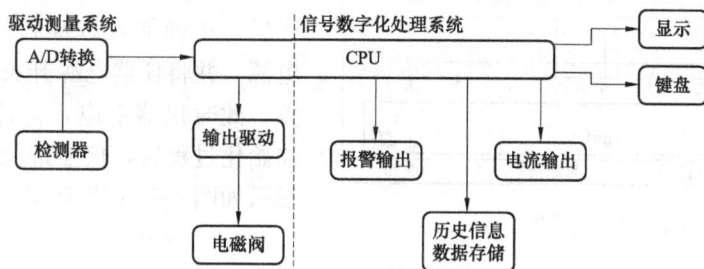

图4-31 电路工作原理框图

（四）仪器安装

1. 安装要求

分析仪器安装位置尽可能靠近采样点，所取水样应具有代表性；被测水样和环境温度应为5～45℃，否则将影响化学分析过程，从而影响测量准确度；保证水样无杂质和污物，由于检修等原因造成水质不合格时，应断开水样，仪器停止运行；安装仪器的工作环境周围，不应有强电磁场和强振动源；仪器要安装在干燥无尘，无腐蚀性气体的环境中。

2. 安装固定方式

仪器可安装在各种仪表盘或固定支架上，在仪表盘上安装时，按开孔尺寸为（665mm×405mm）进行安装。

3. 取样管路及排废管路的连接

仪器水样接口为 $\phi 6$ 不锈钢卡套式接头，可连接 $\phi 6$ 不锈钢管或使用转接头后连接乳胶软管；排废水管随仪器提供，将其从仪器下部穿出后，直接连接在排废管道上即可。注意不可挤压或弯折，保证排水顺畅。

4. 仪器电源连接

仪器必须可靠接地，接地电阻应小于 0.4Ω；交流输入电压为交流 $220V \pm 10\%$、$50Hz$，电源线从仪器箱体底部穿线孔穿入，连接到交流电源端子上；火线接 L，零线接 N，地线接在接地标志位置。接线位置如图 4-32 所示。

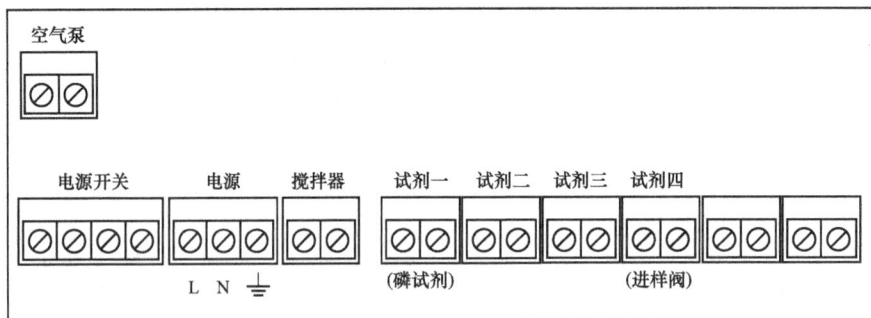

图 4-32　接线位置

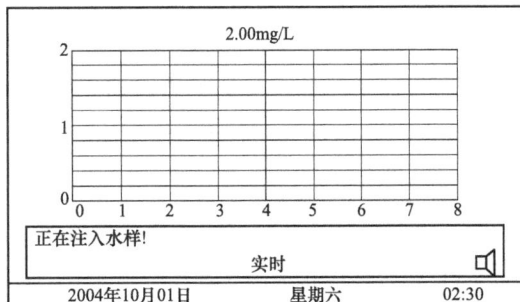

图 4-33　仪器显示

（五）仪器操作

1. 开机

开机前先检查仪器各部件，确认无误后，正确加入试剂和标样，接通仪器电源，并将仪器电源开关置于"ON"位置，此时仪器上电，待计算机系统完成初始化过程后，仪器进入正常工作状态，显示如图 4-33 所示。

2. 主菜单

仪器开机后，按设置键，进入主菜单，此时仪器显示如图 4-34 所示。

在"参数设置"显示界面中，可以对仪器的各项参数进行调整设置，其具体操作方法按显示屏提示进行。

（1）仪器标定。在"主菜单"显示界面中，按⊗键或⊗键，将光标移动到"仪器标定"项，按确认键，进入"仪器标定"操作界面，如图 4-35 所示。

进入"仪器标定"显示界面后，可以对仪器进行标定操作，其操作可根据屏幕显示提示进行，过程如下：

在"仪器标定"显示界面中，⊗键或⊗键，用光标选择"标样一"或"标样二"，按确认键，这时仪器进入对标样的自动测量工作状态，在仪器完成了五次采样测量后，将自动计算测量结果，求得平均值，完成一个标样

图 4-34　仪器主菜单

的测量；这时仪器进入对标样的自动测量工作状态，在仪器完成了五次采样测量后，将自动计算测量结果，求得平均值，完成一个标样的测量；这时屏幕显示提示选择另一种标样，按⊗键或⊙键，用光标选择"标样二"或"标样一"，按确认键，这时仪器进入对标样的自动测量工作状态，在仪器完成了五次采样测量后，将自动计算测量结果，求得平均值；综合两次标定测量值，系统计算出"斜率"和"截距"，并保存标定的时间。

仪器标定结束，按⊗键或⊙键，用光标选择"返回"项，按确认键，仪器返回正常测量工作状态。

仪器标定					
☞ 标样一　0.00mg/L					
标样二　2.00mg/L					
返回					

标定结果		一	二	三	四	五	平均
	标一						
	标二						
	斜率			截距			

上次标定时间：2004年05月01日15时
请选择标样，按"确认"进入标定！
2004年10月01日　　星期六　　10:10

图 4-35　仪器标定

（2）通道选择。仪器为多通道使用而设计，但有时用户并不需要使用所有通道，这时可根据使用情况关闭其中某几个通道，操作方法如下：

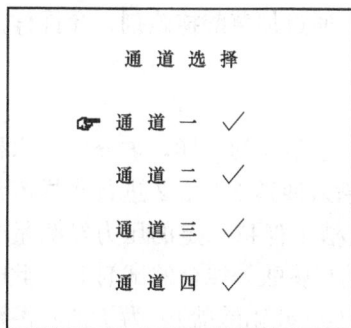

通道选择

☞ 通道一　√
通道二　√
通道三　√
通道四　√

图 4-36　通道选择

在"主菜单"显示界面中，按⊗键或⊙键，将光标移动到"通道选择"项，按确认键，进入"通道选择"操作界面，如图 4-36 所示。

按⊗键或⊙键选择通道，按《或》键打开或关闭某通道。被选中的通道将显示√号，关闭的通道显示×号。

按确认键保存设置，返回测量状态。

（六）仪器维护

（1）仪器每次投入运行之前，要对系统进行如下检查和操作：

1）检查电气部分接地是否良好，各端子连接线有无松动、脱落；

2）检查试剂、水样流路的各个连接部件有无腐蚀和渗漏；

3）进入"系统测试"状态，对仪器系统各个部件进行检查测试；

4）经过以上检查，确认系统无误或经检修，排除所有故障后，正确加入试剂和标准液，接通水样，将仪器投入试运行。

（2）仪器投入运行后，要对系统进行如下维护和操作：定期添加试剂；保证水样不断流，否则仪器无法正确测量；定期或不定期对仪器进行标定，如果在仪器系统"参数设置"中，设置了自动标定时间周期，仪器将按自动完成标定操作。

（3）仪器停止运行后，要对系统进行清洗操作。由于仪器所采用的化学试剂具有较强的腐蚀性，所以在仪器停运时，要对仪器试剂流路进行清洗。

二、9210 型硅酸根监测仪

9210 型硅酸根监测仪是火力发电厂中用于监测硅酸根含量的在线仪表。

（一）主要技术参数

测量范围：0～1000ppb、0～5000ppb

测量下限：0.5ppb（对应量程 0～5000ppb）、5ppb（对应量程 0～1000ppb）

重现性：±2％或±0.5ppb（对应量程0～1000ppb）、±2％或±2ppb（对应量程0～5000ppb）

测量时间：每个通道约10min

测量水样：通道数1～6个；样水压力0.2～6 bar；温度5～50℃；流量10～20l/h

使用环境：温度-5～+50℃；相对湿度10～80％；电源波动±10％；污染等级2

主电源：100～240V AC，50～60Hz，自动开关

（二）仪器的工作原理

1. 化学测量原理

溶于水的二氧化硅与钼酸盐反应生成黄色的硅钼酸盐复合物（俗称硅钼黄），该复合物在还原剂的作用下被还原成深蓝色的钼蓝合成物（俗称硅钼蓝）。用测量钼蓝来对硅含量进行光度计分析实际上比测量硅钼黄更灵敏。本仪器采用硫酸亚铁铵来还原硅钼黄，使其变为硅钼蓝，然后进行分光分析。但硅钼蓝的生成与溶液的pH值、还原剂的量都有很大的关系。磷酸盐与硅酸盐的化学性能相似，同样可以与钼酸盐生成黄色的磷钼酸盐复合物并在同种还原剂中还原成钼蓝化合物。为了防止磷酸盐对硅含量测量的影响，本仪器采用加草酸掩蔽剂抑制磷钼蓝的生成，排除磷酸盐对硅酸根测量的干扰。通过加草酸掩蔽剂，允许样液中有10倍于SiO_2的磷酸盐存在。

2. 仪器的测量流程

仪器的测量流程如图4-37所示。该仪器最多可以测量6个不同的水样，被分析的水样在一个固定的环路内环流，并能使水样快速更新。水样进入输入通道3，由2进行水样流量的调节（保证溢流槽充满且有微小的溢流）。水样由定压溢流槽1保持一定的压力经测量电磁阀5恒流进入测量槽4内。测量泵8向测量槽中加入钼酸钠与硫酸等混合的试剂10，此时水样中的硅酸根与钼蓝发生反应，形成黄色的硅钼蓝络合物（α-硅钼酸盐）。为了消除溶液中磷酸根对硅酸根测量的影响，测量泵向测量槽中加入草酸试剂11，以掩蔽溶液中的磷酸根。最后测量泵将硫酸亚铁铵试剂12加入测量槽，此时硫酸亚铁铵将黄色的硅钼蓝还原成蓝色的硅钼蓝络合物（β-硅钼酸盐）。此步操作的目的是加深硅钼酸盐络合物的颜色，以提高光度计测量的灵敏度和精确度，同时有更好的检测下限。显色反应完成以后，由光度计6进行测量。

光度计测量到稳定的电信号以后，仪器通过测量槽排放阀15排放测量槽中的溶液，然后以相同的步骤进行下一次测量。

仪器进行零点校正时不加入钼酸钠及硫酸试剂10，即不进行显色反应。校准系统斜率时则由测量电磁阀5切断样水流路，而由微型校准泵9将标准溶液13加入到测量槽中。为了消除反应条件变化引起的测量误差，水样通过溢流槽进行恒压而保证测量槽中水样的体积；通过加热器保证标准溶液和被测水样进行化学反应时的溶液温度一致。

3. 仪器的校准原理

为了保证仪器正常准确地测量，必须定期对仪器进行校准。仪器具有零点校准（化学零点和电气零点）、斜率校准和零点+斜率校准功能。仪器的校准有三种形式，即初始校准、手动校准和自动校准。

在校准零点时不加入钼酸试剂，这样可以防止硅钼酸盐络合物的形成。当然这样要对水样和试剂的背景颜色及浊度进行补偿。系统的斜率是用经实验室准确检验的SiO_2标准溶液

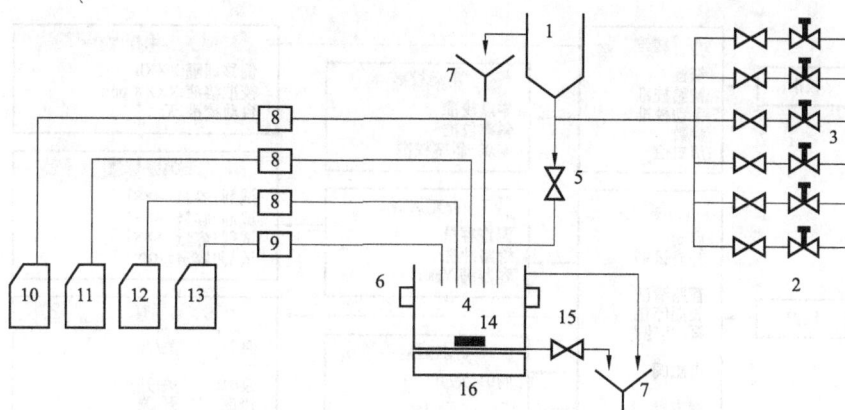

图 4-37 9210 型硅酸根监测仪测量流路系统示意

1—溢流槽（带液位检测）；2—流量调节阀；3—水样输入通道；4—测量槽；5—测量电磁阀；
6—光度计；7—排放槽；8—试剂泵；9—校准泵；10—钼酸钠及硫酸试剂；11—草酸试剂；
12—硫酸亚铁铵试剂；13—标准溶液；14—磁性棒；15—测量槽排放阀；16—搅拌电机

进行校准的，可用该标准溶液代替水样来进行系统的斜率计算。斜率可用一已知 SiO_2 浓度的标定液作为标准溶液确定。

（三）仪器的操作

1. 仪器的操作面板结构

仪器的电气操作面板如图 4-38 所示。

2. 按键说明

Esc：取消键。取消一个数据输入或返回到上一级屏幕。

Enter：回车键。确认并进入到下一步操作。

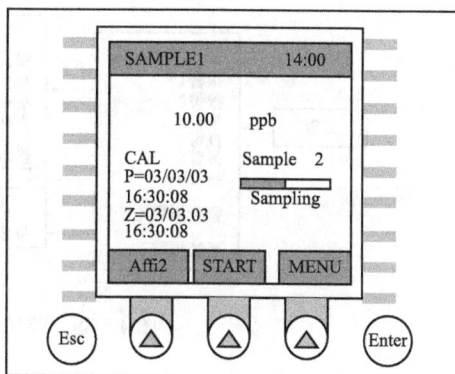

⬆：功能键，共三个。仪器在不同状态或进入不同菜单，功能键上方对应的显示屏显示某功能时，按此键启动或进入该功能。例如仪器在测量状态下，按左边功能键则切换仪器的显示状态；按中间功能键则启动仪表；按右边功能键则进入仪器的主菜单。

图 4-38 9210 型硅酸根测量仪
电气操作面板示意

3. 菜单

仪器共有校准、维护、测量、报警、mA 输出、通信、顺序、服务 8 个子菜单。

4. 仪器的操作方法

（1）仪器的启动。仪器首次投运时，首先对仪器进行校准（包括初次校准），然后按显示屏底部"START"下方的功能键；仪器在运行状态下进行其他操作，则按"Esc"键返回到主屏幕，然后按"START"下方的功能键。仪器启动后即进入测量状态，测量仪菜单流程如图 4-39 所示。

（2）显示切换。按主屏幕"AffiX"显示下方的功能键，则可以切换仪器的显示状态。

校准 → **校准**
编程
初始校准
手动校准
参数
历史值

→ **手动校准**
零点校准
斜率校准
零点+斜率校准

→ **编程**
偏移间隔:XXXh
校准溶液:XXXX ppb
自动校准:无

维护 → **维护**
启动
补充试剂
管路清洗
长期停机
泵–其他
电磁阀
继电器
光度计测试
逻辑输入

→ **补充试剂**
调整容量
管路冲洗
容器满:Yes/No

→ **调整容量**
试剂1容量:×××1
试剂2容量:×××1
试剂3容量:×××1
试剂4容量:×××1

→ **电磁网**
阀01:关/开
…   …
阀07:关/开

→ **泵**
泵01:   关/开
…   …
泵01:   关/开
排放: 开/关
混合器: 开/关
加热器: 开/关

→ **继电器**
继电器01: 关/开
…   …
继电器12: 关/开

测量 → **测量**
测量模式
手动取样
历史值
ADC值

→ **测量模式**
模式:正常
循环:环路

→ **历史**
编程
读取

→ **编程**
格式:XX/XX/XX
AT:XX:XX:XX
CH:所有通道
报警:有

报警 → **报警**
报警1
报警2
报警3
报警4
报警5
报警6
警告报警
系统报警

→ **报警X**
模式:极限值
作用:通道1
极限:XXX.X ppb
方向:向下
滞后:XX%
继电器:常开/常闭

→ **警告报警**
报警:Yes/No
作用:手动
继电器:常开/常闭

→ **系统报警**
报警:Yes/No

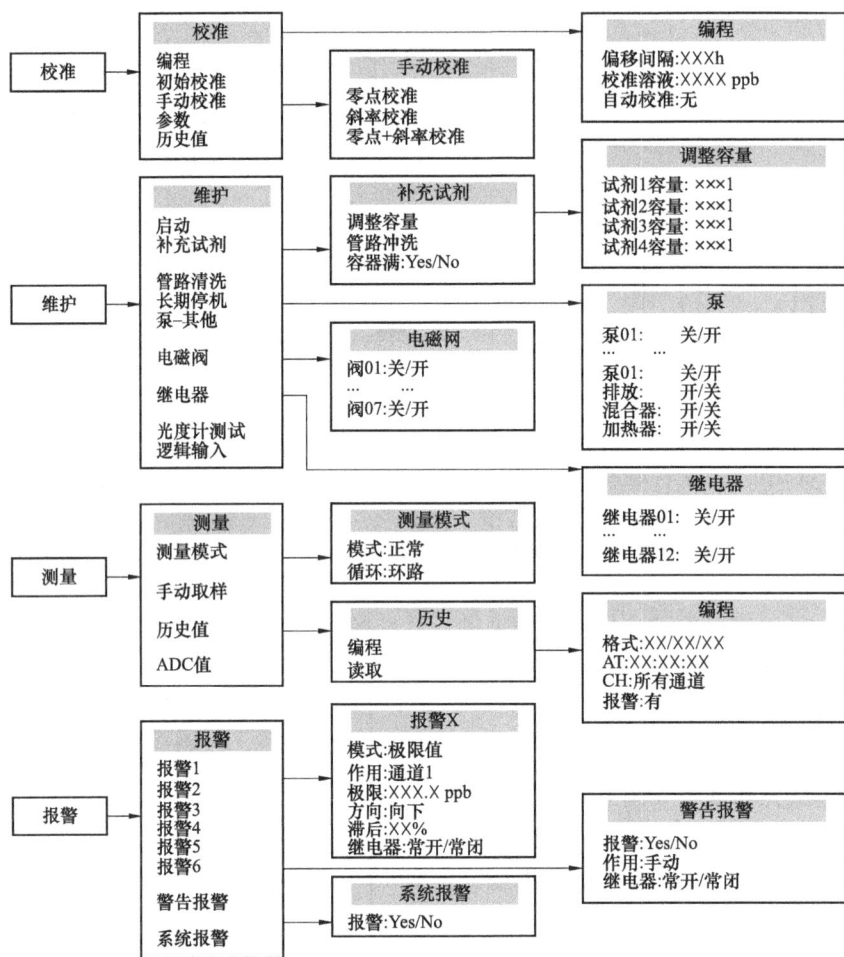

图 4-39 9210 型硅酸根测量仪菜单流程

仪器有主显示（Main）、显示 2（Disp2）、显示 3（Disp3）和显示 4（Disp4）共四种显示状态。

主显示的显示信息：最后测量水样的名称；当前时间；最后测量的水样的浓度；浓度单位；正在分析的水样名称、分析状态（取样、加药、测量等），并以棒图显示循环的状态。

最后的斜率和偏移校准日期及时间；切换的下一个显示状态名称（显示 2）；编程模式（进入编程菜单）；停止/运行仪器。

显示 2 的显示信息：所有被测样水的名称、最后测量的浓度及最后测量的时间；切换的下一个显示状态名称（显示 3）。

显示 3 的显示信息：各测量样水超限报警的开/关状态；警告报警的开/关状态；系统报警的开/关状态；切换的下一个显示状态名称（显示 4）。

显示 4 的显示信息：可以分别显示 6 个水样的趋势曲线与 6 个模拟输出的关系，它包括相对于 24h 的恒定时间标度、浓度标度等于模拟输出编程的标度、水样的名称、有关模拟输出的数量、趋势曲线的日期；切换的下一个显示状态名称（主显示）。

（3）编程。进入仪器的编程状态后，用"Select"功能键选择需要编程的子菜单，用"ENTER"键确认。进入子菜单后，同样用"Select"功能键选择需要编程的项，用"ENTER"键确认。

（4）长期停机及停机后启动。如果仪器停止运行时间超过一周，那么停机时应清洗管路和测量单元。

将3根试剂管从试剂瓶中抽出，浸泡在装有250mL除盐水的烧杯中，然后进行清洗操作。

清洗操作：按"STOP"键停止仪器的运行；按"MENU"键，并用"ENTER"键确认；用"Select"键选择"MAINTENANCE"（维护）菜单；选择"EXTENDED STOP"（长期停机）子菜单；清空测量单元；断开仪表电源；从容器中取出试剂管。

如果管路系统有沉积物，则先用除盐水冲洗管道，再用10%的氨水溶液冲洗管道，最后用除盐水将管道和测量单元冲洗干净。如果停机超过6周，则必须倒掉原来的试剂，重新启动仪表时配制新的试剂。

如果长期停机后需重新启动仪表，其操作为：将仪表接通电源；按"START"键启动仪表；按"MENU"键和"ENTER"键进入编程；选择"MAINTENANCE"（维护）菜单；选择子菜单"START UP"（启动），并在此菜单中调节样水流量和对泵管进行初始化。

5. 仪器的校准

仪器的校准操作方式有三种，即初始校准、手动校准和自动校准。

（1）初始校准。当仪器第一次运行时，首先要对仪表进行初始校准，并且作为手动校准和自动校准的参考。初次校准在安装时进行一次即可，只有当硬件或软件修改及重复"标准"报警时需再进行初次校准。初始校准需将所有的校准参数取消并重新定义。采用基准参数计算的零点和斜率将用作自动或手动的校准控制，如果比较以后的差值超过极限值，那么"校准"报警，而且系统将用原来的校验参数来维持工作直至调整好为止。

进行初次校准时，首先在实验室配制好已知 SiO_2 浓度的标准溶液，然后在校准菜单中输入标准溶液浓度，再选择初始校准（EXECUTION PRIMARY），并用"ENTER"键确认。

校准阶段仪表分别显示样水制备、加药、测量、冲洗。初始校准完成后，仪器显示初始校准的结果，P 为斜率值（ppb/Abs），Z 为零点漂移值。

（2）手动校准。按"MENU"键，用"Select"功能键选择校准（CALIBRATION）菜单，并用"ENTER"键确认，首先进入编程子菜单输入标准硅溶液的浓度，然后用"Select"功能键选择手动校准（EXECUTION MANUAL CAL）子菜单，并用"ENTER"键确认，再用"Select"功能键选择零点校准（EXECUTION ZERO）、斜率校准（EXECUTION SLOPE）或零点＋斜率校准（EXECUTION ZERO＋SLOPE）子菜单，并用"ENTER"键确认。

（3）自动校准。按上述操作方法进入校准菜单后，选择编程子菜单，将"自动校准"项设置为"Yes"，然后设置自动校准的周期（频率）。如果自动校准周期的时间单位设置为"天"，则在"星期"项的值"SMTWTFS"中选择校准日期（从星期日至星期六，不需要校准的日期则在其后设置符号 ＊，如每周除星期二和星期五不校准外，其余每天需校准，设置为"SMT＊WTF＊S"）和校准每天开始的时间；如果自动校准周期的时间单位设置为"小时"，则可以在"间隔"项中设置两次校准的时间间隔。选择自动校准以后，仪器将按照选择的自动校准周期或时间间隔自动进行按时校准。

（四）仪器的维护

1. 试剂的补充

仪表进行实时测量和校准时将消耗试剂和校准液。应定期检查试剂瓶的液位，如果液位太低或仪器显示缺少试剂时，应向试剂瓶中加入相应的试剂或校准溶液。

仪器以编程的容量（仪器的缺省值为 2L）为初始值，按每月消耗 1L 试剂或每次校准消耗校准液 200mL 进行计算，以此推算试剂瓶中试剂和校准液的剩余量，当试剂液位低（少于 250mL）或缺少（少于 150mL）、校准液液位低（少于 300mL）或缺少（少于 150mL）时，仪表则显示相应的信息。

每次补充试剂或校准液时，应该编制新的容器容量，以便仪表更好地检测试剂是否缺少。

编程步骤：按"STOP（停机）"键停机；给试剂瓶补充试剂或校准溶液；按"MENU（菜单）"键进入编程状态；选择"MAINTENANCE（维护）"子菜单；选择"REAGENTS REFILL（补充试剂）"子菜单，试剂管注入结束后按"Esc"键；在"ADJUST VOLUMES（调整容量）"项中根据显示的 4 个容器的容量修改容量值（修改的容量值小于 2L）；选择"TUBEPRIMING（管子填充）"项，则启动更新（填充）试剂管中的试剂。然后按"Esc"键返回上一级显示；在"CONTAINERS FULL（容器充满）"项中设置"Yes"，则所有容器的容量自动设置为 2L。

2. 管路的清洗

应定期检查仪表管路系统和测量槽是否有沉积物，如果有沉积物则应用除盐水和 10％ 氨水清洗。

三、DY9010 在线智能型磷酸根分析仪

DY9010 在线智能型磷酸根分析仪用于火力发电厂中炉水磷酸根含量的自动监测，通过对磷酸盐的监督和控制达到 pH-协调磷酸盐处理的目的，保障锅炉长期安全运行。它的最大特点是将流动注射分析技术（FIA）与微机技术有机地结合起来，可长期，可靠、稳定地进样、输液和检测。

（一）工作原理

1. 化学反应（显色反应）

在一定酸度条件下，磷酸盐与钼酸盐和偏钒酸盐形成黄色的磷钒钼酸，其反应式为

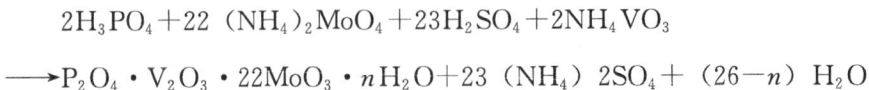

$$2H_3PO_4 + 22(NH_4)_2MoO_4 + 23H_2SO_4 + 2NH_4VO_3$$

$$\longrightarrow P_2O_4 \cdot V_2O_3 \cdot 22MoO_3 \cdot nH_2O + 23(NH_4)_2SO_4 + (26-n)H_2O$$

硅酸盐在此条件下也发生类似的反应，但酸度远低于上述反应所需的酸度，可以通过控制酸度和反应时间使硅干扰降到最小。上述显色产物的最大吸收峰在 400nm 左右，该仪器选用 420nm 的分子滤光片进行测定。

2. 计时注入技术工作原理

该仪器采用了"注入试剂法"（即反流动注射法 rFIA）。这种方法的最大优点是减少了试剂的消耗，把廉价的水样作为连续流动的载流，试剂以"试剂塞"的形式注入水样载流中。并且在微机的控制下采用了"计时注入技术"，抛弃了定量采样环的方法。"计时注入技术"的工作原理如图 4 - 40 所示，其步骤如下：

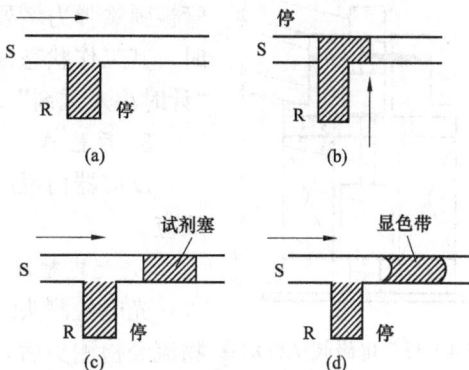

图 4 - 40 计时注入技术工作原理
S—水样；R—试剂

（1）当进样电磁阀断电时，试剂流路被堵死不通，水样流路被阀松开，处于通的状态。蠕动泵将水样连续吸入流路中去，如图 4 - 40 （a）所示。此时在检测器上将得到一个稳定的基线信号。

（2）当进样电磁阀通电时，水样流路被阀堵死不通，试剂流路被阀松开处于通的状态，蠕动泵准确地将一定体积的试剂（约 $50\mu L$）连续吸入到流路中去，如图 4 - 40 （b）所示。

（3）当进样电磁阀再次断电时，试剂流路又不通，水样流路再次导通，试剂塞被水流载入反应盘管中，并与水样发生显色反应，成为一个显色带，如图 4 - 40 （c）、（d）所示。

以上步骤由微机自动控制，阀的通断时间都是预先设定的。经过上述三步后，一定体积的试剂以"试剂塞"的形式处于水样载流中，"试剂塞"与水样在反应盘管中进行物理分散混合并发生显色反应，显色带最后到达流通池，在检测头上得到一个 rFIA 峰形信号，表示水样吸光度的峰高与水样中的磷酸根含量符合比耳定律，即

$$A=KC+A_0$$

式中：K 为吸光系数；C 为溶液浓度；A_0 为 $C=0$ 时溶液的吸光度。

（二）分析流程及各部件简介

快速磷表的分析流程如图 4 - 41 所示。

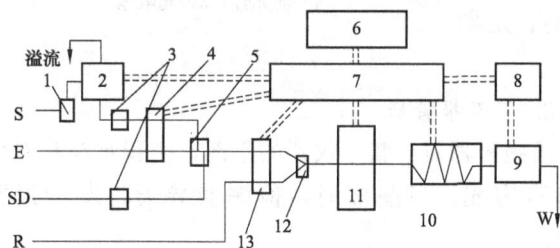

图 4 - 41 DY9010 型快速磷表分析流程
1—过滤器；2—分流器；3—止水夹；4—清洗电磁阀；
5—四通化学块；6—显示及输出；7—微机；8—放大器；
9—检测头；10—反应器；11—蠕动泵；12—三通化学块；
13—进样电磁阀；S—水样；E—清洗泵；
SD—标样；R—试剂；W—废液

1. 蠕动泵

此泵为专制单通道蠕动泵，作用是连续稳定地输送水样。同时，与进样电磁阀配合实现"计时注入试剂"过程，与清洗电磁阀配合，实现定期清洗化学系统功能。输液泵管为特制硅胶管（内径 0.8mm）。

2. 进样电磁阀、清洗电磁阀

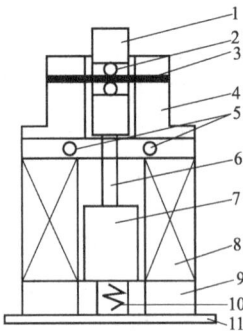

图 4-42　电磁阀结构示意

1—活杆；2—硅胶管；3—螺杆；
4—阀盖；5—接线柱；6—连接杆；
7—铁芯；8—线圈；9—阀体；
10—弹簧；11—底座

电磁阀结构如图 4-42 所示，当电磁阀断电时，螺杆下的硅胶管被弹簧弹力堵死，而上面的硅胶管处于导通状态。当电磁阀通电时，其工作状态正好与上述状态相反。两阀由微机定时控制，实现"计时注入试剂"和清洗过程。

3. 反应器

反应器由反应盘管构成，长度约 2.5m，作用是进行化学显色反应。

4. 光电检测头

光电检测头结构如图 4-43 所示。在反应器产生的显色反应产物流经检测头后，得到一个峰形信号，该信号经放大后，送给微机进行处理和计算。

5. 过滤器

过滤器由陶瓷制成，其作用是滤去炉水水样中可能含有的不溶性物质，防止化学管路被堵塞。

6. 分流器

分流器结构如图 4-44 所示。分流器起分流、恒定液位及断流报警三个作用。当水样断流时，干簧管导通，仪器发出报警信号。

7. 化学块

化学块由有机玻璃制成，有三通式和四通式两种。三通化学块与进样电磁阀、蠕动泵的巧妙连接，可完成"计时注入试剂"过程。四通化学块的三个入口分别与水样、标样及清洗剂管路连接。化学块出口与泵管相连。四通化学块是为标定、定期清洗而设置的，起流路切换作用。

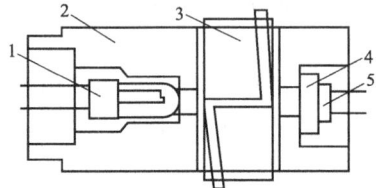

图 4-43　光电检测头结构示意

1—光源；2—壳体；3—流通池；
4—滤光片；5—光电池

8. 满液报警器

该报警器置于整个仪器的下部，由积水斗和电导检测器构成。当漏液时，检测器导通，发出报警信号。

(三)仪器电路组成

本仪器是以 8031 单片机为核心组成仪器各部分电路的，其配置如图 4-45 所示。

电路按功能可分为光电转换及放大部分、监测漏液部分、断流电路部分、A/D 转换部分、微机主体部分、D/A 转换及标准输出部分；键盘、显示器部分、扩展 I/O 口（8155）及控制电路。

1. 光电转换放大电路

光电转换放大电路如图 4-46 所示，光电转换元件采用的是硅光电池，因为光电池的短路电流与入射

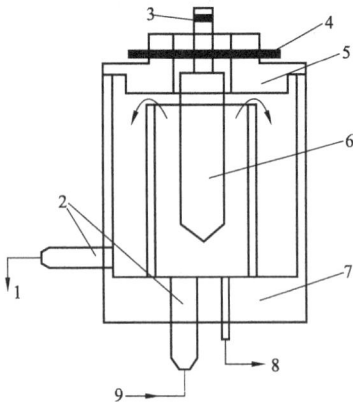

图 4-44　分流器结构示意

1—溢流；2—接头；3—磁铁；4—干簧管；
5—盖；6—浮子；7—壳体；
8—进水磷表；9—水样入口

光强呈良好的线性关系，所以采用输入阻抗尽量小的放大器 A1（LF353），以测得光电池的短路电流，从而可以获得良好的光电转换特性。A1 的输入阻抗小于 10Ω，其输出电压对输入电流的放大倍数为

$$U_{sc}=-R_fI_{sr}=-10^6I_{sr}$$

U_{sc} 经 A2 等组成的反相比例放大器的 100 倍，可满足 A/D 转换的要求，RP101 为增益调节，PA 是信号指示表头，用于检测头信号峰形指示，RP102 为表头满度调节电位器。

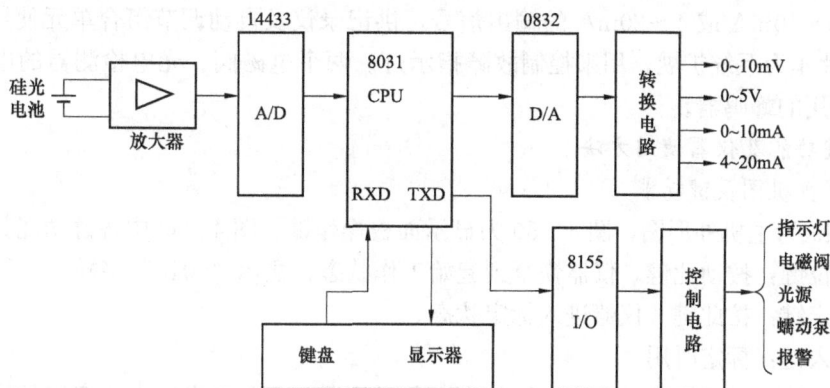

图 4 - 45　仪器电路系统结构

2. 断流、漏液报警电路

图 4 - 47 所示为断流报警电路原理，图 4 - 48 为漏液报警电路原理。图 4—47 中，S 为断流传感器干簧管。当断流时，S 关闭，光电耦合 1、2 端子导通，光电耦合的输出端 4、5 也导通，在端子 5 输出一个低电平信号送到微机接口，当微机接收到断流信号后，驱动蜂鸣器报警。

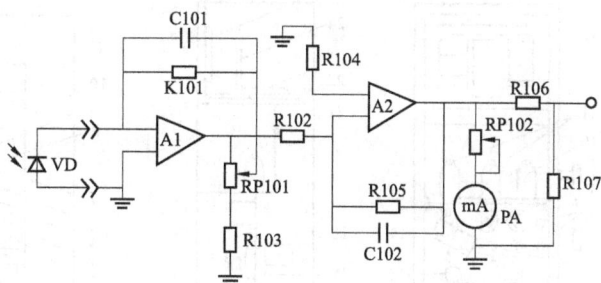

图 4 - 46　光电转换放大电路原理

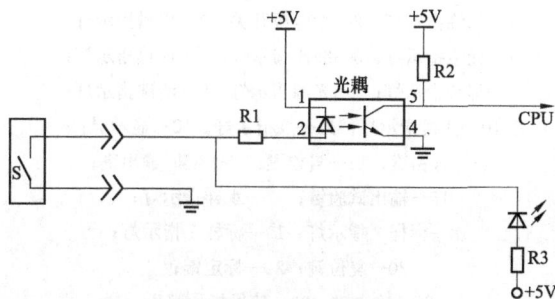

图 4 - 47　断流报警电路原理

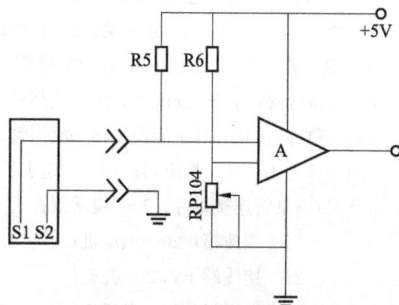

图 4 - 48　漏液报警电路原理

图 4-48 中的 S1、S2 为漏液导电电极，当有漏液时，S1、S2 导通，比较器 A 电平翻转，由高电平跳变为低电平，送到微机接口，微机接收到漏液信号后，驱动蜂鸣器报警。

3. 微机接口电路

微机接口电路由光电转换器得到的电信号经放大器放大后送入 14433 芯片进行 A/D 转换，转换后的数值由 CPU 进行分析处理，计算出结果。然后通过串行口驱动 LED 显示器显示分析结果。键盘信息也由串行口读入 CPU，经 CPU 处理后执行相应的键盘功能程序，实现某一操作。CPU 分析的结果由 0832 芯片进行 D/A 转换并通过输出电路产生 0～5V 或 0～10mV、0～10mA 或 4～20mA 的输出信号，供记录仪及自动调节组合单元使用。I/O 接口 8155 芯片作为系统扩展，用来控制故障指示灯。两个电磁阀、光电检测器的电源、蠕动泵以及报警用的蜂鸣器。

（四）键功能及仪器使用方法

1. 仪器主机图及键功能

图 4-49 为主机外形图，图 4-50 为显示面板操作键。图 4-50 中各键功能如下：

（1）复位键：按动此键，仪器恢复到起始工作状态，显示"9010"字样。

（2）标定键：按此键，仪器进入标定状态。

（3）输入键：标定时用。

（4）实时输出键：按此键一次，键灯亮，此时仪器显示和输出每次测定出的即时值；再按动一次，键灯灭，仪器输出四次测量的平均值，开机或复位后，均处于平均输出状态。

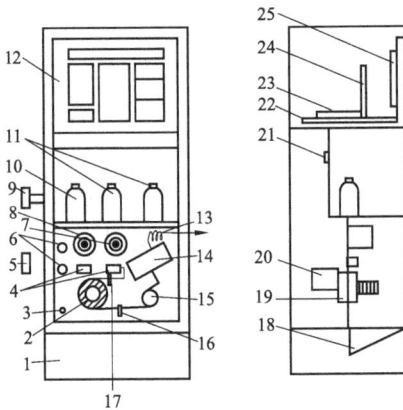

图 4-49　主机系统外形

1—底座；2—蠕动泵；3—泵开关；4—化学块；
5—过滤器；6—止水夹；7—注射电磁阀；
8—清洗电磁阀；9—分流器；10—试剂瓶；
11—标样瓶；12—显示面板；13—反压管；
14—检测头；15—反应器；16—固定夹；
17—泵管连接组件；18—检漏器；
19—变速箱；20—电动机；
21—接线端子；22—托架；
23—电源板；24—微机板；
25—显示板

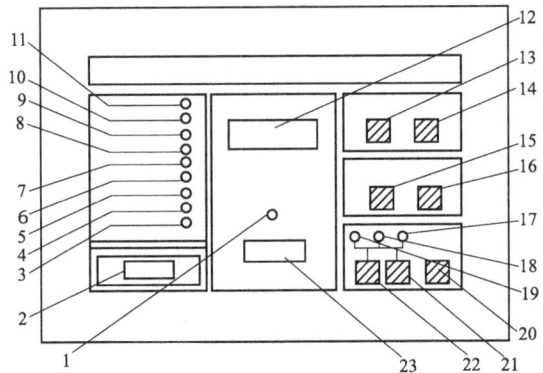

图 4-50　显示面板操作键

1—起峰指示灯；2—总电源开关；3—出错指示灯；
4—漏液指示灯；5—断流指示灯；6—加热指示灯；
7—等待指示灯；8—光源指示灯；9—清洗指示灯；
10—注射指示灯；11—泵指示灯；12—显示屏；
13—查错键；14—自检键；15—实时输出键；
16—输出试验键；17—水样指示灯；
18—标样 2 指示灯；19—标样 1 指示灯；
20—复位键；21—标定键；
22—输入键；23—信号指示表头

（5）输出试验键：按动一次，显示"0.00"，同时输出0mV（或0mA、4mA、0V），再按动一次。显示满量程值"10.00"或"20.00"，同时输出10mV（或10mA、20mA、5V）；再按动一次，仪器恢复到起始工作状态。

（6）查错键：按此键，可将故障代码显示2s，然后恢复原显示内容。

（7）自检键：仪器调试或出现非正常工作时，按动此键检查故障。

2. 仪器标定

仪器在初次运行前要进行标定，否则测得数据无效。该仪器采用两点标定法，第一点用标样1（3mg/L或5mg/L PO_4^{3-}），第二点用标样2（7mg/L，或15mg/L PO_4^{3-}）。

标定步骤如下：

（1）按动标定键，键灯亮，仪器进入标定状态。

（2）显示屏显示"3.00"或"5.00"字样，标样1灯亮。停泵，将标样管插入标样1中，止水夹使标样管通，水样管断；开泵2min后，按动输入键，等待指示灯亮，标样1灯灭后，连续测定5次，第一次测得的吸光度值自动舍弃（不显示），将后4次测得的值，去掉最大值和最小值，取平均值后显示平均吸光度值。5s后显示"7.00"或"15.00"字样，同时标样2灯亮，这是提示操作者此时标样1已标定完，等待标样2。

（3）停泵，将标样管插入标样2中，开泵2min后按动输入键，标样2灯灭，仪器进入标定2的标定程序。仪器工作方式同步骤（2）最后显示K值，同时水样灯亮，提示操作者接通水样流路，然后按输入键，显示A_0值。水样灯、标定键灯灭，仪器标定完毕。

3. 仪器校验

校验就是用标样代替水样进行测量，其目的是检测仪器基本误差是否满足±5%，否则，要重新标定。另外，可以检查仪器长期运行时有无漂移现象发生，此时可选取一种标样校验（如选择3mg/L或7mg/L），当测量平均值与标样值的差大于1mg/L时，就要重新标定（标定后立即校验，若偏差大于1mg/L，则需重新标定）。

复习思考题

4-1 什么是分光光度法？其原理和特点是什么？

4-2 朗伯-比耳定律的意义是什么？其应用有哪些前提条件？

4-3 如何实现对被测物质的定性分析和定量分析？

4-4 偏离朗伯-比耳定律的原因有哪些？

4-5 什么是工作曲线？

4-6 影响测量精密度的因素有哪些？

4-7 简述分光光度计的组成，各部分的作用是什么？

4-8 什么是显色剂？如何选择显色剂？

4-9 简述721型分光光度计组成及使用方法。

4-10 简述硅酸根测定的原理及测定过程中的注意事项。

第 五 章

色 谱 分 析 法

色谱分析法是现代分离分析的一个重要方法，特别是由于气相色谱法和高效液相色谱法的发展与完善，以及离子色谱、超临界流体色谱等新方法的不断涌现，各种与色谱有关的联用技术（如色谱-质谱联用、色谱-红外光谱联用）的使用，使色谱分析法成为生产和科研中解决各种复杂混合物分离分析课题的重要工具之一。

第一节 色谱分析法基础

色谱分析法分离原理是利用不同物质在固定相和流动相中具有不同的分配系数，当两相做相对移动时，使这些物质在两相间进行反复多次分配，原来微小的分配差异产生了很明显的分离效果，从而依先后次序流出色谱柱。通过适当的检测手段，可以对分离后的各组分进行测定。

一、色谱分析法的分类

（一）按两相物理状态分类

根据流动相状态，若流动相是气体的，称为气相色谱分析法；若流动相是液体的，称为液相色谱分析法；若流动相是超临界流体（流动相处于其临界温度和临界压力以上，具有气体和液体的双重性质），则称为超临界流体色谱分析法（研究较多的是 CO_2 超临界流体色谱）。

根据固定相状态，固定相是活性固体（吸附剂）还是不挥发液体或在操作温度下呈液体（此液体称为固定液，它预先固定在一种载体上），气相色谱分析法又可分为气-固色谱分析法和气-液色谱分析法；同理，液相色谱分析法可分为液-固色谱分析法和液-液色谱分析法。

（二）按固定相的存在形式分类

按固定相不同的存在形式，色谱分析法可以分为柱色谱、纸色谱和薄层色谱。

（1）柱色谱。柱色谱通常有两大类：一类是将固定相装入玻璃或金属管内，称为填充柱色谱；另一类是将固定液直接涂渍在毛细管内壁或采用交联引发剂，在高温下将固定液交联到毛细管内壁，称为毛细管色谱。

（2）纸色谱（PC）。纸色谱以多孔滤纸为载体，以吸附在滤纸上的水为固定相，各组分在纸上经展开而分离。

（3）薄层色谱（TLC）。薄层色谱以涂渍在玻璃板或塑料板上的吸附剂薄层为固定相，然后按照与纸色谱类似的方法操作。

（三）按分离过程物理化学原理分类

色谱分析法中，固定相的性质对分离起着决定性的作用。按分离过程物理化学原理可分为吸附色谱和分配色谱。

（1）吸附色谱。吸附色谱是用固体吸附剂做固定相，根据吸附剂表面对不同组分的物理吸附性能的差异进行分离的。例如，气-固吸附色谱、液-固吸附色谱均属于此类。

（2）分配色谱。分配色谱是用液体做固定相，利用不同组分在固定相和流动相之间分配系数的差异进行分离的。例如，气相色谱法中的气-液色谱和液相色谱法中的液-液色谱均属于分配色谱。

二、色谱流出曲线及有关术语

（一）色谱分离过程

由 A、B 两组分组成的样品被流动相携带进入色谱柱。刚进柱内时，组分 A 和 B 是一条混合谱带，由于填充在色谱柱内的固定相对 A、B 两组分有不同的吸附能力或溶解能力，即 A、B 两组分在固定相和流动相之间的分配系数不同，因此，当 A、B 两组分随流动相沿柱向出口方向不断移动时，在两相间反复进行溶解、挥发或吸附、解吸的过程，就会产生差速迁移而逐渐分离。其中，分配系数小的 A 组分先随流动相带出色谱柱而进入检测器。此时，分配系数较大的 B 组分尚滞留在柱内。最后 B 组分也随流动相流出色谱柱进入检测器。色谱分离过程如图 5-1 所示。样品分离后的各组分的浓度经检测器转换成电信号记录下来，得到一条信号随时间变化的微分曲线，称为色谱流出曲线，也称色谱峰，如图 5-2 所示。理想的色谱流出曲线应该是正态分布曲线。

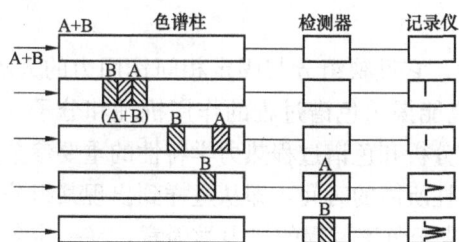

图 5-1　色谱分离过程示意

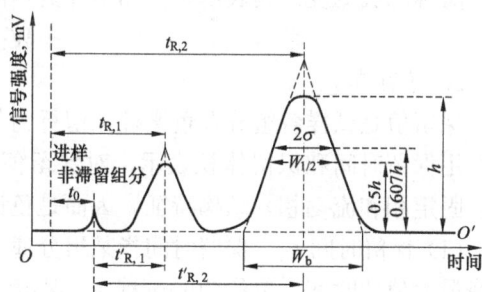

图 5-2　色谱流出曲线

（二）色谱常用术语

1. 基线

在正常操作条件下，仅有纯流动相通过色谱柱时，检测器的响应信号随时间变化的曲线称为基线。稳定的基线应是一条平行于时间横坐标的直线，如图 5-2 中的 OO' 所示，它的平直与否可反映出实验条件的稳定情况。

（1）基线噪声。基线噪声是指有各种因素引起的基线起伏，如图 5-3（a）所示。

（2）基线漂移。基线漂移是指基线随时间定向的缓慢变化，如图 5-3（b）所示。

（a）基线噪声　　　（b）基线漂移

图 5-3　基线形态

2. 色谱峰

当某组分从色谱柱中流出时，检测器对该组分的响应信号随时间变化所形成的峰形曲线称为该组分的色谱峰。当进样量很小，组分浓度很低时，色谱峰一般呈高斯正态分布。

3. 色谱峰高和面积

峰高是指色谱峰顶点与基线之间的垂直距离，以 h 表示。峰面积（A）是指色谱峰与基线所围成区域的面积。色谱峰高或面积的大小与样品中对应组分的含量成正比关系，因此色谱峰高或面积是色谱法中定量分析的主要依据。

4. 色谱峰区域宽度

色谱峰区域宽度是色谱流出曲线的重要参数之一，可以反映出色谱柱的分离效能。通常希望区域宽度越窄越好。色谱峰的区域宽度通常有以下三种表示方法：

（1）标准偏差 σ。色谱峰是一个对称的高斯曲线，在数理统计中用标准偏差 σ 来度量曲线宽度，即 σ 是 0.607 倍峰高处色谱峰宽度的一半。

（2）半高峰宽度 $W_{1/2}$。峰高一半处对应的色谱峰宽度称为半高峰宽度，简称半峰宽。半峰宽常用两种单位表示，一是距离（mm 或 cm），二是时间（min 或 s），可通过记录纸速与距离求出。它与标准偏差关系为

$$W_{1/2} = 2.354\sigma \tag{5-1}$$

（3）色谱峰底宽度 W_b。由色谱峰两侧拐点做切线与基线交点间的距离称为色谱峰底宽度，简称峰底宽。其表示单位和半峰宽相同。它与标准偏差的关系为

$$W_b = 4\sigma \tag{5-2}$$

5. 保留值

保留值是试样各组分在色谱柱保留行为的量度，它反映组分与固定相间作用力的大小，通常用保留时间和保留体积表示。对保留值的研究能揭示色谱过程的作用机理和分子（组分、固定相和流动相）结构特征，因而是色谱定性分析和色谱过程热力学特性的重要参数。

（1）保留时间 t_R。保留时间指某组分通过色谱柱所需的时间，即从进样到出现某组分色谱峰最大值的时间，单位为 min 或 s。保留时间取决于色谱过程的热力学因素，在一定色谱体系和操作条件下，任何一种化合物都有一个确定的保留时间，这是色谱定性分析的依据。

（2）死时间 t_0。死时间指不被固定相吸附或溶解的组分（如空气、甲烷）从进样到出现其色谱峰最大值所需的时间。死时间也是气体流经色谱柱中空隙所需的时间。

（3）调整保留时间 t_R'。调整保留时间指扣除死时间后的保留时间，即

$$t_R' = t_R - t_0 \tag{5-3}$$

t_R' 反映了组分在色谱过程中，与固定相相互作用所消耗的时间，是各组分产生差速迁移的物理化学基础。

（4）保留体积 V_R。与各种保留时间对应，有相应的保留体积，其单位一般用 mL 表示。保留体积 V_R 是指从进样到出现某组分色谱峰最大值时所通过的载气体积，即

$$V_R = t_R F_0 \tag{5-4a}$$

式中：F_0 为色谱柱出口的载气流量，mL/min。

（5）死体积 V_0。死体积指在 t_0 这段时间内通过色谱柱的载气体积。死体积实际上就是色谱柱内载气所占的体积。死体积 V_0 为死时间 t_0 与载气流量 F_0 的乘积，即

$$V_0 = t_0 F_0 \tag{5-4b}$$

（6）调整保留体积 V_R'。调整保留体积指扣除死亡体积后的保留体积，即

$$V_R' = V_R - V_0 \tag{5-4c}$$

（7）相对保留值 $r_{2,1}$。相对保留值指在相同操作条件下某组分 2 的调整保留值与另一组

分1的调整保留值之比,即

$$r_{2,1} = \frac{t'_{R,1}}{t'_{R,2}} \tag{5-5}$$

相对保留值仅与柱温和固定相性质有关,而与载气流量等其他实验条件无关,因此,它是色谱定性分析的重要参数之一。

相对保留值还可以用来表示色谱柱的选择性。相对保留值越大,两组分的调整保留时间相差越大,越容易实现分离。当 $r_{2,1} = 1$ 时,两组分色谱峰重叠。

从色谱流出曲线可获得许多重要信息。根据色谱峰的数目,可以判断试样中所含组分的最少个数;根据色谱峰的保留值,可以进行定性分析;根据色谱峰峰高或面积可以进行定量测定;根据色谱峰峰间距及其宽度,可对色谱柱的分离效能进行评价。

第二节 色谱分析法的基本理论

一、塔板理论的参数

塔板理论也称平衡理论,即把色谱分离过程看成是组分在固定相里的溶解平衡过程,或称为分配平衡。描述该过程的参数有分配系数、分配比等。

1. 分配系数 K

在一定温度和压力下,组分在固定相和流动相之间分配达到平衡时的浓度比称为分配系数 K,即

$$K = \frac{C_1}{C_g} \tag{5-6}$$

式中:C_1 为组分在固定相中的浓度;C_g 为组分在流动相中的浓度。

2. 分配比 k

分配比又称容量因子,在一定温度和压力下,组分在固定相和流动相之间分配达到平衡时的质量比称为分配比 k,即

$$k = \frac{m_1}{m_g} \tag{5-7}$$

式中:m_1 为组分在固定相中的质量;m_g 为组分在流动相中的质量。

分配比 k 与分配系数 K 有如下关系:

$$k = \frac{m_1}{m_g} = \frac{C_1 V_1}{C_g V_g} = K \frac{V_1}{V_g} \tag{5-8}$$

式中:V_1 为柱中固定液的体积;V_g 为柱中气相所占体积。

分配系数和分配比都与组分及固定相的热力学性质有关,并随柱温、柱压的变化而变化。分配系数与两相体积无关,而分配比则随固定相的量而变化,k 值越大,组分分配在固定相中的量就越多,相当于柱的容量越大,因此分配系数又称容量因子。它是衡量色谱柱对被分离组分保留能力的重要参数。某组分的 k 值可由实验测得,它等于该组分的调整保留时间与死时间的比值,即

$$k = \frac{t_R - t_0}{t_0} = \frac{t'_R}{t_0} \tag{5-9}$$

式(5-9)说明,某组分的保留时间越长则 k 值越大,色谱柱对该组分的保留能力

越强。

二、塔板理论

塔板理论最早由马丁（Martin）等人提出，除引入分配系数、分配比等概念外，塔板理论还将色谱柱假想为一个精馏塔，塔内有一系列连续的、相等体积的塔板。每一块塔板的高度称为理论塔板高度，以 H 表示。塔板理论认为：在每一块塔板上，被分离组分在两相间瞬时达到一次分配平衡，然后随流动相从一块塔板向下一块塔板以脉动式迁移。经过多次分配平衡后，分配系数小的组分先离开精馏塔，分配系数大的组分后离开精馏塔。从而使分配系数不同的组分彼此分离。若色谱柱长为 L，则被分离组分达到平衡的次数 n 为

$$n = \frac{L}{H}$$

塔板理论假设：

（1）在色谱柱中的每一个小段长度 H 内，组分可以迅速在气液两相间达到分配平衡，这一小段称为理论塔板（实际在柱内不存在），其长度称为理论塔板高度，简称板高，以 H 表示。

（2）流动相不是连续流过色谱柱，而是脉冲式（间歇式）流过，每次通过一个塔板体积。

（3）样品每加到第一块塔板上，且组分沿色谱柱纵向扩散，可以忽略不计。

（4）某一组分的分配系数在所有塔板上是常数。

根据上述假设，试样由流动相带进色谱柱，与固定液接触而被溶解，在每个塔板高度内被分离的组分在流动相和固定相之间达成一次分配平衡。随着流动相的不断进入，被溶解的组分又从固定液中挥发出来，挥发出来的组分随流动相向前移动又再次被固定液溶解。经过若干个塔板，即经过溶解-挥发的多次（$10^3 \sim 10^6$ 次）反复分配，待分离组分由于分配系数不同而彼此分离，分配系数小（挥发性大）的组分首先由色谱柱中流出。显然，当塔板数足够多时，即使分配系数差异微小的组分也能得到良好的分离效果。

柱长（L）一定时，理论塔板数 n 值越大，色谱柱效能就越高，经验公式为

$$n = 5.54 \left(\frac{t_R}{W_{1/2}} \right)^2 = 16 \left(\frac{t_R}{W_b} \right)^2 \tag{5-10}$$

由式（5-10）可知，组分的保留时间越长，峰宽度越小，则理论塔板数 n 越多，色谱柱效能就越高。

设色谱柱长为 L，则理论塔板高度 H 为

$$H = \frac{L}{n} \tag{5-11}$$

由此可见，色谱峰越窄，即 $W_{1/2}$ 或 W_b 越小，理论塔板数 n 越大，对给定长度的色谱柱而言，塔板高度 H 越小，组分在柱内被分配的次数越多，则色谱柱效能越高。因此，n 和 H 可作为描述色谱柱效能的指标。

在实际应用中，常常出现计算出的 n 虽然很大，但色谱柱效能却不高的现象。这是由于保留时间 t_R 中包含了死时间 t_0，而 t_0 并不参加柱内的分配过程，因此，理论塔板数和理论塔板高度并不能真实地反映色谱柱分离效能的好坏。为此，提出有效塔板数 n_{eff} 和有效高度 H_{eff} 评价色谱柱效能的指标。

有效塔板数 n_{eff} 为

$$n_{eff} = 5.54\left(\frac{t'_R}{W_{1/2}}\right)^2 = 16\left(\frac{t'_R}{W_b}\right)^2 \qquad (5-12)$$

有效塔板高度 H_{eff} 为

$$H_{eff} = \frac{L}{n_{eff}} \qquad (5-13)$$

物质在给定色谱柱上的 n_{eff} 越大，说明该物质在柱中进行分配平衡的次数越多，对分离越有利，但不能表示该物质的实际分离效果。是否能在色谱柱上分离，主要取决于各组分在两相间分配系数 K 的差异。如果两组分在同一色谱柱上的分配系数相同，无论 n_{eff} 有多大，这两种组分也无法被分离开。塔板理论在解释色谱图的形状，计算 n 和 H 方面是成功的。但其某些基本假设不完全符合色谱的实际情况，如 K 和组分的量无关、组分在两项中分配能迅速达到平衡、纵向扩散可以忽略等。塔板理论只能定性地给出塔板高度的概念，而未能找出影响 H 的因素，也就无法提出降低 H 的途径，这主要是由于塔板理论没有考虑到动力学因素对色谱分离过程的影响。

三、速率理论

荷兰学者范第姆特（Van Deemter）等人在塔板理论的基础上，提出了关于色谱过程的动力学理论——速率理论。该理论仍然采用塔板高度的概念，但同时考虑到 H 还取决于同一组分的不同分子在柱中差速迁移过程中所引起的色谱峰扩展程度，将色谱过程与组分在两相间的扩散和传质过程等动力学因素联系起来，从理论上总结出影响塔板高度的各种因素，导出 H 与其影响因素之间的关系式：

$$H = A + \frac{B}{u} + Cu \qquad (5-14)$$

式中：A、B、C 分别为涡流扩散项系数、分子扩散项系数和传质阻力项系数，在一定实验条件下为常数；u 为流动相的线速度，cm/s。

速率理论综合考虑了柱内影响塔板高度的三种动力学控制过程（使色谱带扩展的因素归纳成三项）——涡流扩散项 A、纵向分子扩散项 B/u 和传质阻力项 Cu，欲降低 H，提高色谱柱效能，需降低这三个塔板分量。

四、色谱基本分离方程

1. 分离度

图 5-4 所示为色谱柱效能及选择性对分离的影响。图 5-4（a）两色谱峰形宽且严重相叠，表明色谱柱效能和选择性都很差；图 5-4（b）两色谱峰间距足够大，但峰形很宽，说明选择性好，但色谱柱效能低；图 5-4（c）分离最理想，说明选择性好，色谱柱效能也高。

由此可见，单独用色谱柱效能或选择性不能真实反映组分在色谱柱中的分离情况，故需引入一个综合性指标分离度 R 作为色谱柱的总分离效能指标。R 定义为相邻两组分色谱峰保留值之差与两组分色谱峰峰底宽度平均值之比，即

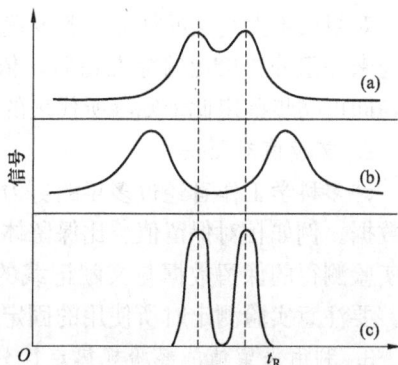

图 5-4 色谱柱效能和选择性对分离的影响

$$R = \frac{t_{R,2} - t_{R,1}}{\frac{1}{2}(W_{b,1} + W_{b,2})} = \frac{2(t_{R,2} - t_{R,1})}{(W_{b,1} + W_{b,2})} \tag{5-15}$$

理论证明：若相邻两色谱峰对称且满足正态分布，当 $R < 1$ 时，两峰有部分重叠；当 $R = 1.0$ 时，分离程度可达 98%；当 $R = 1.5$ 时，分离程度可达 99.7%。通常以 $R = 1.5$ 作为相邻两峰完全分离的标志，即相邻两色谱峰间距足够远、峰宽比较窄时，表明组分得到完全分离。

2. 色谱基本分离方程式

分离度 R 作为柱的总分离效能指标，既反映了两组分保留值的差值，即固定相对两组分的选择性 $r_{2,1}$ 的大小（由固定相的热力学性质所决定）；又考虑到色谱峰宽度对分离的影响，即 n_{eff} 的高低（取决于色谱过程的动力学因素）。设相邻两色谱峰峰底宽度相等，即 $W_{b,1} = W_{b,2}$，则分离度与色谱柱效能和选择性的关系为

$$R = \frac{t_{R,2} - t_{R,1}}{\frac{1}{2}(W_{b,1} + W_{b,2})} = \frac{t_{R,2} - t_{R,1}}{W_{b,2}} = \frac{t'_{R,2} - t'_{R,1}}{W_{b,2}} \tag{5-16}$$

将式（5-12）代入式（5-16），得

$$R = \frac{\sqrt{n_{eff}}}{4} \frac{t'_{R,2} - t'_{R,1}}{t_{R,2}} = \frac{\sqrt{n_{eff}}}{4} \frac{r_{2,1} - 1}{r_{2,1}} \tag{5-17}$$

式（5-17）将 R 与 n_{eff}、$r_{2,1}$ 联系起来，为色谱分离条件的选择提供了理论依据。此式称为色谱基本分离方程。

第三节　色谱定性和定量分析方法

一、定性分析

色谱定性分析就是要确定色谱图中每个色谱峰究竟代表何种组分，在通常的色谱仪中缺少定性的检测器，除非与质谱、红外检测器联用，依靠色谱仪强有力的分离能力，质谱、红外检测器再给出每个峰具体的定性信息，最终确定各组分。但仪器联用价格很高，一般色谱仪所用的检测器，再加上色谱知识，也能给出一些定性信息。一般常用的定性方法有以下几种。

1. 纯物质对照法

对组成不太复杂的样品，若要确定色谱图中某一未知色谱峰所代表的组分，可选择一系列与未知组分相接近的标准物质，依次进样，当某一物质与未知组分色谱峰保留时间相同时，即可初步确定此未知峰所代表的组分。

2. 文献值对照法

许多科学工作者经过多年的努力，积累了大量有机化合物在不同柱子、不同柱温下的保留数据。例如相对保留值、比保留体积、科瓦茨（Kovats）保留指数等，进行定性分析时可将实验测得的保留数据与文献记载的保留数据对照，即可确定被测组分。在使用文献数据时，要注意实验测定时所使用的固定液及柱温和文献记载相一致。

3. 利用保留值的经验规律定性分析

大量实验结果证明，在一定柱温下，同一系列物保留值的对数与分子中的碳原子数呈线

性关系，即碳数规律，可表示为

$$\lg t'_R = an + b \qquad (5-18)$$

式中：n 为碳原子数；a 为直线斜率；b 为截距。

另外，同一族具有相同碳原子数的异构体，其保留值的对数与其沸点呈线性关系，即沸点规律，可表示为

$$\lg V_g = a_1 T_b + b_1 \qquad (5-19)$$

式中：T_b 为沸点；a_1 为直线斜率；b_1 为截距。

当已知样品为同一系列时，可利用上述两个规律定性分析。

4. 联用技术

色谱分析法具有很高的分离能力，但它不能对已分离的每一组进行直接定性分析。利用前述几种办法定性分析，也常因找不到对应的已知标准物质而发生困难，加之很多物质的保留值十分接近，甚至相同，常常影响定性分析结果的准确性。

通常称"四大谱"的质谱法、红外光谱法、紫外光谱法和核磁共振波谱法，对单一组分（纯物质）的有机化合物具有很强的定性分析能力。因此，若将色谱分析仪与这些仪器联用，就能发挥各个方法的长处，很好地解决组成复杂的混合物的定性分析问题。

近年来，随着电子计算机技术的应用，联用仪器越做越小，自动化程度越来越高，成本也越来越低，大大促进了色谱法与其他方法联用技术的发展。质谱、红外光谱、核磁共振等是鉴别未知物的有力工具，但要求所分析的试样组分很纯。因此，将气相色谱与质谱、红外光谱、核磁共振谱联用，复杂的混合物先经气相色谱分离成单一组分后，再利用质谱仪、红外光谱仪或核磁共振谱仪进行定性。未知物质经色谱分离后，质谱可以很快地给出未知组分的相对分子质量和电离碎片，提供是否含有某些元素或基团的信息。红外光谱也可很快得到未知组分所含各类基团的信息，为结构鉴定提供可靠的数据。

二、定量分析

色谱分析的重要作用之一是对样品进行定量分析。定量分析的依据是被测组分的量 W_i 与检测器的响应信号（峰面积或峰高）成正比，即

$$W_i = f_i A_i \qquad (5-20)$$

式中：f_i 为定量校正因子，通常称为绝对校正因子；A_i 为峰面积。

想要得到准确的定量分析结果，需要准确测量峰面积，得到准确的定量校正因子，选用合适的定量分析方法。

(一) 峰面积的测量

测量峰面积的方法可分为手工测量和机器自动测量两大类。随着电子技术的发展，手工测量峰面积的方法逐渐被数据处理机、色谱工作站所取代。机器测量峰面积简单、快捷、准确，但手工处理峰面积的方法仍是机器处理峰面积的基础。

1. 对称峰面积的测量

对称峰面积可近似看作是一个等腰三角形，按照三角形求面积的方法，峰面积为峰高乘以半峰宽，即

$$A_i = h_i W_{\frac{1}{2}(i)} \qquad (5-21)$$

式 (5-21) 方法计算所得峰面积只有实际面积的 0.94，做相对计算没有影响，如果要求真实面积，应乘以系数 1.065。

2. 不对称峰面积的测量

在色谱分析中，经常遇到不对称峰，多数不对称峰为拖尾峰。计算方法是：取峰高 0.15 处和 0.85 处的峰宽平均值乘以峰高，即

$$A_i = \frac{1}{2}(W_{0.15h} + W_{0.85h})h \tag{5-22}$$

（二）定量校正因子

事实证明，同一物质在不同检测器上有不同的响应信号，不同物质在同一检测器上响应信号也不同。为了使检测器产生的响应信号能真实地反映出物质的量，就要对响应值进行校正而引入定量校正因子。

1. 相对质量校正因子（f_i'）

相对质量校正因子是指某组分（i）与标准物质（s）的绝对校正因子之比，其表达式为

$$f_i' = \frac{f_i}{f_s} = \frac{\dfrac{m_i}{A_i}}{\dfrac{m_s}{A_s}} \tag{5-23}$$

式中：f_i、m_i、A_i 分别为组分 i 的绝对校正因子、质量、峰面积；f_s、m_s、A_s 分别为标准物质 s 的绝对校正因子、质量、峰面积。

在气相色谱中，相对质量校正因子，对于热导检测器，一般以苯为标准物；对于氢火焰检测器，一般以正庚烷为标准物。

2. 相对响应值

相对响应值是指组分 i 与等量标准组分 s 的响应值之比，当计量单位相同时，它们与相对校正因子互为倒数，即

$$s_i' = \frac{1}{f_i'} \tag{5-24}$$

f_i' 和 s_i' 只与试样、标准物质及检测器类型有关，而与操作条件和柱温、载气流速、固定液性质等无关，是一个通用参数。

3. 相对校正因子的测量

要准确称取被测组分及标准物质，最好使用色谱纯试剂，混合后，在一定色谱条件下，准确进样，分别测量相应的峰面积，根据式（5-23）计算校正因子，而现在的色谱工作站会自动计算出校正因子。

（三）定量方法

色谱中常用的定量方法有归一化法、内标法、外标法、标准加入法。按测量参数，上述四种定量方法又可分为峰面积法和峰高法。这些定量方法各有优缺点和选用范围，因此，实际工作中应根据分析的目的、要求及样品的具体情况选择合适的定量方法。

1. 归一化法

归一化法是一种常用的简便、准确的定量分析方法。当试样中所有组分均能流出色谱柱，并在检测器上都能产生信号时，可用归一化法计算组分含量。归一化法是以样品中被测组分的峰面积占样品中所有组分峰面积总和的比例来表示被测组分含量的方法。

若试样中各组分的相对校正因子很接近（如同分异构体或同系物），可以不用校正因子，

直接用峰面积归一化法进行定量分析，即

$$w_i = \frac{A_i}{\sum A_i} \qquad (5-25)$$

采用积分仪或色谱工作站处理数据时，往往采用峰面积直接归一化法定量分析，得出各组分的面积百分比，其结果的相对误差在 10％左右；若是对校正因子比较接近的组分（如同系物）而言，直接峰面积归一化法定量分析结果的误差却是很小的，在误差允许的范围之内。

归一化法定量分析的主要问题是校正因子的测定较为麻烦，虽然从文献中可以查到一些化合物的校正因子，但要得到准确的校正因子，还是需要用每一组分的基准物质直接测量。如果试样中的组分不能全部出峰，则绝对不能采用归一化法定量分析。

2. 外标法

外标法也称为标准曲线法或直接比较法，是一种简便、快速的定量分析方法。与分光光度法中的标准曲线法相似，首先用欲测组分的标准样品绘制标准曲线。具体方法是：用标准样品配制成不同浓度的标准系列，在与待测组分相同的色谱条件下，等体积准确进样，测量各峰的峰面积或峰高，用峰面积或峰高对样品浓度绘制标准曲线，此标准曲线应是通过原点的直线，若标准曲线不通过原点，则说明存在系统误差。标准曲线的斜率即为绝对校正因子。

在测量样品组分含量时，要用与绘制标准曲线完全相同的色谱条件做出色谱图，测量色谱峰面积或峰高，然后根据峰面积在标准曲线上直接查出注入色谱柱中样品组分的浓度。

当欲测组分含量变化不大，并已知这一组分的大概含量时，也可以不必绘制标准曲线，而用单点校正法，即直接比较法定量分析。具体方法是：先配制一个和待测组分含量相近的已知浓度的标准溶液，在相同的色谱条件下，分别将待测样品溶液和标准溶液样品溶液等体积进样，做出色谱图，测量待测组分和标准样品的峰面积或峰高，然后由式（5-26）和式（5-27）直接计算样品溶液中待测组分的含量，即

$$w_i = \frac{W_s}{A_s} A_i \qquad (5-26)$$

或

$$w_i = \frac{W_s}{h_s} h_i \qquad (5-27)$$

式中：W_s 为标准样品溶液质量分数；w_i 为样品溶液中待测组分质量分数；A_s、h_s 分别为标准样品的峰面积和峰高；A_i、h_i 分别为样品中组分的峰面积和峰高。

显然，当方法存在系统误差时（即标准工作曲线不能通过原点），单点校正法的误差比标准曲线法要大得多。

外标法的优点是：绘制好标准工作曲线后测定工作就变得相当简单，可以直接从标准工作曲线上读出含量，因此特别适合大批量样品的分析。外标法的缺点是：每次样品分析的色谱条件（检测器的响应性能、柱温、流动相流速及组成、进样量、色谱柱效能等）很难完全相同，因此容易出现较大误差。此外，绘制标准工作曲线时，一般使用欲测组分的标准样品（或已知含量的样品），而实际样品的组成却千差万别，因此必将给测量带来一定的误差。

3. 内标法

若试样中所有组分不能全部出峰，或只要求测定试样中某个或几个组分的含量时，可采

用内标法定量。内标法就是将一定量选定的标准物（称内标物 s）加入到一定量试样中，混合均匀后，在一定操作条件下注入色谱仪，出峰后分别测量组分 i 和内标物 s 的峰面积（或峰高），从而计算待测组分 i 含量的方法。

4. 标准加入法

标准加入法实质上是一种特殊的内标法。在选择不到合适的内标物时，以待测组分的纯物质为内标物，加入到待测样品中，然后在相同的色谱条件下，测定加入待测组分纯物质前后待测组分的峰面积（或峰高），从而计算待测组分在样品中的含量的方法。

第四节　气 相 色 谱 法

气相色谱法是以气体为流动相的柱色谱法。气相色谱法可以分析各种气体，以及在适当温度下能气化的液体或定量裂解的固体，应用范围很广。气相色谱法进行定性分析时，一般要将试样的色谱图与纯物质的色谱图进行对照以确定试样的组成，由于气体的黏度小，组分扩散速率高，传质快，可供选择的固定液种类比较多，加之采用高灵敏度的通用型检测器，使得气相色谱法具有下列特点：

（1）选择性好。气相色谱法能分离同位素、同分异构体等物理、化学性质十分相近的物质。例如，用其他方法很难测定的二甲苯的三个同分异构体（邻二甲苯、间二甲苯、对二甲苯）用气相色谱法很容易进行分离和测定。

（2）色谱柱效能高。一根 $1\sim2m$ 长的色谱柱一般有几千块理论塔板，而毛细管柱的理论塔板数可达 $10^5\sim10^6$ 块，可以有效地分离极为复杂的混合物。例如，用毛细管柱能在几十分钟内一次完成含有 100 多个组分的油类试样的分离测定。这对经典的化学分析方法来说是不可想象的。

（3）灵敏度高。气相色谱试样用量少，一次进样量为 $10^{-3}\sim10^{-1}mg$。由于使用高灵敏度的检测器，气相色谱法可以检出 $10^{-13}\sim10^{-11}g$ 的物质。因此，在超纯物质所含的痕量杂质分析中，用气相色谱法可测出超纯气体、高分子单体、高纯试剂中质量分数为 $10^{-10}\sim10^{-6}$ 数量级的杂质。

一、气相色谱法中流动相与固定相

（一）流动相（载气）

气相色谱法常用的载气有氢气、氮气、氩、氦气等惰性气体。选用何种气体及气体的纯度应根据检测器的种类和分析要求而定。例如，氮的扩散系数小，可用于氢焰检测器，但必须除去载气中的烃类组分；氢的相对分子质量小，导热系数大，适用于热导池检测器，可提高检测器的灵敏度。在气相色谱分析中，载气是惰性的，与组分没有亲和作用。混合物各组分能否被选择性地分离，在很大程度上取决于固定相的选择是否适当。因此，固定相的选择在气相色谱分离中十分重要。气相色谱用的固定相分为固体固定相和液体固定相两类。

（二）固体固定相

固体固定相是表面有一定活性的固体吸附剂。当被分析试样随载气进入色谱柱后，因吸附剂对试样混合物中各组分的吸附能力不同，经过反复多次的吸附-脱附过程，使各组分彼此分离。固体吸附剂主要用于惰性气体和 H_2、O_2、N_2、CO、CO_2 等一般气体及 $C_1\sim C_4$ 低碳烃类气体的色谱分析，特别是对烃类异构体的分离具有很好的选择性和较高的分离效率。

其缺点是吸附等温线常常为非线性，所得的色谱峰往往不对称。在高温下一般具有催化活性，不宜分离高沸点和含活性组分的有机化合物。表5-1列出了气相色谱法常用的固体吸附剂，可根据分析对象选择使用。

表5-1 气相色谱固体吸附剂

吸附剂	使用温度（℃）	分 析 对 象
活性炭	<200	惰性气体，N_2、CO_2 和低沸点碳氢化合物
硅胶	<400	$C_1 \sim C_4$ 烃类，N_2O、SO_2、H_2S、SF_6、SF_2、Cl_2 等
氧化铝	<400	$C_1 \sim C_4$ 烃类异构物
分子筛	<400	惰性气体，H_2、O_2、N_2、CO、CH_4、NO、N_2O 等

（三）液体固定相

液体固定相由载体和固定液组成。固定液均匀地涂敷在载体表面。

1. 载体

载体的作用是提供一个具有大表面积的惰性表面。要求载体不仅比表面积大，化学稳定性和热稳定性好，不直接参与色谱分离，而且要颗粒均匀，具有一定的强度。

常用的气相色谱载体分为硅藻土型和非硅藻土型两大类。前者应用较多，由于加工处理的方法不同，硅藻土载体分为红色载体和白色载体两类，见表5-2。红色载体含有黏合剂，机械强度高，比表面积大，可负担较多的固定液；缺点是表面活性中心不易完全覆盖，分析极性物质时易出现谱峰拖尾现象。白色载体煅烧时加入了助熔剂碳酸钠，表面孔径粗，比表面积小，但表面活性中心易于覆盖，有利于分析极性物质；缺点是机械强度差。为了克服硅藻土载体含有的硅醇基与试样中极性组分形成氢键而引起的色谱峰拖尾现象，一些商品载体已经过硅烷化处理，见表5-2中的101和102硅烷化载体。

表5-2 常用的气相色谱载体

载体类型	名 称	使用范围
红色硅藻土载体	6201载体，201载体	非极性或弱极性组分
	301载体，釉化载体	中等极性组分
白色硅藻土载体	101白色载体，102白色载体	分析极性或碱性组分
	101硅烷化白色载体	高沸点氢键型组分
	102硅烷化白色载体	
非硅藻土载体	聚四氟乙烯载体	强极性组分
	玻璃球载体	高沸点、强极性组分

硅烷化处理是使载体表面的硅醇基与硅烷化试剂反应，生成硅醚，消除其表面形成氢键的能力，改进载体性能。此外，对不同的分析对象，载体还需要进行酸洗或碱洗的处理。

2. 固定液

固定液为高沸点有机液体。理想的固定液应有适当的溶解性能，对易挥发的组分有足够的溶解能力；选择性好，对试样各组分分离能力强，即各组分的分配系数差别要大；挥发性小，在使用温度下蒸气压力较低，以避免固定液流失；热稳定性好，在较高柱温下不易分解；化学稳定性好，不与被分析物质起化学反应。

固定液的选择目前尚无严格的规律可循，一般根据不同的分析对象和分析要求按照"相似相溶"原理进行选择。所选固定液与被分离组分之间在极性或化学结构上要有某些相似之处，这样，被分离组分在固定液中就有较强的分配能力，从而有较大的分配系数，以便实现良好的分离。常用固定液见表 5-3。

表 5-3 常 用 固 定 液

固 定 液		最高使用温度（℃）	常用溶剂	相对极性	分析对象
非极性	十八烷	室温	乙醚	0	低沸点碳氢化合物
	阿匹松（L. M. N.）	300	苯、氯仿	+1	各类高沸点有机化合物
	硅橡胶（SE-30，E-301）	300	丁醇+氯仿（1+1）	+1	各类高沸点有机化合物
中等极性	癸二酸二辛酯	120	甲醇、乙醚	+2	烃、醇、醛酮、酸酯各类有机物
	邻苯二甲酸二壬酯	130	甲醇、乙醚	+2	烃、醇、醛酮、酸酯各类有机物
	磷酸三苯酯	130	苯、氯仿、乙醚	+3	芳烃、酚类异构物、卤化物
	丁二酸二乙二醇脂	200	丙酮、氯仿	+4	
极性	苯乙腈	常温	甲醇	+4	卤代烃、芳烃和 $AgNO_3$ 一起分离烷烯烃
	二甲基甲酰胺	20	氯仿	+4	低沸点碳氢化合物
	有机皂-34	200	甲苯	+4	芳烃、特别对二甲基异构体有高选择性
	β,β'-氧二丙腈	<100	甲醇、丙酮	+5	分离低级烃、芳烃、含氧有机物
氢键型	甘油	70	甲醇、乙醇	+4	醇和芳烃、对水有强滞留作用
	季戊四醇	150	氯仿+丁醇（1+1）	+4	醇、酯、芳烃
	聚乙二醇-400	100	乙醇、氯仿	+4	极性化合物：醇、酯、醛、腈、芳烃

选择固定液的具体方法如下：

（1）对非极性组分。一般选用非极性固定液。此时，组分与固定液分子之间作用力很小，组分的出峰顺序主要由蒸气压力决定，即沸点低的组分先出峰，沸点高的组分后出峰。

（2）对中等极性的组分，一般选用中等极性的固定液，此时应同时考虑蒸气压力和分子间作用力。若分子间作用力小，而组分的沸点差别较大，则蒸气压力起主要作用，组分仍按沸点顺序出峰。若组分沸点相近，而分子间作用力较大，则分子间作用力起主导作用，作用力小的组分先出峰。

（3）对强极性组分，选用强极性固定液。此时，分子间作用力起主导作用，组分按极性大小顺序出峰。极性小的组分先出峰，极性大的组分后出峰。

（4）对于极性与非极性组分的混合物，通常也选用极性固定液。此时，非极性组分先出峰，极性组分后出峰。固定液极性越强，非极性与极性组分保留时间差别越大，两组分就越容易分离。

二、气相色谱条件的选择

在气相色谱分析中，除了要选择合适的固定液以外，还要选择分离时的最佳条件，以提高色谱柱效能，增大分离度，满足分离要求。

1. 载气及其流速的选择

（1）载气种类的选择。载气种类的选择首先要考虑使用何种检测器。例如使用 TCD（热导池检测器），选用氢或氦做载气，能提高灵敏度，且峰形正常，易于定量，线性范围宽；若使用 FID，则选用氮气做载气。然后考虑选用的载气要有利于提高色谱柱效能和分析速度。

（2）载气流速的选择。由速率理论方程可以看出，分子扩散项与载气流速成正比，而传质阻力项与流速成反比，所以必然有一最佳流速，使板高 H 最小，色谱柱效能最高。

对于选定的色谱柱，在不同载气流速下测定塔板高度，推算出平均流速即为最佳载气流速。在实际分析中，为了缩短分析时间，同时又不明显增加塔板高度的情况下，一般选用的载气流速稍高于最佳流速。对于一般色谱柱（内径 3～4mm），常用流速为 20～100mL/min。

2. 柱温的选择

柱温是一个重要的色谱操作参数，它直接影响色谱柱的寿命、色谱柱的选择性、色谱柱效能和分析速度。降低柱温可使色谱柱的选择性增大，有利于组分的分离；但柱温过低，被测组分可能在色谱柱中冷凝，或者传质阻力增加，使色谱峰扩张，甚至拖尾。而柱温高，虽然有利于传质，但会使分配系数变小，也不利于分离。

一般通过实验选择最佳柱温。原则是使物质既完全分离，又不使峰形扩张、拖尾。柱温一般选各组分沸点平均温度或稍低些。表 5-4 列出了各类组分适宜的柱温和固定液配比，以供选择参考。

表 5-4　　　　　　　　　　柱温的选择

样品沸点（℃）	固定液配比（%）	柱温（℃）
气体、气态烃、低沸点化合物	15～25	室温或<50
100～200 的混合物	10～15	100～150
200～300 的混合物	5～10	150～200
300～400 的混合物	<3	200～250

当被分析组分的沸点范围很宽时，用同一柱温往往造成低沸点组分分离不好，而高沸点组分峰形扁平，此时采用程序升温的办法就能使高沸点及低沸点组分都能获得满意的结果。在选择柱温时还必须注意：柱温不能高于固定液的最高使用温度，否则会造成固定液大量挥发流失。一般来说，操作温度至少高于固定液的熔点，以使其有效地发挥作用。

3. 气化室温度的选择

合适的气化室温度既能保证样品迅速且完全气化，又不引起样品分解。一般气化室温度比柱温高 30～70℃，或比样品组分中最高沸点高 30～500℃，就可以满足分析要求。温度是否合适，可通过实验来检查。检查方法如下：重复进样时，若出峰数目变化，重现性差，则说明气化室温度过高；若峰形不规则，出现平顶峰或宽峰，则说明气化室温度太低；若峰形正常，峰数不变，峰形重现性好，则说明气化室温度合适。

4. 进样量与进样技术

（1）进样量。在进行气相色谱分析时，进样量要适当。若进样量太大，得到色谱峰形不对称程度增加，峰变宽，分离度变小，保留值发生变化，峰面积或峰高与进样量不成线性关系，无法定量分析；若进样量太小，又会因检测器灵敏度不够，不能检出。色谱柱最大进样量可以通过实验确定。方法是：其他条件不变，仅逐渐加大进样量，直至所出峰的半峰宽变宽或保留值改变时，此进样量就是最大允许量。

（2）进样技术。进样时，要求速度快，这样可以使样品在气化室气化后随载气以浓缩状态进入柱内，而不被载气所稀释，因而峰的原始宽度窄，有利于分离；反之，若进样缓慢，样品气化后被载气所稀释，使峰形变宽，并且不对称，既不利于分离也不利于定量分析。

取样后立即进样，进样时要求注射器垂直于进样口，左手扶着针头防弯曲，右手拿注射器，迅速刺穿硅橡胶垫，平稳、敏捷地推进针筒（针头尖尽可能刺深一些，且深度一定，针头不能碰着气化室内壁），用右手食指平稳、轻巧、迅速地将样品注入，完成后立即拔出。进样时要求操作稳定、连贯、迅速。进针位置及速度、针尖停留和拔出速度都会影响进样的重现性。一般进样相对误差为2%～5%。

第五节　气相色谱仪系统组成及维护

一、气相色谱仪的系统组成

目前气相色谱仪种类和型号繁多，但它们主要包括气路系统、进样系统、分离系统、温度控制系统及检测和记录系统。

气相色谱仪的基本流程如下：载气由高压气瓶输出，经减压阀减压及净化器净化，由气体调节阀调至所需流速后，以稳定的压力和恒定的流速连续流经气化室、色谱柱、检测器后放空。试样被注入气化室后，瞬间气化为蒸气，被载气携带至色谱柱中进行分离。分离后的组分依次进入检测器，检测器将组分的浓度（或质量）的变化转换为电信号，经放大后在记录仪上记录下来，即可得到各组分的色谱峰，如图5-5所示。根据色谱峰的位置或出峰时间，可对组分进行定性分析，根据色谱峰的峰面积或峰高，可对组分进行定量分析。

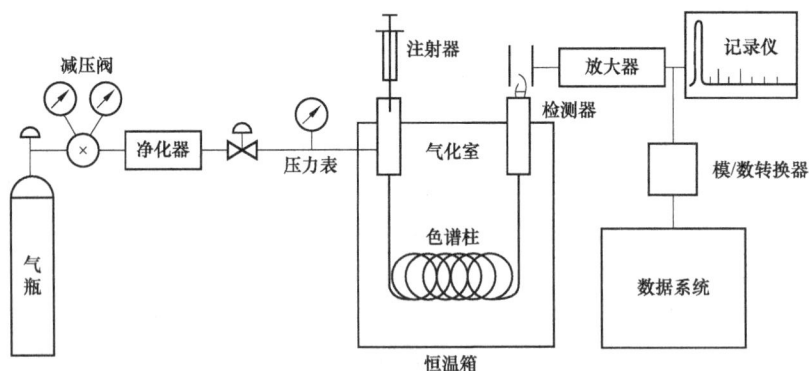

图5-5　气相色谱仪流程示意

（一）气路系统

气路系统是一个载气连续运行的密闭管路系统，对气路系统的要求是密封性好、流速稳定、流速控制方便、测量准确等。

载气流量的大小和稳定性对色谱峰有很大影响，通常控制在30～100mL/min。柱前的载气流量用流量计指示，作为分离条件选择的相对参数。大气压力下，柱后流量一般可用皂膜流量计测量。气相色谱仪的载气气路有单柱单气路和双柱双气路两种。其中，双柱双气路分两路进入各自的色谱柱与检测器，一路作为分离分析用，而另一路不携带试样，补偿由于温度变化、高温下固定液流失及载气流量波动所产生的噪声对分析结果的影响。

载气的选择和它通过柱子的平均线速对色谱柱效能、分析时间和系统的稳定性有很大的影响。一般来说，选择载气以达到最大的组分分辨率和检测器性能及最小的总分析时间为目的。

（二）进样系统

进样系统的作用就是把试样快速而定量地加到色谱柱上端。进样量、进样速度和试样的气化速度都影响色谱的分离效率和分析结果准确度。气化室由电加热的金属块制成，其作用是将液体或固体试样瞬间气化，以保证色谱峰有较小的宽度。

（三）分离系统

色谱柱是色谱仪的分离系统，试样各组分的分离在色谱柱中进行。色谱柱分为填充柱和毛细管柱两种。

（1）填充柱。填充柱由柱管和固定相组成，固定相紧密而均匀地填装在柱内。填充柱外形多为 U 形或螺旋形，材料为不锈钢或玻璃，内径为 $2\sim4mm$，柱长为 $1\sim6m$。填充柱制备简单，应用普遍。

（2）毛细管柱。毛细管柱又称开管柱，通常将固定液均匀地涂渍到内径为 $0.1\sim0.5mm$ 的毛细管内壁而制成。毛细管材料可以是不锈钢、玻璃或石英。

毛细管柱的固定液涂渍在管壁上，不存在涡流扩散所导致的峰展宽。固定相液膜的厚度小，组分在固定相中的传质速率较高，而且气体在空心柱中的流动阻力小，柱管可以做得很长（一般为几十米甚至上百米）。所以毛细管柱比填充柱有更高的色谱柱效能和分析速度。缺点是固定相体积小使分配比降低，因而最大允许进样量受到限制，柱容量较低。

（四）温度控制系统

柱温改变会引起分配系数的变化，这种变化会对色谱分离的选择性和色谱柱效能产生影响，而检测器温度直接影响检测器的灵敏度和稳定性，所以对色谱仪的温度应严格控制。

温度控制的方式有恒温法和程序升温法两种。通常采用空气恒温的方式来控制柱温和检测室温度。如果组分的沸点范围较宽，采用恒定柱温无法实现良好的分离时，可采用程序升温。程序升温是在一个分析周期内使柱温按预定的程序由低向高逐渐变化。使用程序升温可以使不同沸点的组分在各自的最佳柱温下流出，从而改善分离效果，缩短分析时间。

（五）检测和记录系统

气相色谱检测器是一种指示并测量载气中各组分及其浓度变化的装置。这种装置能把组分及其浓度变化以不同方式转换成易于测量的电信号。常用的检测器有热导池检测器、氢火焰离子化检测器、电子俘获检测器、火焰光度检测器等。

1. 热导池检测器

热导池检测器（TCD）由于结构简单、灵敏度适中且对所有物质均有响应而得到广泛应用。

热导池检测器是目前电力系统专用油色谱分析仪上应用较为广泛的一种通用型检测器，对有机、无机样品均有响应，而且不破坏样品，可用于常量和微量分析。热导池由金属池体和装入池体内的两个完全对称孔道内的热敏元件所组成。热敏元件常用电阻温度系数和电阻率较高的钨丝或铼钨丝。

热导池检测器是基于被分离组分与载气的导热系数不同进行检测的，当通过热导池池体的气体组成及浓度发生变化时，引起热敏元件温度的改变，由此产生的电阻值变化通过惠斯通电桥检测，其检测信号大小和组分浓度成正比，其工作原理如图 5-6 所示。

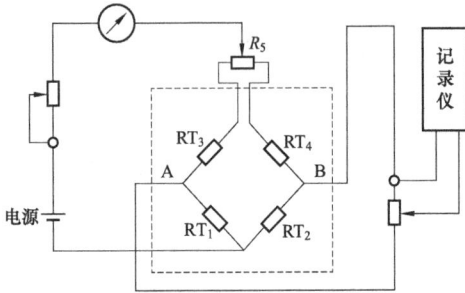

图 5-6　热导池检测器原理

在图 5-6 所示的惠斯通电桥中，利用一个孔道内的热敏元件作为参考臂 RT_1，另外一个孔道内的热敏元件作为测量臂 RT_2，且 $RT_1=RT_2$。参考臂接在色谱柱前，只有纯载气通过；测量臂接在色谱柱后，除有载气通过外，还有经色谱柱分离后的组分气体随载气通过。RT_1、RT_2 与两个电阻值相等的固定电阻 RT_3、RT_4 构成惠斯通电桥，调节 RT_5，使电桥处于平衡状态，即

$$RT_1 R_4 = RT_2 R_3 \qquad (5-28)$$

在恒定的工作电流及稳定的纯载气流量条件下，若热导池两臂均只有纯载气通过，则两臂发热量和载气所带走的热量均恒定，故两臂温度的变化恒定，其电阻值的改变量相等，电桥仍保持平衡状态，即

$$(RT_1 + \Delta RT_1)R_4 = (RT_2 + \Delta RT_2)R_3 \qquad (5-29)$$

此时，A、B 两端输出电压为零，记录器记录到一条平直的基线。当被分离组分随载气一起通过热导池测量臂时，由于组分与载气的导热系数不同，使测量臂的温度及电阻值发生改变，电桥失去原来的平衡，A、B 两端即有电压输出，记录仪上出现信号。该信号大小与组分在载气中的浓度成正比，因而可用于定量分析。

被测物质与载气的导热系数相差越大，测量的灵敏度就越高。氧气和氦气的导热系数比其他物质高，因此使用热导池检测器时，通常选择氢气和氦气作为载气，以提高气相色谱分析的灵敏度。热导检测器，气源要求纯度 99.999%。开主机电源前一定要通载气，热导池出口要有载气冒出，方可开机。

2. 氢火焰离子化检测器

氢火焰离子化检测器（FID）简称氢焰检测器，是除热导池检测器外又一种重要的检测器。它对于大多数有机物有很高的灵敏度，比热导池检测器的灵敏度高 $10^2 \sim 10^4$ 倍，而且结构简单，稳定性好，响应好，适于痕量分析，因而在有机物分析中得到广泛使用。

氢焰检测器的结构如图 5-7 所示，它的主要部件为离子室，一般用不锈钢制成，内有火焰喷嘴、阴极（发射极）、阳极（收集极）等构件。

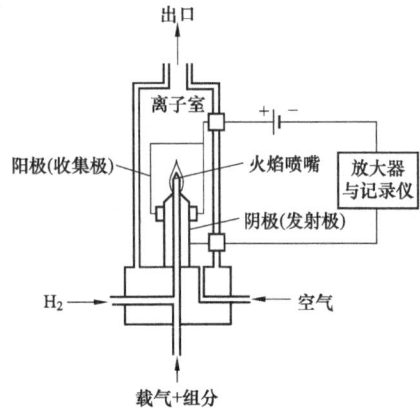

图 5-7　氢火焰离子化检测器结构

氢焰检测器是根据含碳有机物在氢火焰中发生电离的原理而进行检测的。工作时，氢气与空气在进入喷嘴前混合，助燃气-空气由另一侧引入，用点火器点燃氢气，在喷嘴处燃烧，氢焰上方为一筒状收集板，下方为一圆环状极化电极，在两极间施加一定电

压，形成电场。当被测组分随载气进入氢火焰时，在燃烧过程中发生离子化反应，生成数目相等的正、负离子，在电场中分别向两极定向移动而形成离子流，再经放大后在记录仪上以电压信号显示出来，信号大小与单位时间内进入火焰的被测组分的量成正比，据此测量有机物的含量。

3. 电子俘获检测器

电子俘获检测器（ECD）是一种选择性很强的检测器，对具有电负性物质（如卤素、硫、磷等）的检测有很高灵敏度（检出限约 10^{-14} g/mL），其结构如图 5-8 所示。

电子俘获检测器是目前分析痕量电负性有机物最有效的检测器。已广泛应用于农药残留量、大气及水质污染分析，以及生物化学、医学、药物学、环境监测等领域。它的缺点是线性范围窄，受操作条件影响比较大，重现性差。

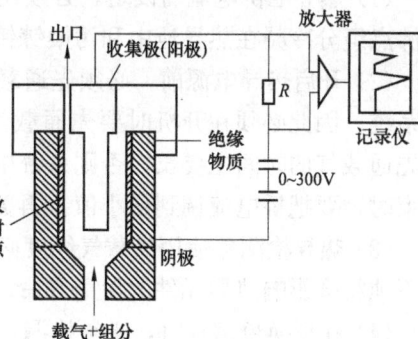

图 5-8 电子俘获检测器结构

4. 火焰光度检测器

火焰光度检测器（FPD）是一种对含硫、磷化合物具有高选择性和高灵敏度的检测器，仪器主要由火焰喷嘴、滤光片和光电倍增管三部分组成，其基本结构如图 5-9 所示。

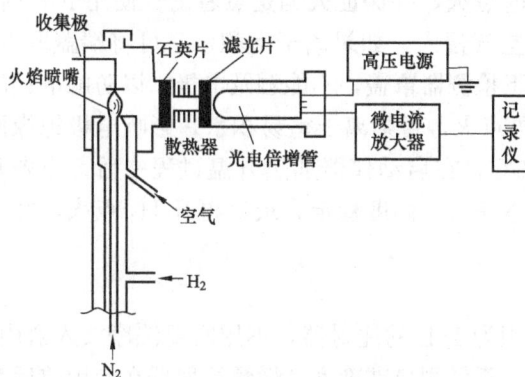

图 5-9 火焰光度检测器结构

火焰光度检测器是根据硫、磷化合物在富氢火焰中燃烧时，发射出波长分别为 394nm 和 526nm 的特征光的原理而进行检测的。检测过程如下：载气 N_2 与空气和 H_2 混合后，在喷嘴上燃烧。当含硫或磷有机物进入此富氢焰中燃烧时，含硫有机物发射出波长为 394nm 的特征光，含磷有机物发射出波长为 526nm 的特征光。这些特征光通过滤片照射到光电倍增管上，将光转换成电信号，经放大后在记录仪上记录下来。

二、气相色谱仪的使用和注意事项

1. 载气钢瓶的使用和注意事项

钢瓶必须分类保管，直立固定，远离热源，避免暴晒及强烈振动，氢气室内存放量不得超过两瓶。氧气瓶及专用工具严禁与油类接触。钢瓶上的氧气表要专用；氢气压力表是反螺纹，安装拆卸时应注意防止损坏螺纹。

2. 减压阀的使用和注意事项

在气相色谱分析法中，钢瓶供气压力为 9.8～14.7MPa；减压阀与钢瓶配套使用，不同气体钢瓶所用的减压阀是不同的。氢气减压阀接头为反向螺纹，安装时要小心。使用时需缓慢调节手轮，使用完必须旋松调节手轮并关闭钢瓶阀门。关闭气源时，先关闭减压阀，后关闭钢瓶阀门，再开启减压阀，排出减压阀内气体，最后松开调节螺杆。

3. 热导池检测器使用及注意事项

(1) 热导池桥电流的设定，必须比被分析试样组分的最高沸点高 20～30℃，避免试样中高沸点组分冷凝在热导池中和污染铼钨丝元件。

(2) 开启热导电源前，必须先通载气，因为仪器停机后，外界空气往往会进入热导池和柱系统，因此必须在开机时要先通载气 10min 以上再通电，停机时间越长，那么重新开机时先通载气的时间也要长，否则系统中残留的空气中氧气会将铼钨丝元件氧化或烧断。实验结束时，要把桥电流调到最小值，再关闭热导电源，最后关闭载气。

(3) 热导检测器使用的载气纯度必须四个 9 以上（99.99％），最忌载气中含氧量高，载气不纯将会影响热导元件的使用寿命，也会降低检测灵敏度，所以载气必须脱氧净化。

(4) 在更换色谱柱时，必须检漏，保证气密性，色谱柱连接处漏气将会造成热导元件损坏，色谱柱出口端必须填装好玻璃棉和不锈钢丝网，避免柱担体吹入 TCD。

(5) 在多次进样分析后，应及时更换进样器上的硅橡胶垫，不能等到硅橡胶垫多次被注射针扎破而漏气时再更换。这是因为如果硅橡胶垫被扎破，会使载气漏出，空气漏进，热导元件就会被烧坏。分析过程中更换硅橡胶垫时，必须将热导电源关断后，迅速换垫，换好之后必须先通载气几分钟再通热导池的电源。

4. 氢火焰检测器的使用和注意事项

通氢气后，待管道中残余气体排出，应及时点火，并保证火焰是点着的；使用 FID 时，离子室外罩须罩住，以保证良好的屏蔽并防止空气侵入。如果离子室积水，可将端盖取下，待离子室温度较高时再盖上。工作状态下，取下检测器罩盖，不能触及电极，以防触电；离子室温度应大于 100℃，待层析室温度稳定后再点火，否则离子室易积水，影响电极绝缘而使基线不稳。实际温度一般应高于柱温 30～50℃，在启动仪器加热升温过程中后，应先升检测器温度后升色谱柱箱温度，待升温过程基本完成，温度稳定，最后再开 H_2 点火，并保证火焰是点着的。

5. 微量注射器的使用和注意事项

微量注射器是易碎器械，而且常用的是容积为 $1\mu L$ 的注射器，不用时要洗净放入盒内，不要来回空抽；否则会严重磨损，损坏气密性，降低测量准确度。微量注射器在使用前后都须用丙酮或丁酮等溶剂清洗，而且不同种类试剂要由不同的微量注射器分开取样，切不可混合使用，否则会导致试剂被污染，使最后的检测结果不准确。

对 $10～100\mu L$ 的注射器，如遇针尖堵塞，宜用直径为 0.1mm 的细钢丝耐心穿通（工具箱中备有），不能用火烧的方法；硅橡胶垫在长时间进样后，容易老化漏气，因此须及时更换。用微量注射器取液体试样，应先用少量试样洗涤多次，再慢慢抽入试样，并稍多于需要量。如果内有气泡则将针头朝上，使气泡上升至完全排出，再将过量的试样排出，用滤纸吸去针尖外所沾试样。注意切勿使针头内的试样流失。

三、气相色谱仪的维护

(一) 气路系统的维护

气源至气相色谱仪的连接管线应定期用无水乙醇清洗，并用干燥 N_2 吹扫干净。如果用无水乙醇清洗后管路仍不通，可用洗耳球加压吹洗。加压后仍无效，可考虑用细钢丝捅针疏通管路。气体自气源进入色谱柱前需要通过的干燥净化管，管中活性炭、硅胶、分子筛应定期进行更换或烘干，以保证气体的纯度。稳压阀、针形阀及稳流阀的调节须缓慢进行。稳压阀不工作时，必须放松调节手柄（顺时针转动）；针形阀不工作时，应将阀门处于"开"的状态（逆时针转动）。对于稳流阀，当气路通气时，必须先打开稳流阀的阀针，流量的调节应从大流量调节到所需要的流量；稳流压阀、针形阀及稳流阀均不可作为开关使用；各种阀的进、出气口不能接反。

（二）进样系统的维护

1. 气化室进样口的维护

仪器长期使用时，硅橡胶微粒可能会积聚，造成进样口管道阻塞，或气源净化不够使进样口沾污，此时应对进样口清洗。清洗方法是：首先从进样口处拆下色谱柱，旋下散热片，清除导管和接头部件内的硅橡胶微粒（注意：接头部件千万不能碰弯）；接着用丙酮和蒸馏水依次清洗导管和接头部件并吹干；然后按拆卸的相反顺序安装好；最后进行气密性检查。

2. 微量注射器的维护

微量注射器使用前要先用丙酮等溶剂洗净，使用后立即清洗处理（一般常用质量浓度为 $50g/L$ 的 NaOH 水溶液、蒸馏水、丙酮、氯仿依次清洗，最后用真空泵抽干），以免芯子被样品中的高沸点物质沾污而阻塞；切忌用重碱性溶液洗涤，以免玻璃受腐蚀，以及不锈钢零件受腐蚀而漏水、漏气；一旦针尖堵塞，可用直径 0.1mm 不锈钢丝串通；高沸点样品在注射器内部冷凝时，不得强行多次来回抽动拉杆，以免发生因卡住或磨损而造成损坏；如果发现注射器内有不锈钢氧化物（发黑现象）影响正常使用，可在不锈钢芯子上蘸少量肥皂水塞入注射器内，来回抽拉几次就可去掉，然后洗清即可；注射器的针尖不宜在高温下工作，更不能用火直接烧，以免针尖退火而失去穿戳能力。

3. 六通阀的维护

在使用时应绝对避免带有小颗粒固体杂质的气体进入六通阀，否则在转动阀盖时，固体颗粒会擦伤阀体，造成漏气。六通阀使用一段时间之后，应该按照结构装卸要求卸下进行清洗。

（三）分离系统的维护

（1）新制备的或新安装色谱柱使用前必须进行老化。

（2）新购买的色谱柱一定要在分析样品前先测试柱性能是否合格，若不合格可以退货或更换新的色谱柱。色谱柱使用一段时间后，柱性能可能会发生变化，当分析结果有问题时，应该用测试标样测试色谱柱，并将结果与前一次的测试结果相比较。这有助于确定问题是否出在色谱柱上，以便于采取相应措施排除故障。每次测试结果都应保存起来作为色谱柱寿命的记录。

（3）色谱柱暂时不用时，应将其从仪器上卸下，在柱两端套上不锈钢螺帽（或者用一块硅橡胶堵上），并放在相应的柱包装盒中，以免柱头被污染。

（4）每次关机前都应将柱箱温度降到室温，然后再关电源和载气。若温度过高时切断载气，则空气（氧气）扩散进入柱管会造成固定液氧化和降解。仪器有过温保护功能时，每次安装色谱柱都要重新设定保护温度（超过此温度时，仪器会自动停止加热），以确保柱箱温度不超过色谱柱的最高使用温度，对色谱柱造成一定的损伤（如固定液的流失或者固定相颗粒的脱落），降低色谱柱的使用寿命。

（5）对于毛细管柱，如果使用一段时间后色谱柱效能大幅度降低，往往表明固定液流失太多，有时也可能只是由于一些高沸点的极性化合物的吸附而使色谱柱丧失分离能力。这时可以在高温下老化，用载气将污染物冲洗出来。若柱性能仍不能恢复，就得从仪器上卸下柱子，将柱头截去 10cm 或更长，去除掉最容易被污染的柱头后再安装测试。此时往往能恢复柱性能。如果还是不起作用，可再反复注射溶剂进行清洗，常用的溶剂依次为丙酮、甲苯、乙醇、氯仿和二氯甲烷。每次可进样 5～10μL，这一办法常能奏效。如果色谱柱性能还不好，就只有卸下柱子，用二氯甲烷或氯仿冲洗（对固定液关联的色谱柱而言），溶剂用量依柱子污染程度而定，一般为 20mL 左右。如果这一办法仍不起作用，说明该色谱柱只有报废。

（四）检测系统的维护保养

1. 热导池检测器的维护和保养

（1）尽量采用高纯气源；载气与样品气中应无腐蚀性物质、机械性杂质或其他污染物。

（2）载气至少通入 0.5h，保证将气路中的空气赶走后，方可通电，以防热丝元件的氧化。未通载气严禁加载桥电流。

（3）根据载气的性质，桥电流不允许超过额定值。若载气用 N_2，桥电流应低于 150mA；用 H_2 时则应低于 270mA。在保证分析灵敏度的情况下，应尽量使用低桥流以延长钨丝的使用寿命。

（4）检测器不允许有剧烈振动。

（5）使用热导池进行高温分析时，如果停机，除首先切断桥电流外，应等检测室温度降至 50℃ 以下时，再关闭气源，这样可以延长热丝元件的使用寿命。

（6）当热导池使用时间长或被沾污后，必须进行清洗。热导池检测器的清洗方法是：将热导池检测器入口端的色谱柱拆去，用溶解样品或固定液的溶剂从出口端用针筒注入（从入口端用烧杯盛放废液）。如果这种清洗方法无效则应非常小心地拆去外壳盒加热块，然后将钨丝从池体中取出。用丙酮或其他低沸点溶剂溶解并漂洗。如果这种方法还不能排除污染，则可用超声波清洗器清洗钨丝及检测器池体并烘干，所有这些操作都必须极其小心，当心钨丝扭断。

（7）TCD 长期不使用时，须将进气口、出气口堵塞，以确保钨丝不被氧化。

2. 氢火焰离子化检测器的维护和保养

尽量采用高纯气源，空气必须经过 5A 分子筛充分的净化，在最佳的 N_2/H_2 比及最佳空气流速的条件下使用，色谱柱必须经过严格的老化处理，离子室要注意避免外界干扰，保证使它处于屏蔽、干燥和清洁的环境中。长期使用会使喷嘴堵塞，因而造成火焰不稳、基线不准等故障，所以实际过程中应经常对喷嘴进行清洗。

（五）温度控制系统的维护

一般来说，温度控制系统只需每月检查一次，就足以保证其工作性能。实际使用过程中，为防止温度控制系统受到损害，应严格按照仪器的说明书操作，不能随意乱动。

第六节　GDC-9560A 油色谱分析仪

一、GDC-9560A 油色谱分析仪概述

GDC-9560A 油色谱分析仪由武汉国电西高电气有限公司生产，是以计算机控制的多用途高性能系列电力系统专用油色谱分析仪，配大屏幕液晶显示器。仪器的整体设计美观大

方、结构合理，并且便于检修和操作。仪器具有全微机自动控制系统，不仅可同时微机控制四路温度（柱箱、进样器和两个检测器），还可全部通过按键操作来控制检测器测量电路的衰减和调零，稳定性、可靠性较高，仪器上可根据用户需要选配各种新型高性能检测器。根据实际样品的分析需要，实现填充柱瞬间汽化进样、大口径毛细柱进样、毛细柱分流进样和平面转阀的定体积气体进样，可方便地配上各种裂解器，做裂解色谱分析。

仪器上温度控制具有超温保护功能和故障显示功能。柱箱可实现自动九阶程序升温，设计自动后开小门，使得柱箱温控不仅可以既快速又稳定地从高温自动降至低温，而且可以实现柱箱高于室温8℃左右的近室温控制。宽大容积的柱箱，使色谱柱的安装使用十分方便。仪器配上有关不锈钢或玻璃的填充柱及各种柔性石英毛细柱，可对沸点在450℃以下的复杂混合物进行高精度的定性定量分析。GDC-9560A油色谱分析仪广泛应用于石油、化工、冶金、电力、环保、食品、医药、卫生等领域。

二、技术特性

控温范围：室温以上7~400℃（增量1℃）

程序升温阶数：九阶

程序升温速率：0.1~40℃/min（增量0.1℃）

检测器温度：室温30~400℃

进样器温度：室温30~400℃

FID

检测限：$\leqslant 5 \times 10^{-12}$ g/s（正十六烷）

稳定时间：<20min

TCD

敏感度：$\geqslant 10\ 000$ mV·mL/mg（正十六烷）

基线噪声：$\leqslant 30 \mu V$（载气为99.999的氢气）

三、仪器结构及主要部件

GDC-9560A电力系统专用油色谱分析仪是整体式机型。如图5-10所示，整机结构由两大部分组成，嵌在一块大底板架上，左侧部分是柱箱，上面装有汽化室（进样系统）和检测器；右侧上部分是气路控制系统，包括进气/排气接头、稳压阀、稳流阀、调节阀、开关阀、压力表等部件；右侧下部分是微机控制系统，包括微机控制主电路板、检测器电路板、按键显示电路板、变压器等部件。

图5-10 GDC-9560A
油色谱分析仪

1. 柱箱

柱箱具有容积大、升温快、降温快、温度场均匀的特点。柱箱内胆尺寸为宽280mm×深185mm×高300mm。柱箱加热功率为1500W，柱箱加热器和风叶的左方设计冷、热两个风道，由步进电机同步控制冷热风道的开启或关闭角度，在微机系统的控制下，有效地进行高精度温度控制和自动高速降温，并能实现室温以上8℃的近室温控制。柱箱加热器应用高绝缘、高强度的高频陶瓷，耐高温、耐高压，安全可靠，柱箱通过微机控制具有超温保护功能。柱箱搅拌空气用低噪声电机。

2. 气路控制系统

本仪器的气路控制系统设置在整机的左边机架单元中，包括载气流路、氢气流路和空气流路。

3. 进样系统

本仪器具有填充柱进样器和毛细柱进样器两种进样器，用户可根据需要灵活选用。进样系统国内通常称为汽化室，分析液体样品时，需将液样变成蒸气，汽化室是给液体样品加热汽化并送入色谱柱分离系统的装置。仪器具有三进样器系统，可以在任何位置安装所需要的进样系统。三个进样器系统安装在同一个加热系统上，同时加热，有两只 70W 内热式加热器加热，用铂电阻控温和测温。

4. 色谱柱

色谱柱是做色谱分析的核心部分，用于分离被分析样品中的各种组分。色谱柱有填充柱和毛细柱两大类型。填充柱柱管的材质常用不锈钢和玻璃两种，当有腐蚀性组分的分析时，可采用聚四氟乙烯管。填充柱内径一般为 2～4mm，内径 2mm 的柱效较高，而内径 4mm 的柱容量较大。柱外径一般为 3mm 和 5mm 两种，本仪器配有各种柱接头，外径 3mm 和 5mm 的柱管都可装接使用。

5. 检测器

仪器配有（FID）和热导检测器（TCD）检测器。该仪器热导池装有选配的四个热导元件，元件 1（R1）和元件 3（R3）处在同一气路中，元件 2（R2）和元件 4（R4）处在另一气路中，工作时必须两路同时通载气，一路进样测量时，另一路就作为参比。使用热导池做毛细管色谱分析时，一路装接毛细柱，另一路也必须同时装接一根填充柱或空柱，两路必须同时通载气。

6. 微机控制系统

本仪器的微机控制部分采用 8051 系列单片机作为控制核心，具有结构简单、控制功能强、稳定、可靠的特点，主要部分由主机板、液晶显示控制板、FID 控制板、TCD 控制板等构成。

7. 控制面板

控制面板由液晶显示和按键组成，操作人员通过按键操作，向微机控制系统发出控制命令或输入控制参数，通过液晶显示，可以了解微机控制系统的工作状况和各种工作参数。

四、仪器的安装和调试

（一）色谱柱的安装

1. 金属柱

本仪器使用柱头进样方式，所以相配套的 3mm 不锈钢色谱柱要求符合柱头进样方式，进样口要留出 70mm 的空间，以保证柱头进样方式的实现。将柱子装入进样器，一直伸到顶部，然后放入下引针器，放平，然后将填充柱向下拉 2mm 即可。若是 3mm 的柱，柱子上的螺母只需要用手拧紧再加 1.5 圈即可；若是 6mm 的柱子，用手拧紧后，再拧 3/4 圈即可。如果有转接头，用两把扳子对起来，一把拧柱子上的螺母，另一把拧转接头，以防止拧柱上螺母时接头转动。

2. 6mm 玻璃柱

因为 6mm 玻璃柱是刚性的，所以必须同时装进进样器和检测器里，其安装程序在柱两端是相同的。

玻璃柱可选用密封垫圈，也可选用 O 形圈来密封，石墨衬套适合于大多数用途，O 形圈仅适用低温操作。在柱子进端必须留出足够的空间，以防插入的针头接触玻璃毛堵头或柱填料（至少留出 70mm）。

在检测器的末端，至少留出 20mm 空间，以防喷嘴的下端碰到填料或玻璃毛堵头。把螺母和密封圈（或 O 形圈）放在柱子上。如果需要，在螺母的前面可以外加一只 O 形圈，这样可以保护柱子，以防螺母掉进柱子的盘管部分。把柱插进进样器和检测器，尽可能插到底，可以从柱子比较长的一端以较小的角度开始，将柱插入。把柱子拉出 1～2mm，用手拧紧柱上的两个螺母。

3. 毛细管柱的安装方法

（1）毛细管柱的准备。一般来说，开口毛细管柱有三种型号：熔融硅、玻璃和金属。各种柱子在安装之前都必须做好准备工作，然后按不同进样器和检测器，采用不同的安装方法。对于硅毛细柱，硅柱本来就是直的，所以不必再拉直。但是柱尾要新鲜，无毛边，边缘不粗糙，而且柱内没有密封圈、O 形密封圈或固定相上掉下来的渣子。

安装柱子前，进样器和检测器应做好安装毛细管的准备工作，例如已安装合适的衬套、内衬管和（或）接头。

（2）与检测器连接。柱子安装到进样器上，即可与检测器进行连接。具体的安装方法取决于所使用的检测器。下面介绍使用 FID 的情况：安装毛细管柱前，确认检测器中毛细柱喷嘴已装好；同上述方法往色谱柱上装上螺母和密封垫圈并准备一个新柱尾；笔直地将装有螺母和密封垫圈的柱子轻轻地插入检测器中；尽量插到离喷嘴口大约 1mm 处，用手拧紧螺母，然后再用合适的扳手拧 1 圈。

（3）检漏。色谱柱装好后，需要进行检漏，以确认柱子的连接处是否密封。

在室温和柱箱温度下对柱子螺母的安装情况进行试漏，在操作温度下，对各进样器和检测器试漏。若有必要，就再拧紧固定件，拧紧到不漏即可。

（二）仪器调试

仪器正确安装后，按以下步骤调试仪器，确认仪器处于良好的状态。

1. 开机程序

（1）首先打开氮气钢瓶总阀门、调节减压阀压力为 0.3～0.4MPa。调节柱前压约为 0.04MPa。

（2）打开分析仪后侧的电源开关，当屏幕上显示出主画面后，即可设置测试参数（柱温、进样器温度、检测器温度等）。设定柱温时，一定要注意柱子的最高使用温度。

（3）当温度达到设定温度时，开空气、氢气。打开空气、氢气钢瓶总阀门，调节减压阀压力为 0.3～0.4MPa。

（4）打开仪器面板上空气、氢气针形阀开关。

（5）用点火器点火。注意将氢气针形阀开至 5 圈以上来点火，火点着后调回 4 圈。为防止积水，当检测器温度大于 150℃ 且检测器外侧有少许发热后才可以点火；火点着后，检测器上方有水汽，信号显示有激流产生。

（6）打开工作站，查看基线。稳定大约 30min，待温度达到设定温度后，基线也稳定时，即可测定。

2. 测试条件的设定

色谱条件的设定要根据不同化合物的不同性质选择柱子,一般情况极性化合物选择极性柱,非极性化合物选择非极性柱。色谱柱柱温的确定主要由样品的复杂程度决定,其目的是在最短的时间里使每个化合物的组分完全分离。对于混合物一般采用程序升温法。柱温的设定要同时兼顾高低沸点或溶点化合物。

3. 注意事项

(1) 检测器温度不能低于进样口温度,否则会污染检测器进样口;温度应高于柱温的最高值,同时化合物在此温度下不分解。

(2) 含酸、碱、盐、水、金属离子的化合物不能分析,要经过处理方可。

(3) 进样器所取样品要避免带有气泡,以保证进样重现性。

(4) 取样前用溶剂反复洗针,再用要分析的样品至少洗 2～5 次,以避免样品间的相互干扰。

(5) 需直接进样品时,要将注射器洗净后,将针筒抽干,避免外来杂质的干扰。

4. 关机程序

(1) 关闭氢气、空气钢瓶总阀。

(2) 退出软件,关闭计算机。

(3) 按下退出键,使仪器降温。

(4) 待柱箱温度降至 50℃后,关闭色谱仪开关。

(5) 待氮气吹一段时间 (约 10min),关闭氮气钢瓶总阀。

(三) 进样系统调试

1. 填充柱进样器

填充柱进样器用于金属或玻璃填充柱,液体样品在进样器内部迅速汽化,为了确保液体样品完全汽化,进样器的温度一般应该比最高柱温高 20℃以上。假定柱和内衬管 (如果使用的话可以加内衬管) 安装正确,并且系统无泄漏。

2. 毛细管进样器

(1) 分流进样。分流进样用于主要组分的分析。每一种形式都需要安装特殊的进样器内衬管。需要注意,毛细管分析的性能与所用的内衬管 (和进样方式) 密切相关。所提供的内衬管是"平均的",适用于普通条件,并能很好地操作。但是,对于一些特殊的使用,为使进样器操作最佳化,可以使用用户定做的内衬管。

在使用分流进样时,当使用危险的化学药品和/或 H_2 载气时,从分流出口流出的气体应该排到通风橱或适当的化学捕集器中。由于样品在进样器内部的滞留时间短,技术上却要求样品迅速汽化,因此进样器温度必须足够才能达到这一要求。在分流出口通道上的背压调节阀保持了柱头压力的恒定,通过流量调节器控制的进样器总流量分成两路,一路流入柱子,另一路绕到内衬管的底部,从内衬管外侧和进样器之间流到分流出口。

(2) 不分流进样。对于不分流操作,稀释的样品在进样内衬管汽化,然后大部分样品都吹到柱子里。

为了提高色谱柱效能,汽化的样品必须"重新浓缩"在柱头 (在组分分离以前)。若没有重新浓缩,洗提出来的组分的峰宽反映进样内衬管体积而不是柱效。因为技术上要求在注射期间气体流过进样内衬管再进入柱子,而溶剂蒸气甚至在样品组分"重新浓缩"以后也会遍及进样器并继续进入柱子会造成溶剂拖尾现象。因此在短期时间间隔以后，就要把溶剂蒸气从进样内衬管清扫出去。

3. 温度程序

多级柱箱温度程序是很有益的：在注入时柱箱保持在合适的"冷"温度下以形成重新浓缩的环境；然后，柱箱快速程序升温，较轻的组分通过溶剂效应而得到分离，温度继续上升，但是速度慢一点，较重的组分由冷阱得到分流。

4. 进样

注入的样品体积一般为 $0.5\sim2\mu L$，以单个组分的浓度不使柱子超负荷为准，不使柱子超负荷的最大样品注入量根据柱内径、填料、柱效和组分极性来决定。由于在注射期间通过进样内衬管的气流流向柱子的气体流量减小，因此样品在内衬管的滞留时间比分流进样方式长。可以使用相当低的进样器温度，对于大多数样品，温度在 $150\sim200\text{℃}$ 范围内就可以满足要求。较低的温度也减小了需要汽化的样品的体积，减少了反冲的可能性。

五、仪器操作注意事项

（1）仪器使用时，务必检查微机控制系统机架右下方的 TCD 桥电流钮开关状态，使之处在正确的位置。例如使用 FID 时，开关应放在桥电流断开位置；否则，若在面板按键操作时误按 TCD 桥流按键，就会造成 TCD 热导元件损坏。

（2）热导检测器的操作必须严格遵守热导检测器先通载气后通热导恒流源的操作原则。在长期停机后重新启动操作时，应先通载气 15min 以上，然后检测器通电，以保证热导元件不被氧化或烧坏。

（3）各种色谱柱可能会有一些污染物，柱老化的目的是去除挥发性的污染物，以使柱子满足使用要求。由于柱子很容易吸附某些空气中的污染物，所以新填充的柱子必须老化。对于那些使用过并且搁置了一段时间没有用盖帽或塞子保护起来的柱子，同样有必要老化。柱老化对于毛细管而言并不是一个严重问题，因为这种柱子固定相用量少，鉴于同样的理由也需要老化。

（4）使用热导检测器时，必须并联装接双柱，如果采用 TC-4 微型热导池联用毛细柱，则另一路必须也装上柱子或空柱管，这样保证了热导池的两路气室中都通载气。如果只装一根柱子，则不装柱的另一路热导元件就会因不通气而被烧坏。

（5）国内热导检测器广泛采用的载气是氢气，载气通入仪器前应先通过气体净化管，气体净化管内装有分子筛，用来吸除载气中的水分，内装 105 催化剂，用来吸除载气中的氧，除去水分和氧是为了保护色谱柱和检测器，延长使用寿命。所以，气体净化管内的吸附剂必须定期活化处理，以保持净化效果。

（6）用平面六通阀做气体进样阀时，取样的气体流量和压力每次要保持重复一致，才能保证分析的重复性。平面六通阀旋转时只能放置在两端位置而不能放在中间，若放在中间位置，将会导致载气被切断不通，从而会造成热导元件损坏。

（7）色谱柱连接用密封圈可根据不同使用温度采用不同材料。一般在 200℃ 以下可采用硅橡胶圈，$200\sim250\text{℃}$ 时可采用聚四氟乙烯圈，250℃ 以上可采用紫铜圈或柔性石墨圈。

（8）FID 联用标准小口径毛细柱时，毛细柱可插入 FID 石英喷嘴内孔，柱端面略低于喷嘴口 $1\sim2mm$，这样可保证最佳柱效。

（9）开机使用 FID 时，必须先通载气、空气，再开温度控制，待检测器温度超过 100℃

时才能通氢气点火。

（10）FID 系统停机时，必须先关氢气熄火，然后关闭温度控制，当柱温降下后再关载气和空气。如果开机时在 FID 温度低于 100℃时就通氢气点火，或关机时不先熄火就降温，容易造成 FID 收集极积水而使放大器输入级绝缘下降，致使基线不稳。

（11）为了保证 FID 在高灵敏度下使用时基线稳定，应除去气体中的微量 CH（烃类）杂质；色谱柱固定相必须在略低于最高使用温度下充分老化，从而可减少固定液流失，减小固定液中溶剂残留量对基线的影响；高温使用汽化室时，进样器的硅橡胶垫必须事先高温老化处理并开启隔膜清扫气路。

（12）仪器在关机时，先降柱温然后关断载气气源。

复习思考题

5-1 什么是色谱分析法？

5-2 解释下列名词：固定相、流动相、基线、色谱峰、保留时间、保留体积、死时间、分配系数、检测限、噪声、纸色谱、柱色谱、热导池检测器、氢火焰离子化检测器。

5-3 色谱分析法有哪些分类？

5-4 简述塔板理论和速率理论的含义。

5-5 色谱定性分析是如何实现的？

5-6 什么是归一化法？

5-7 色谱的定量分析方法有哪些？

5-8 气相色谱法有哪些特点？

5-9 如何选择固定液？

5-10 载气对气相色谱分离有哪些影响？

5-11 如何选择柱温？

5-12 进样过程中需要注意什么？

5-13 简述气相色谱仪的组成，并说明各部分作用。

5-14 简述载气钢瓶的使用和注意事项。

5-15 简述 GDC-9560A 油色谱分析仪的组成与使用方法。

第 六 章

电厂化学自动控制系统

第一节　电厂化学自动控制概述

一、电厂化学自动控制发展概况

国外电厂化学自动控制系统是从 20 世纪 50 年代后期发展起来的，由于大机组发展的需要，相关技术进步很快。20 世纪 60 年代中期以后，美、英、法、日等国在化学除盐系统上基本上实现了比较完善的集中控制。我国电厂水处理自动化是从 1966 年开始的，引进了当时国外先进水平的水处理设备及自动化装置，对推动我国水处理自动化水平的提高起到了很大的作用。

自 20 世纪 70 年代后期开始，国内大型机组的水处理设备基本上采用了自动化装置，发展至今，大致经历了机电式、继电器式、晶体管和小规模集成电路等逻辑电子元件式、可编程控制器（PLC）式等几个不同的发展阶段。20 世纪 90 年代的 PLC 增加了 PID 调节功能，并且出现了 PLC 控制方式的 DCS。但 PLC 的黄金时代即将过去，它已受到了 EIC（电控、仪控与计算机的集成化）、EI 集成化产品以及 PC 机技术的严峻挑战。

二、电厂化学自动控制的任务和要求

电厂化学自动控制任务内容很多，涉及的学科领域较复杂，如下所示：

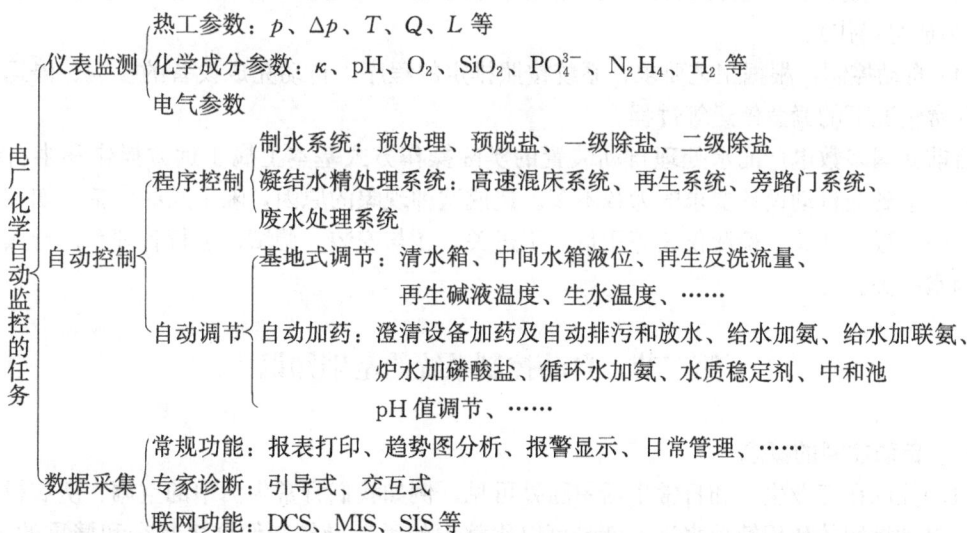

电厂化学自动监控的任务
- 仪表监测
  - 热工参数：p、Δp、T、Q、L 等
  - 化学成分参数：κ、pH、O_2、SiO_2、PO_4^{3-}、N_2H_4、H_2 等
  - 电气参数
- 自动控制
  - 程序控制
    - 制水系统：预处理、预脱盐、一级除盐、二级除盐
    - 凝结水精处理系统：高速混床系统、再生系统、旁路门系统、废水处理系统
  - 自动调节
    - 基地式调节：清水箱、中间水箱液位、再生反洗流量、再生碱液温度、生水温度、……
    - 自动加药：澄清设备加药及自动排污和放水、给水加氨、给水加联氨、炉水加磷酸盐、循环水加氨、水质稳定剂、中和池 pH 值调节、……
- 数据采集
  - 常规功能：报表打印、趋势图分析、报警显示、日常管理、……
  - 专家诊断：引导式、交互式
  - 联网功能：DCS、MIS、SIS 等

随着我国电力工业的飞速发展，新建电厂或老电厂的更新改造已向电力系统各专业人员的技术水平和管理水平提出了更高的要求。如何对机组进行科学管理，如何提高运行人员处理故障的水平，如何减小劳动强度，这些问题同样也是化学专业人员所关注的。为了提高给水质量和加强热力系统汽水品质的监督，在电厂化学工作中普及和推广应用自动化技术已是一项迫切的任务。这不但需要热工自动化仪表和控制专业人员的相互配合，而且也需要化学

水处理专业人员、设备维护与管理人员的相互配合，因而各类专业人员都要掌握电厂化学自动控制方面的必要知识。

三、电厂化学自动控制水平和控制模式

1. 控制水平

目前，在我国即使是自动化水平较高的电厂，其电厂化学专业各个系统基本上都是分散管理，不能集中监测和控制。而新建电厂或新近进行的老厂改造，大多采取了下位机分散式测量和控制、上位机集中监视和管理的硬件结构，构成仪表型、PLC 型和 PC 型的 DCS 模式，即操作集中、危险分散。随着通信技术的发展，DCS、PLC、PCCS（PC 控制系统）相互渗透、融合，进一步趋向于系统的数字化、模块化和网络化。

2. 控制模式

就目前国内的情况来看，已投运的水处理程控装置的控制模式有计算机控制（机控）和就地控制（硬手操）两种状态。机控和就地控制的选择取决于就地电磁阀箱及泵、风机电气控制柜（或 MCC 柜）的转换开关。当在就地控制状态时，只能就地手操（就地控制方式，设备间不连锁，上位机上仅能显示设备的运行状态）；当在机控状态时，只能机控操作。

机控操作是由上位机对 PLC 发出指令，PLC 通过控制电磁阀及泵、风机实现对现场设备的控制。操作方式大体分为以下四类：

（1）就地手操（即就地硬手操）：多采用气动隔膜阀，由切换阀就地操作气动隔膜阀的开与关，或通过就地控制柜面板的按钮操作。

（2）远方操作：通过现场电磁阀柜或电气控制柜，操作阀门的开与关、泵（风机）的启与停（称为远方硬手操）；或利用上位机工作站手动操作被控设备（称为远方软手操）。

（3）半自动操作：运行人员按照预先设计好的程序，在上位机工作站发出分步控制指令（又称为成组操作）。

（4）自动控制：根据工艺要求，系统按照排定的程序，自动完成设备的投运、停运、再生及异常情况下的紧急停运等过程。

目前我国多数电厂的水处理自动装置的实际操作方式基本上属于远方操作和半自动操作，真正达到全自动设计要求的为数不多。造成这种现象的原因，除了某些设备（如控制装置、阀门、限位开关、检测仪表等质量）不过关，还与安装、调试、运行管理和运行人员素质等因素有关。

第二节　自动控制系统的基础知识

一、自动控制的概念

自动控制在工业生产和日常生活中随处可见，例如我们日常生活中的空调、洗衣机、电梯等。自动控制的作用简单来讲，就是可以代替人的手工操作来做许多复杂和繁重的工作，这也是讨论自动控制的意义所在。

在工业生产中，生产设备必须保证产品满足一定的数量和质量要求，同时也要保证生产设备的安全性和经济性。因此，要求生产设备必须在规定的工况下运行。而生产过程是否正常进行，通常是用一些物理量来表征的，例如汽轮发电机的转速、振动、轴向位移、缸胀、胀差、轴瓦温度等，锅炉的汽包水位、蒸汽温度、蒸汽压力、蒸汽流量、给水流量、炉膛负

压、送风量、引风量、烟气成分等参数。当这些物理量偏离所希望的数值时，就表示生产过程离开了规定或正常工况，必须加以控制。因此，自动控制的任务就是使表征生产过程是否正常进行的物理量维持在希望的数值上。

　　自动控制是在人工控制的基础上产生和发展起来的，因此在介绍自动控制的时候，首先和人工控制做比较。锅炉汽包水位的控制过程如图 6-1 所示，给水经过给水调节机构改变其流量的大小，再经省煤器加热后进入汽包，用以调节汽包水位 h。为了使水位保持在要求的数值 h_0 或在规定的范围内变化，需要在汽包上设置一个水位计，操作人员根据水位计的指示，不断调整调节机构，控制进入汽包的给水流量 W，从而使水位 h 维持在规定的范围内。归纳起来，操作人员所进行的工作是：①用眼睛观察水位计的指示值；②用大脑思考，将汽包水位的指示值与汽包水位要求的数值进行比较，得出两者的差值；③当汽包水位高于要求的数值时，用手调小给水调节机构，反之则调大给水调节机构，而给水调节机构的调整幅度与差值的大小有关。将以上三步工作不断重复下去，直到水位计指示值回到要求的数值上，这就是人工控制的过程，如图 6-1（a）所示。

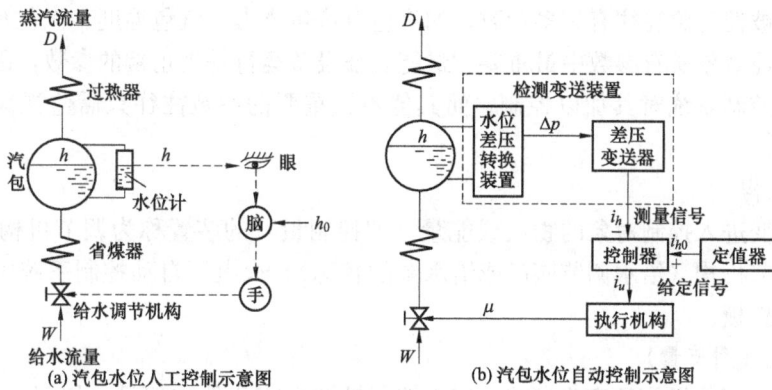

图 6-1　锅炉汽包水位的控制过程

　　如果用一整套自动控制装置来代替操作人员的工作，使生产过程不需要操作人员的直接参与而能自动执行调节任务，就是自动控制，如图 6-1（b）所示。图中检测变送装置（相当于人的眼睛）用来测量实际水位 h 的大小，并把水位信号转变成与之成正比、便于远距离传输的统一电信号 i_h（电流或电压）送入控制器；控制器（相当于人的大脑）接受测量信号 i_h，并把它与水位的希望值 i_{h0}（由给定单元给出）进行比较，当二者有偏差时，控制器发出控制指令信号 i_u 给执行机构；执行机构（相当于人的手）根据控制器送来的控制指令信号 i_u 去调整给水调节机构。以上过程不断重复，直到水位 h 达到希望的数值 h_0（控制器的入口偏差为 0），即自动控制系统达到一个新的平衡状态，调节过程结束。

　　从人工控制与自动控制的对比中可以看出，人工控制中用眼睛、大脑、手分别完成观测、比较判断和调节的任务，自动控制中则用检测变送装置、控制器、执行机构来完成，也就是说用一整套自动控制仪表来代替人的操作。在人工控制中，人是凭经验支配双手操作的，其效果在很大程度上取决于人的经验；而在自动控制中，控制器是根据偏差信号，按一定的控制规律计算得出控制指令，进而去驱动调节机构的，其效果在很大程度上取决于控制器的控制规律选用的是否恰当。

二、自动控制系统的常用术语

通过上述实例可以概括出自动控制中的一些常用术语。

1. 被控量（被调量）

被控量是表征生产过程是否正常运行并需要加以调节的物理量，如图 6-1 中的汽包水位 h。

2. 给定值

按照生产过程的要求被控量所必须维持的目标值或希望值，也称为设定值或定值。如图 6-1 所示的汽包水位 h_0。在许多情况下给定值是不变的，如正常运行时锅炉的汽包水位、炉膛负压、汽轮机的转速等，但在有些情况下给定值是变化的，如汽轮机启动和停机过程中转速的给定值就应不断变化。

3. 被控对象（控制对象）

被控对象是指被控制的生产设备或生产过程。如图 6-1 所示的汽包。需要注意的是，生产过程中的被控对象往往有许多参数，如汽包有汽包压力、汽包温度、汽包水位等，而被控量往往是被控对象所有参数中最重要、最能表征设备运行是否正常的参数，因此被控量需要人工或自动控制系统对其加以控制，而其他不太重要的参数往往只需监视保证其不超限即可。

4. 调节机构

可用来改变进入控制对象的物质或能量（即控制量）的装置称为调节机构。如图 6-1 所示的给水调节机构（给水调节阀门或给水泵的转速）。火电厂自动控制系统中的调节机构多数是阀门或挡板。

5. 控制量（调节量）

控制量是由调节机构开度改变的、用来控制被调量变化的物理量。如图 6-1 所示的给水流量 W。

6. 扰动（干扰）

引起被控量偏离给定值的各种原因称为扰动。如果扰动不包含在控制系统内部（如图 6-1 中的蒸汽流量 D），称为外扰；如果扰动发生在控制系统内部，称为内扰（如图 6-1 中的给水流量 W）。另外，由调节机构开度变化造成的扰动，称为基本扰动；变更给定值引起的扰动，称为定值扰动。

7. 自动控制系统

由自动控制装置和控制对象通过信号的互相传递联系起来，就构成了自动控制系统。

用上述术语来表述，自动控制的过程就是根据被调量偏离给定值的情况，适当地调整调节机构，改变控制量，最后抵消扰动的影响，使被控量重新恢复到给定值的过程。

三、自动控制系统的组成和工作原理

自动控制系统的结构和工作原理可以用图 6-2 来描述。

由图 6-2 可以看出，一个自动控制系统是由以下几部分组成的：

（1）被控对象（控制对象）。被控制的生产设备或生产过程。

（2）测量变送器（检测变送器）。测量被控量的实际值，并把它转变成与被控量的实际

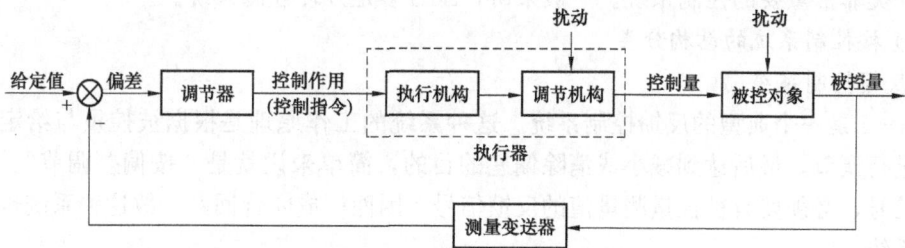

图 6-2 自动控制系统的结构和工作原理

值成正比的、便于远距离传输的统一电信号（如 4~20mA DC）。

（3）调节器（控制器）。将代表被控量实际值的电信号和给定值信号做比较，产生一个偏差信号，并按照一定的控制规律对此偏差信号进行运算，输出一个控制指令信号给执行器。

（4）执行器。执行器包括执行机构和调节机构，其中执行机构接收调节器送来的控制指令信号（如 4~20mA DC），用于驱动调节机构改变控制量，对被控量进行调节。需要说明的是，由于自动控制的普及，现在的执行机构和调节机构往往是一体的，称为执行器。执行器的操作方式有自动和手动之分，自动是指在主控制实现阀门开度的远程控制，手动则是通过执行机构来改变调节机构（阀门或挡板）的开度或通过手摇的方式来实现。

自动控制系统的工作原理（工作过程）可以描述为：控制系统原来处于平衡状态（即被控量等于给定值，调节器输入偏差为零、输出不变，执行机构和调节机构无动作），当受到扰动的影响使被控量偏离给定值，此时被控量的实际值被测量变送器检测并传送给调节器，调节器根据被控量的实测信号与给定信号之间的偏差，按照预先设定好的控制规律对此偏差信号进行运算，产生一个控制指令信号给执行机构，用以驱动调节机构改变控制量，对被控量不断地进行调节，直到控制系统重新恢复到一个新的平衡状态。

四、自动控制系统的分类

从不同的角度，可以将自动控制系统分成以下不同的类别。

（一）按系统内传递的信号形式分类

1. 模拟量控制系统（MCS）

控制系统内部传递的主要信号是模拟量信号（连续信号）。如汽包水位控制系统中，液位计检测到的汽包水位信号和变送器转换成的标准 4~20mA DC 信号都是模拟量信号，执行机构的输入一般也是 4~20mA DC 信号，它输出给调节机构的线性位移或 0~90°角位移信号也是模拟量信号。需要说明的是，目前大型的自动控制系统都是由计算机控制的（如火电厂的分散控制系统），由于计算机只能处理离散数据（数字量信号），因此进入计算机的模拟量信号需要进行模数转换（A/D），计算机输出的数字量信号需要进行数模转换（D/A）。一般来讲，MCS 大多数是闭环负反馈控制系统，这样才能达到很好的控制效果。

2. 开关量控制系统（SCS）

SCS 也称为顺序控制系统、程序控制系统。顺序控制系统处理的是开关量信号（数字量信号），它只与设备的开、关、启、停等状态有关，相对应的是开关量数据 0 或 1，数据之间一般进行逻辑运算（与、或、非、延时等）。在火电厂中，这类控制系统主要应用于机组启、停和正常运行时各类设备的报警、保护和顺序控制等，可以承担复杂而繁重的控制任务，是一类非常重要的控制系统。一般来讲，SCS多是开环控制系统。

（二）按控制系统的结构分类

1. 反馈控制系统

图6-2是一个典型的反馈控制系统。这种系统的工作原理是根据被控量与给定值之间的偏差进行调节，最后达到减小或消除偏差的目的，简单来说就是"按偏差调节"。为了取得偏差信号，必须要有被控量测量值的反馈信号，因而构成闭合回路，故这种系统也称为闭环控制系统。

反馈控制具有如下特点：一是按偏差调节，由于需要反复调节，因此调节过程时间较长，但可以克服各种扰动；二是闭环系统需要进行稳定性分析；三是由于存在被控量的反馈，所以调节的精度是可测的，反馈控制可以消除被控量的稳态偏差。

2. 前馈控制系统

图6-3所示为前馈控制系统的一种典型的构成方式。这种系统的工作原理是根据扰动信号进行调节的，即利用扰动信号和前馈调节器（补偿器）产生的调节作用去补偿（抵消）扰动对被控量的影响，简单来说就是"按扰动调节"或"按扰动补偿"。

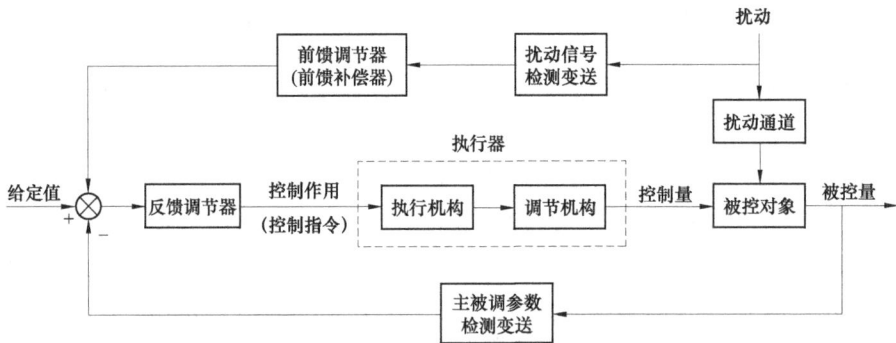

图6-3　前馈控制系统的构成（前馈-反馈复合控制系统）

前馈控制系统的补偿原理如图6-4所示。干扰 λ 利用扰动通道 $G_1(s)$ 影响被控量，而前馈调节通道 $G_2(s)$ 在干扰出现的同时就产生调节（补偿）作用 y_2，并利用反馈调节通道 $G_3(s)$ 去抵消干扰对被控量的影响。如果完全抵消，即理想情况下 $y_\lambda = y_1 + y_3 = 0$，则完全消除了干扰对被控量的影响，被控量就可保持不变。

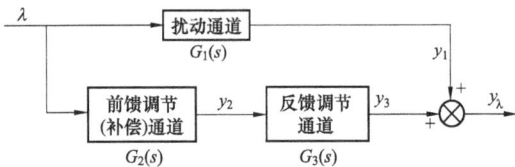

图6-4　前馈控制系统的补偿原理

由 $y_1 + y_3 = 0 \Rightarrow \lambda \cdot G_1(s) + \lambda \cdot G_2(s) \cdot G_3(s) = 0 \Rightarrow G_2(s) = -G_1(s)/G_3(s)$ 可知，只要将前馈调节通道的传递函数设置为 $-G_1(s)/G_3(s)$，理论上即可实现完全补偿。

在图6-4所示的前馈控制系统中，没有被控量或其他的反馈信号，因此系统是不闭合的，称为开环控制系统。

前馈控制具有如下特点：一是按扰动调节，其调节作用快于按偏差进行的反馈调节，这就可以在第一时间克服扰动，及时抑制被控量的变化，因此调节过程时间短，但是只能针对某一种扰动进行克服；二是属于开环系统就不存在稳定性分析问题；三是由于不存在被控量的反馈，所以调节的精确度是不可测的（难以得到静态偏差的具体数值），这种控制系统实际上不能单独使用。

图6-5所示为前馈控制系统的另一种常见的构成方式，将前馈作用引入到反馈调节器的输出端而不是输入端。由于前馈作用不经过反馈调节器，使前馈和反馈调节器的参数整定相对独立，因此这种构成方式在实际系统中应用较多。

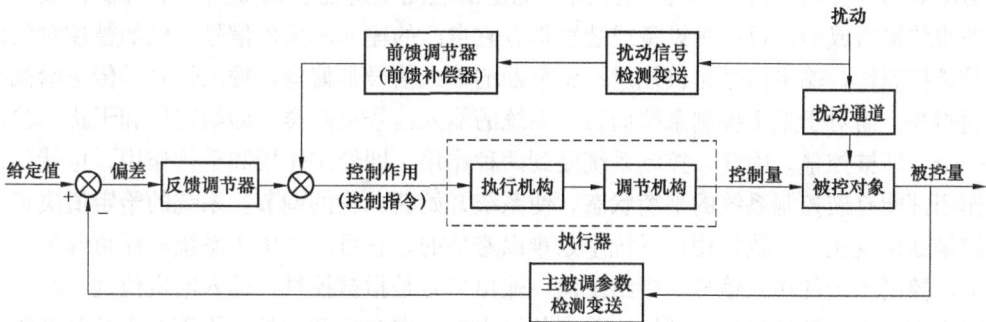

图6-5　前馈控制系统的另一种构成方式

3. 前馈-反馈复合控制系统

在反馈控制的基础上加入前馈控制，就构成前馈-反馈复合控制系统，如图6-3和图6-5所示。将经常发生且可测的主要扰动作为前馈信号，由于前馈信号快于被控量的偏差信号，故可以进行"立即"调节，及时克服主要扰动对被控量的影响。利用反馈控制来克服其他扰动，使系统的被控量在稳态时能精确等于给定值。在前馈-反馈复合控制系统中，往往把前馈控制称为"粗调"，反馈控制称为"细调"。由于它充分利用了前馈控制与反馈控制的优点，大大提高了控制质量，因此是目前广泛应用的一类控制方案。

除了快速抵消主要干扰的影响外，前馈控制还有另一种作用，即加快系统对前馈信号的动态响应速度，使系统的被调参数随着前馈信号快速变化，这样也可以达到及时克服某一干扰的目的，此时系统通常采用图6-5所示的连接方式。

（三）按给定值的特点分类

生产过程不同，被控量所应保持的希望数值也不同，可以分为三种情况。

1. 定值控制系统

这种系统的给定值保持恒定，或在某一很小的范围内变化。定值控制系统是热工过程自动控制中广泛应用的控制系统，例如锅炉汽包水位控制、炉膛负压控制等。

2. 程序控制系统

这种系统的给定值是预先设定的时间函数，其变化规律是预先可知的。例如，在汽轮机的自启动过程中，预先拟定转速的给定值随时间的变化规律，要求汽轮机的实际转速按预先拟定的这个给定值变化。

3. 随动控制系统

这种系统的给定值是按预先无法确定的一些随机因素变化的（变化规律事先未知），因而要求其被控量以一定精度跟随给定值变化。例如，在锅炉滑压运行时，主蒸汽压力的给定值随外界负荷而变化，其变化规律是未知的，要求实际的主蒸汽压力紧紧跟随其给定值的变化而变化。随动控制系统在火电厂热工控制中的应用日益增多，特别是在参与调峰调频的大型单元机组中得到了广泛应用。

此外，自动控制系统还有其他的分类方法，例如按照控制系统闭合回路的数目，可以分为单回路控制系统和多回路控制系统等，此处不再赘述。

五、过渡过程的概念和基本形式

1. 自动控制系统的输入和输出

由图 6-2 可以看出，一个自动控制系统是由检测变送器、调节器、执行器、被控对象等设备或装置组成的，每一种设备或装置都有它自己的输入和输出信号，例如被控对象的输入信号是控制量，输出信号是被控量；调节器的输入信号是偏差，输出信号是传送给执行器的控制指令。而对于整个控制系统而言，系统的输入信号有两类，即给定值和干扰，输出信号有一个，即被控量。因此，控制系统受到两种作用，即给定作用和干扰作用，也就是说这两种作用都能打破控制系统的平衡状态，使系统开始新一轮的调节。系统的给定值决定了系统被控量如何变化，干扰作用在系统中是难以避免的，它可以产生于系统的任意部位。一般情况下，控制系统的输入信号是指给定值，输出信号是指被控量，输入给定值这一端称为系统的输入端，输出被控量这一端称为系统的输出端。需要注意的是，不管对于控制系统的某一组成部分还是对于整个系统，输入信号都是引起输出信号发生变化的原因。一般来讲，若输入信号不变，输出是不会发生变化的，它们之间是有信号的传递关系的。

2. 输入信号的形式

自动控制系统要克服的干扰多种多样，一般来说变化缓慢的干扰总是比变化突然的干扰更容易克服。我们常把一种突然从一个数值变化到另一个数值，而且一经加上就持续下去不再消除的扰动称为阶跃扰动。除了阶跃扰动外，控制系统还需要克服斜坡扰动、脉冲扰动、正弦波扰动等，如图 6-6 所示。在所有的扰动形式中，一般阶跃扰动是最不利和最难克服的，如果一个控制系统能很好地克服阶跃扰动，那么对于其他形式的扰动也就不难克服，因此常把系统对阶跃扰动的反应（称为阶跃响应）作为判断系统抗干扰能力好坏的标准。阶跃扰动也是一种最典型、最常出现的扰动形式，不管是在实验室还是生产现场，常把阶跃扰动作为研究控制系统调节品质的标准输入信号。换言之，一个控制系统的调节品质，可用控制系统在受到阶跃输入作用后（可以是阶跃干扰作用或阶跃给定作用），被控量在调节过程中的变化曲线来分析。

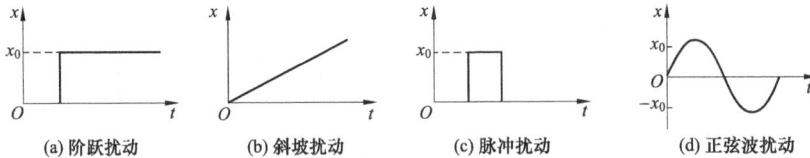

图 6-6 各种形式的扰动信号

3. 自动控制系统的静态、动态和过渡过程

如前所述，自动控制系统有两种输入：给定值和干扰。当这两种输入作用恒定不变时，整个系统若能建立平衡，此时，系统中的各个环节都将暂时不动作，即各个环节的输出都处于静止状态，这种状态称为静态，即前面所说的平衡状态。当然，静态时，系统内的物料量

和能量还在流动，各环节的输入和输出信号还存在，只是它们暂时不发生变化。

当系统的给定值或干扰输入发生变化时，系统的平衡状态被破坏，开始新一轮的调节。从输入发生变化开始，经过调节，系统重新建立平衡，在这段时间中整个系统的各个环节和参数都处于变动状态之中，称为动态。当然，动态是绝对的，静态是相对的。一般规定，当被控量的变化处于某一较小范围时，就认为动态过程结束了。

系统的过渡过程即整个动态变化过程，也称为调节过程。

4. 过渡过程的基本形式

过渡过程的几种基本形式见图 6-7。需要说明的是，阶跃信号是系统的输入信号（给定值输入或干扰输入），纵坐标用 x 来表示，见图 6-7 (a)；其他几个是系统在阶跃输入作用下的输出曲线，即被控量的阶跃响应曲线，纵坐标用 y 来表示。自动控制系统的过渡过程曲线可能出现的这几种形式，是由整个闭环负反馈系统的各个组成部分共同作用实现的。

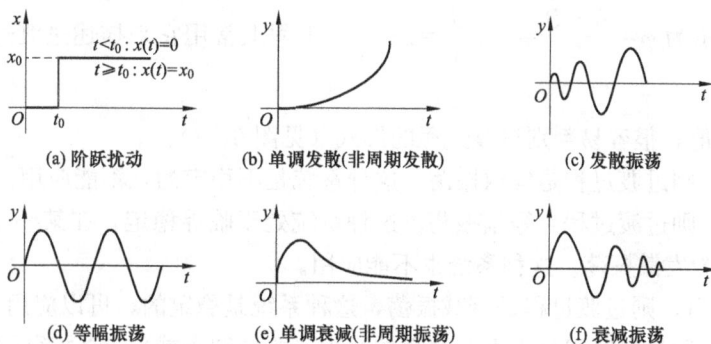

图 6-7　几种形式的过渡过程曲线

（1）稳定的过渡过程：自动控制系统受到扰动后，经过调节能够达到新的平衡状态，即被控量能够达到新的稳定数值，如非周期振荡、衰减振荡。

（2）不稳定的过渡过程：自动控制系统受到扰动后，被控量是振荡的，不能够恢复到一个新的平衡状态，如单调发散、发散振荡、等幅振荡。

大多数情况下，希望控制系统的过渡过程曲线是衰减振荡的形式。

六、自动控制系统的性能指标（品质指标）

自动控制系统的性能指标是用来衡量系统工作品质优劣和调节效果好坏的标准，也表征了控制系统克服外来干扰的能力，对控制系统的分析和整定起着非常重要的作用。

对于定值控制系统，突出的控制要求是克服扰动的性能，即扰动发生后，被控量能稳定、准确、快速地恢复到给定值；对于随动控制系统，突出的控制要求是跟踪性能，即给定值变化或扰动发生后，被控量能稳定、准确、快速地跟踪新的给定值。总之，自动控制系统的性能指标可以用稳定性、准确性、快速性来概括。

1. 稳定性

稳定性是指控制系统在动态变化过程中振荡的剧烈程度和被控量变化幅值的大小，可以用被控量的最大动态偏差（或超调量）、衰减比（或衰减率）来衡量。图 6-8 为过渡过程的品质指标。

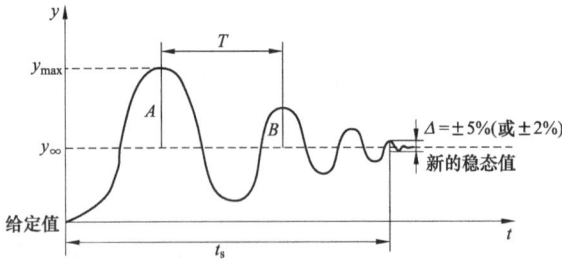

图 6-8　过渡过程的品质指标

（1）最大动态偏差 $y_{\max}$：整个调节过程中被控量偏离给定值的最大暂时偏差。

（2）超调量 σ：第一个波峰幅值 A 与被控量最终新的稳态值 y_∞ 之比，即 $\dfrac{A}{y_\infty} \times 100\%$。在给定值变化的情况下（随动系统），常用超控量指标来表示被控量偏离给定值的最大程度。

（3）衰减比 n：两个同方向的相邻波峰幅值之比 $A:B$，习惯上用 $n:1$ 表示。显然，衰减比表示过渡过程振荡的剧烈程度。

（4）衰减率 φ：是指每经过一个波动周期，被控量振动幅值减少的百分数。如图 6-8 所示，衰减率可表示为 $\varphi = \dfrac{A-B}{A} = 1 - \dfrac{B}{A} = 1 - \dfrac{1}{n}$。工程上常用它来描述过渡过程为衰减振荡时的衰减速度。

根据 φ 的数值，很容易判别过渡过程的形式（见图 6-7）：

1）若 $\varphi < 0$，则过渡过程是发散振荡，这种系统是不稳定的，不能应用。

2）若 $\varphi = 0$，则过渡过程是等幅振荡，这种系统处于临界稳定，在某些不利因素的影响下，它就可能变为发散振荡。这种系统也不能应用。

3）若 $0 < \varphi < 1$，则过渡过程是衰减振荡，这种系统是稳定的，可以应用。

4）若 $\varphi = 1$，则过渡过程是不振荡的衰减过程（非周期衰减），这种系统稳定性高。

不仅如此，在 $0 < \varphi \leqslant 1$ 的范围内，φ 的数值还可表明系统稳定裕量的大小。显然，φ 值越大，系统的稳定裕量就越大，即稳定性越好。对于定值控制系统，一般取 $\varphi = 0.75 \sim 0.9$。

2. 准确性

准确性是指过渡过程结束后被控量是否能精确地等于给定值。衡量系统准确性的指标是系统的稳态偏差。

稳态偏差 $e(\infty)$：控制系统过渡过程结束后，被控量新的稳态值与给定值之间的长期偏差，也称为静态偏差、残差或余差。此值可正可负。对于定值控制系统，稳态偏差越小，控制精确度就越高。但在实际的生产过程中，要求稳态偏差不超过工艺规定的允许范围即可。

有残差的控制系统称为有差控制系统，无残差的控制系统称为无差控制系统。

3. 快速性

快速性是指控制系统过渡过程持续时间的长短。衡量系统快速性的指标有过渡过程时间、振荡周期（或振荡频率）。

（1）过渡过程时间（t_s）。t_s 是指从阶跃扰动发生开始至被控量又达到新的平衡状态为止的时间，又称为调节时间。严格来讲，被控量达到新的稳定状态往往需要很长时间。实际上，由于控制仪表的灵敏度所限，当被控量接近新的稳态值时，指示值就基本不变了。一般规定，当被控量进入新稳态值的±5%或±2%范围而不再超出时，就认为被控量已经达到新的稳态值，过渡过程结束，如图6-8所示。

（2）振荡周期（T）。T为过渡过程曲线上从第一个波峰到同向相邻的波峰之间的时间，如图6-8所示。振荡周期的倒数称为振荡频率。在衰减比相同的条件下，振荡周期与过渡过程时间成正比。

在稳、准、快三个性能指标中，稳定性和快速性是用来描述被控量的动态变化过程的，因此是系统的动态性能指标；准确性是用来描述过渡过程结束后，被控量是否精确地跟踪给定值，因此是系统的稳态性能指标。

需要特别指出的是，控制系统的稳、准、快三个性能指标之间往往是相互矛盾，相互制约的，要求同时满足是很困难的。一般稳定性过高就会影响快速性，使调节过程时间加长；反之，若片面追求快速性，将使系统的稳定性下降，振荡加剧。也就是说，两个动态性能指标往往是互相矛盾的，在实际应用中应根据具体情况综合考虑。一般的原则是，首先满足系统的稳定性要求，再兼顾到准确性和快速性。工业控制系统通常要求调整到衰减率$\varphi=0.75$~0.9，就是在稳定性和准确性之间取了一个较为理想的折中方案。

4. 影响控制系统品质指标的因素

（1）被控对象的特性好坏。

（2）自动化装置的性能好坏。

（3）控制参数的选择和调整。

（4）过程和自动化装置的匹配。

（5）运行过程中自动控制装置的性能和生产过程特性的不稳定性。

自动控制系统是由生产过程的工艺设备对象和自动控制装置两部分组成的。控制系统过渡过程品质指标的优劣，取决于组成系统的各个环节特性，特别是取决于被控对象的特性好坏。此外，自动化装置的性能好坏、参数选择和调整等都影响控制系统质量。如果过程和自动化装置两者配合不当，或在控制系统运行过程中自动化装置的性能和过程特性发生变化时，也会影响系统的控制质量。总之，影响自动控制过渡过程质量的因素是多方面的，只有全面了解和考虑系统各个环节的作用和特性，才能提高控制系统的控制质量，达到预期的控制目标。

第三节　被控对象的动态特性

一、火电厂常见的被控对象

火电厂中，有许多结构不同、内部机理不同的被控对象，如汽轮机、凝汽器、高低压加热器、除氧器、汽包、锅炉燃烧室、过热器、风机、水泵等设备及相关的生产过程。被控对象的输出量是反映该设备是否安全经济运行的热工参数，输入量是该设备或生产过程的流入量、流出量或从旁边流经的物理量。以汽包这个汽水分离装置为例，水位H是反映汽包是否安全经济工作的重要指标，实际运行要保证H稳定，则H就作为汽包这一被控对象的输出量（即汽包锅炉给水控制系统的被控量）；引起H发生变化的原因主要有汽包流入量给水流量W、流出量蒸汽流量D、锅炉燃烧率μ。在这三个参数中，从中选择一个合适的参数作为汽包水位的控制量，如给水流量W，而其他参数对于汽包水位来说就是干扰。火电厂常见被控对象的输入量和输出量见表6-1。

表 6 - 1	火电厂常见被控对象的输入量和输出量	
被控对象	输入量（下划线表示控制量）	输出量（被控量）
汽包	<u>给水流量 W</u>、蒸汽流量 D、锅炉燃烧率 μ	汽包水位 H
过热器	蒸汽流量 D、烟气热量 Q_Y、<u>减温水量 W_j</u>	过热器出口汽温 θ
锅炉燃烧过程	<u>燃料量 B</u>、蒸汽流量 D	主蒸汽压力 p_T
	燃料量 B、<u>送风量 V</u>	烟气含氧量 O_2
	送风量 V、<u>引风量 G</u>	炉膛负压 p_f
汽轮机	<u>蒸汽流量 D</u>、外界负荷需求 P_0	汽轮机转速 n

电厂化学生产过程中常见的被控对象有水箱（软化水箱、清水箱、中间水箱）、加药箱、泵、换热器等。这些被控对象的特性是由生产过程和工艺设备决定的，不同的工艺过程，其被控对象的特性各有不同。有的对象参数很稳定，操作容易；有的对象参数很难控制，只要稍微有干扰，就会超出允许的正常范围，甚至造成事故。因此，必须深入了解被控对象的特性，掌握它的内在规律和特点，才能设计出符合被控对象要求的最优控制方案，选用合适的测量变送仪表、控制器、控制阀及合适的控制参数。了解被控对象的特性，还可以对新设计的工艺设备提出要求，使之满足所需要的动态特性，为设计满意的控制系统创造先决条件。因此，研究对象的动态特性对实现生产过程的自动化具有重要的意义。

二、常见被控对象的动态特性分析

如前所述，被控对象的输入量有控制量和干扰，如图 6 - 9（a）和（b）所示。控制量所在的通道称为控制通道，干扰所在的通道称为干扰通道。对象的动态特性是指输入信号变化时，输出（被调量）随时间变化的规律。输入信号一般是阶跃信号，也就是说对象在阶跃输入作用下的传递函数（或微分方程）。图 6 - 9（c）中，传递函数 $G_{WH}(s)$ 表示 H 随 W 的变化特性，即控制通道的动态特性；$G_{DH}(s)$ 表示 H 随 D 的变化特性，即干扰通道的动态特性。对象的动态特性取决于它内部的物理性质、设备的结构参数和运行条件等，一般情况下是由实验的方法获得，即在对象输入端（图 6 - 9 中的 W 或 D）施加阶跃信号，测量并记录其输出曲线（图 6 - 9 中的 H），根据曲线的形式和坐标数据即可获知汽包水位随不同输入信号变化的动态特性。

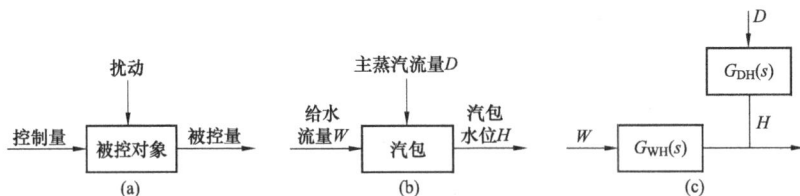

图 6 - 9　被控对象的输入/输出关系（以锅炉汽包为例）

（一）被控对象的分类

生产过程中的被控对象大都比较复杂，为了便于分析它们的动态特性，通常按照下面几种方法进行分类。

1. 依据被控对象的自平衡能力分类

依据被控对象有无自平衡能力，被控对象可以分为有自平衡能力被控对象和无自平衡能力被控对象。

自平衡能力是指对象在受到扰动后，不依赖任何外加的控制作用，仅依靠自身的变化就能使被控量恢复到平衡状态的能力。图 6－10 所示的水箱是一个有自平衡能力的水箱，图 6－11 所示的水箱是一个无自平衡能力的水箱，二者的差别在于水箱的出口。有自衡水箱的出口是一个阀门，在阀门开度不变的情况下，当水位上升，水箱底部所承受的压力增加，导致阀前后的差压增加，出水流量 Q_2 随之变大。也就是说，出水流量和水箱水位的高低是有关系的，并且这种关系是一种互相抑制的关系。而无自衡水箱的出口是一个调速泵，只要泵的转速不变，出水流量 Q_2 始终是一个常数，它和水箱水位是无关的。可自行分析一下若初始状态下 $Q_1^0 = Q_2^0$，水箱水位保持不变，当某一时刻进水调节阀阶跃增大某一开度 $\Delta\mu$，两个水箱的水位变化有什么不同。

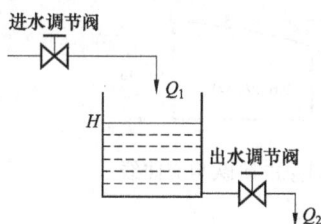

图 6－10 有自平衡能力的水箱对象

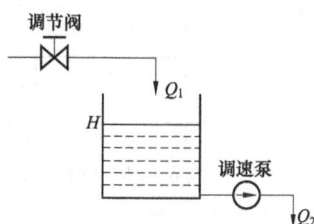

图 6－11 无自平衡能力的水箱对象

对象的自平衡能力用自平衡率 ρ 来表示，ρ 越大，对象的自平衡能力就越强，受到干扰后就越容易恢复到平衡状态；对于无自衡对象 $\rho = 0$。

2. 依据被控对象中储存物质或能量的容积分类

依据被控对象中储存物质或能量的容积多少，被控对象可以分为单容对象和多容对象。图 6－10、图 6－11 所示的均为单容对象。多容对象是指对象包含两个或两个以上储存物质或能量的容积，图 6－12 所示为两个单容水箱构成的多容水箱。

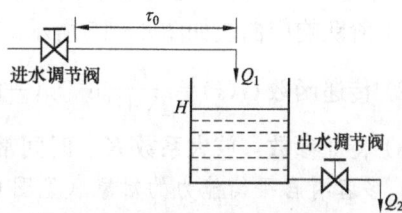

3. 依据被控对象有无迟延分类

依据被控对象有无迟延，被控对象可以分为有迟延对象和无迟延对象。对象的迟延用迟延时间 τ 来表示，迟延又分为纯迟延和容积迟延。纯迟延用 τ_0 来表示，是指由于信号的传递滞后所产生的迟延，因此又称为传递迟延，如图 6－13 所示。图 6－13 中从进水调节阀开度变化到进水流量 Q_1 变化所用的时间间隔即为纯迟延时间 τ_0。容积迟延用 τ_c 来表示，是指在多容对象中，由于容积增多而产生的容积滞后，如图 6－12 所示。图 6－12 中主水箱的水位 H 变化比较缓慢，是由于进水调节阀开度

图 6－12 两个单容水和构成的多容水箱

图 6－13 对象的纯迟延

变化后，第一个水箱的水位要先发生变化，才能导致主水箱的水位变化。同理，三容、四容水箱对象的主水箱也是位于最下方，其水位变化更缓慢，这种迟延称为容积迟延。

迟延在工业控制对象中是广泛存在的，绝对无迟延的对象是非常少的。一般的对象既有纯迟延又有容积迟延，通常把这两种迟延加在一起，统称为迟延，即迟延时间 $\tau = \tau_0 + \tau_c$。

（二）被控对象的数学模型（传递函数）和动态特性（阶跃响应曲线）

在生产过程中，被控对象通常是从有无自平衡能力、包含容积数目的多少和有无迟延几个方面同时考虑的，因此可以分为以下几类。

1. 单容有自平衡无纯迟延对象（见图 6-10）

（1）阶跃响应曲线如图 6-14 所示，图中阶跃扰动来自水箱的进水调节阀（下同）。

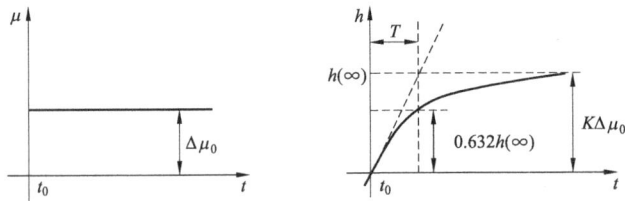

图 6-14 单容有自平衡能力的无纯迟延对象的阶跃响应曲线

（2）传递函数 $G(s) = \dfrac{K}{Ts+1}$（一阶惯性环节）。

（3）特征参数。

1）放大系数 K：对象的输出变化量与输入变化量之比，表示对象的输出被输入放大了多少倍，也叫静态放大倍数。

2）时间常数 T：当对象受到阶跃输入后，被控量达到新的稳态值的 63.2% 所需要的时间就是时间常数 T，也叫惯性时间常数。显然，时间常数越大，被控量的变化就越慢，达到新的稳态值所需要的时间就越长，也就表明对象的惯性越大，输出对输入变化的反应越慢。由图 6-14 可以看出，时间常数 T 的物理意义是：当对象受到阶跃输入后，被控量如果按照初始的速度变化，达到新的稳态值所需要的时间即为时间常数。

3）自平衡率 ρ：表征对象自平衡能力的大小，其物理意义是被控量（输出）每变化 1 个单位所需要克服的扰动量（输入），因此有 $\rho = 1/K$。ρ 越大，对象的自平衡能力就越强，也就是说，放大系数 K 越小，对象的自平衡能力就越强。

4）飞升速度（响应速度）ε：是指在单位阶跃扰动作用下，被控量的最大变化速度，$\varepsilon = K/T$。ε 越大，说明在单位阶跃扰动下，被控量的最大变化速度越大，即响应曲线就越陡，惯性就越小；反之，说明对象惯性越大。因此，有时也用 ε 表示对象的惯性。

2. 单容有自平衡有纯迟延对象（见图 6-13）

（1）阶跃响应曲线如图 6-15 所示。

（2）传递函数 $G(s) = \dfrac{K}{Ts+1}e^{-\tau s}$（一阶惯性+纯迟延环节）

（3）特征参数：放大系数 K、时间常数 T、迟延时间 τ（此处 $\tau = \tau_0$）。

3. 多容有自平衡能力的对象（见图 6-12）

（1）阶跃响应曲线如图 6-16 所示。

（2）传递函数

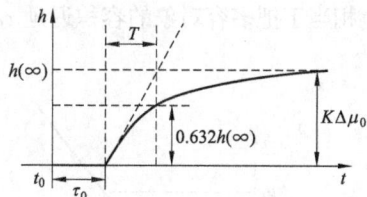

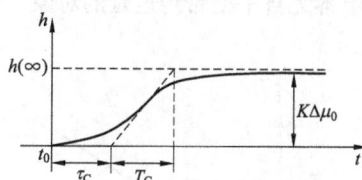

图 6-15　单容有自平衡能力有纯迟延对象的阶跃响应　　图 6-16　多容有自平衡对象的阶跃响应

$$G(s) = \frac{K}{(T_1 s + 1)(T_2 s + 1) \cdots (T_n s + 1)} \quad (\text{高阶惯性环节})$$

若 $T_1 = T_2 = \cdots = T_n = T'$，则上式表示为

$$G(s) = \frac{K}{(T's + 1)^n} \approx \frac{K}{T_C s + 1} e^{-\tau s}$$

式中：n 为多容被控对象的容积数目；T_1、T_2、$\cdots$、T_n 以及 T' 为构成多容对象的每一个单容对象的时间常数。

由图 6-15 和图 6-16 可以看出，两条曲线的后半段是完全一样的，前半段也非常接近，因此工程上常常把多容有自平衡能力对象（高阶对象）简化近似为单容有自平衡能力有纯迟延的对象（一阶对象），也就是把多容对象的容积迟延 τ_C 近似为纯迟延 τ_0。式中 T_C 表示近似后的时间常数，需要注意的是，一般情况下 $T' \neq T_C$。

例如，传递函数 $G(s) = \dfrac{K}{(3s + 1)^4}$ 可近似为 $\dfrac{K}{7.5s + 1} e^{-5s}$，二者的阶跃响应曲线非常接近。

（3）特征参数。多容有自平衡能力对象的动态特性可用两组各三个参数来描述，即

1）放大系数 K、时间常数 T_C、迟延时间 τ（此处 $\tau = \tau_C \approx \tau_0$）；

2）自平衡率 ρ、飞升速度 ε、迟延时间 τ。

4. 单容无自平衡对象（见图 6-11）

（1）阶跃响应曲线如图 6-17 所示。

（2）传递函数 $G(s) = \dfrac{1}{T_a s}$（积分环节）。

（3）特征参数。飞升时间 T_a：当对象受到阶跃扰动输入后，输出达到和输入相同数值时所需要的时间就是飞升时间，又叫积分时间。飞升时间是飞升速度的倒数，即 $T_a = \dfrac{1}{\varepsilon}$，两者均描述了对象在阶跃扰动下被调量的变化速度。

5. 多容无自平衡对象

（1）阶跃响应曲线如图 6-18 所示。

（2）传递函数为

$$G(s) = \frac{1}{T_a s} \frac{1}{(T's + 1)^{n-1}} (\text{高阶惯性} + \text{积分环节}) \approx \frac{1}{T_a s} e^{-\tau s}$$

式中：n 为多容被控对象的容积数目；T' 和 T_a 为构成多容对象的每一个单容对象的时间常数。

与多容有自平衡能力对象类似，工程上也常常把多容无自平衡能力对象（高阶对象）简化

近似为单容无自平衡带纯迟延的对象（一阶对象），也相当于把多容对象的容积迟延 τ_C 近似为纯迟延 τ_0。

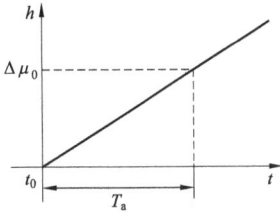

图 6-17　单容无自衡能力对象的阶跃响应　　　图 6-18　多容无自衡能力对象的阶跃响应

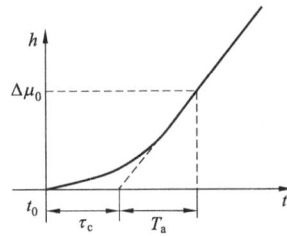

例如，传递函数 $G(s)=\dfrac{1}{T_a s}\dfrac{1}{(3s+1)^3}$ 可近似为 $\dfrac{1}{T_a s}e^{-9s}$，二者的阶跃响应曲线非常接近。

（3）特征参数。多容无自平衡能力对象（见图 6-19）的动态特性可用两组各两个参数来描述，即

1）飞升时间 T_a、迟延时间 τ（此处 $\tau=\tau_C\approx\tau_0$）；

2）飞升速度 ε、迟延时间 τ。

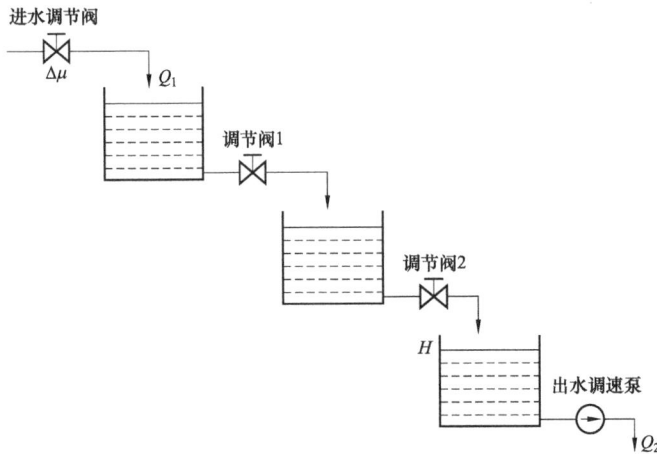

图 6-19　多容无自衡能力水箱对象

（三）被控对象动态特性的特点

（1）对象的动态特性是不振荡的。

（2）对象的动态特性在干扰发生的初始阶段往往有迟延和惯性，也就是说在输入量发生阶跃变化时，输出量不可能立即跟着改变。这是因为对象本身往往有一定的物质储存容积（如锅炉的汽水容积）和能量储存容积（如锅炉的蓄热），在干扰发生的初始阶段，对象内部物质或能量的流动、传递需要一个过程，而且存在流动和传递的阻力。

（3）在阶跃响应曲线的最后阶段，被控量可能达到新的平衡（有自平衡能力对象），也可能不断变化而不再平衡（无自平衡能力对象），但其变化速率趋于稳定。如果对象的输出被控量和输入信号之间有互相抑制的作用，则对象会呈现惯性环节的特性。例如有自平衡能力水箱；又如锅炉过热汽温控制对象，当减温水或烟气侧扰动使过热汽温发生变化时，汽温

的变化又会反过来影响烟气对蒸汽的传热量，故该对象具有自平衡能力。如果对象的输出被控量和输入信号之间不存在互相抑制的作用，则会呈现出积分环节的特性。例如无自平衡能力水箱；又如锅炉汽包水位控制对象，无论是进入汽包的给水流量，还是从汽包出去的主蒸汽流量均不受水位的影响，故该对象无自平衡能力。

（4）描述对象动态特性的参数有放大系数 K、时间常数 T（无自衡对象用积分时间 T_a）、迟延时间 τ（包括纯迟延 τ_0 和容积迟延 τ_C），或用另一组参数飞升速度 ε（$\varepsilon=K/T$）、自平衡率 ρ（$\rho=1/K$）和迟延时间 τ。

第四节　PID 控制器及其控制规律

一、PID 控制的特点

PID（propotional intigrate differential）控制是比例积分微分控制的英文缩写。在生产过程自动控制的发展历程中，PID 控制是历史最久、生命力最强的基本控制方式。在 20 世纪 40 年代以前，除在最简单的情况下可采用开关控制外，它是唯一的控制方式。此后，随着科学技术的发展，特别是计算机的诞生和发展，涌现出许多先进的控制方法。然而直到现在，由于它自身的优点，PID 控制仍然是应用最广泛的基本控制方式。

PID 控制的优点如下：

（1）原理简单，使用方便。PID 控制是 P（比例）、I（积分）、D（微分）三个环节的不同组合，其基本组成原理比较简单，参数的物理意义也比较明确。

（2）适应性强。可以广泛应用于化工、热工、冶金、炼油、造纸、建筑等各种生产部门，按 PID 控制进行工作的自动控制器早已商品化。在具体实现上它们经历了机械式、液动式、气动式、电子式等发展阶段，但始终没有脱离 PID 控制的范畴。即使目前最新式的过程控制计算机，其基本控制功能也仍然是 PID 控制。

（3）鲁棒性强，即其控制品质对被控对象特性的变化不大敏感。

由于具有这些优点，在过程控制中，人们首先想到的总是 PID 控制。一个大型的现代化生产装置的控制回路可能多达一、二百个甚至更多，其中绝大部分都采用 PID 控制。例外的情况有两种：一种是被控对象易于控制而控制要求又不高的，可以采用更简单的开关控制方式；另一种是被控对象特别难以控制而控制要求又特别高的情况，这时如果 PID 控制难以达到生产要求，就要考虑采用更先进的控制方法。

二、控制器的正反作用方式

为了适应不同被控对象实现负反馈控制的需要，工业控制器都设置正、反作用开关，以便根据需要将控制器置于正作用或者反作用方式。正作用方式是指被控量与给定值的差增大，控制器的输出信号也增大的作用，此时整个控制器的增益为"＋"；反作用方式是指被控量与给定值的差增大，控制器的输出信号减小的作用，此时整个控制器的增益为"－"。简单地说，控制器的输入信号和输出信号同方向变化即为正作用方式，二者反方向变化则为反作用方式。这样，负反馈控制就可以通过正确选定控制器的正反作用方式来实现。

控制器正反作用方式的选择与被控对象的正反特性、测量变送器的正反特性、执行机构的正反作用以及调节阀的正反安装形式等有关。

被控对象的正特性，即当被控对象的输入增加时，输出也增加；被控对象的反特性，即当被控对象的输入增加时，输出却减小。

测量变送器的输入增加，其输出也增加为正特性；测量变送器的输入增加，输出减小为反特性。

阀门定位器的正作用，即阀门定位器的输入信号增大，输出压缩空气的压力也增大；反作用，即阀门定位器的输入信号增大，输出压缩空气的压力减小。

执行机构的正反作用（以气动直行程执行机构为例），当来自调节器或阀门定位器的信号压力增大时，推杆向下动作的为正作用，推杆向上动作的为反作用。简单来说，把气开大，推杆下移，正作用；把气开大，推杆上移，反作用。

确定控制器正、反作用方式的一般原则是，首先确定调节阀的正反安装形式、执行机构的正反作用、测量变送器的正反特性和被控对象的正反特性，最后确定控制器的正反作用。对于单回路控制系统，要想使系统正常工作，组成系统的各个环节的极性（可用其静态放大系数表示）相乘必须为负。也就是说，控制系统必须是负反馈的系统才能工作。那么，如何根据负反馈的原则确定控制器的正反作用方式呢？来看下面两个例子。

【例 6-1】　锅炉汽包水位的单回路控制系统如图 6-20 所示。（如无特殊说明，测量变送器和执行器均为正特性，即二者的输出和输入的变化方向相同）

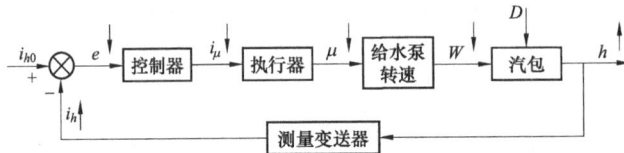

图 6-20　汽包水位单回路控制系统

假设扰动导致水位 h 上升，则测量变送器输出的相应于水位 h 的电信号 i_h 增大，由于 i_h 引入控制器是"一"极性，在给定值 i_{h0} 不变的情况下，控制器的输入偏差 e 减小。而水位上升应使给水流量 W 减小才能克服扰动，也就是说执行器的输出 μ 和控制器的输出 i_μ 都应减小。可见，控制器的输入和输出的变化方向相同，此控制器应为正作用方式。

【例 6-2】　锅炉主蒸汽温度的单回路控制系统如图 6-21 所示。末级过热器的出口温度即锅炉主蒸汽温度 t 的调节是通过减温器往过热蒸汽上喷减温水来实现的，减温水的阀门开度决定了减温水流量 Q_{jw} 的大小。

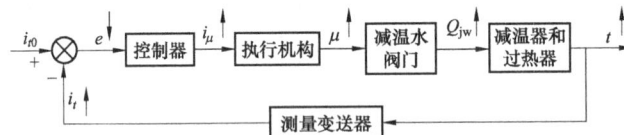

图 6-21　主蒸汽温度单回路控制系统

假设扰动导致蒸汽温度 t 上升，则测量变送器输出的相应于汽温 t 的电信号 i_t 增大，由于 i_t 引入控制器是"一"极性，在给定值 i_{t0} 不变的情况下，控制器的输入偏差 e 减小。而汽温上升应使减温水流量 Q_{jw} 增大才能克服扰动，也就是说执行机构的输出 μ 和控制器的输出 i_μ 都应增大。可见，控制器的输入和输出的变化方向相反，此控制器应为反作用方式。

三、PID 控制器的基本控制规律

控制系统的控制品质取决于其各个组成部分的动态特性，其中主要是被控对象和控制器

的动态特性。被控对象的动态特性一般是难以人为改变的，因此，系统的控制品质主要取决于系统控制方案的设计（即控制系统的结构形式）和控制器的动态特性。

控制器的动态特性也称为控制器的控制规律，是控制器的输入信号 [一般为被控量与给定值的偏差信号 $e(t)$] 与输出信号 [一般代表了执行机构的位移量 $\mu(t)$，也称为阀位指令] 之间的动态关系。PID 控制器的基本控制规律是 P、I、D 作用，它们互相组合构成了四种控制器：P、PI、PD 和 PID。

1. 比例控制作用（P 作用）

比例控制作用，是指控制器的输出信号 $\mu(t)$ 与输入偏差信号 $e(t)$ 成比例关系，即

$$u(t)=K_P e(t)=\frac{1}{\delta}e(t) \tag{6-1}$$

式中：K_P 为比例系数（或称比例增益）；δ 为比例带。

它的传递函数为

$$W_P(s)=\frac{\mu(s)}{E(s)}=K_P=\frac{1}{\delta} \tag{6-2}$$

比例带 δ 具有重要的物理意义。如前所述，控制器的输出 $\mu(t)$ 代表了调节阀开度的变化量，由式（6-1）可知，$\delta=\Delta e/\Delta\mu$，也就是说，$\delta$ 代表了使调节阀开度改变 100%，即从全关到全开所需要的被控量的变化范围。只有当被控量在这个范围以内，调节阀的开度变化才与偏差成比例，超出这个比例带，调节阀已处于全关或全开的状态，此时控制器的输入与输出已不再保持比例关系，而控制器也暂时失去了控制作用。在实际应用中，控制器的比例带 δ 习惯用它相对于被控量检测仪表的量程百分数来表示。例如，若检测仪表的量程为 100℃，$\delta=50\%$ 就表示当被调量改变 50℃时，能使调节阀从全关到全开。

当控制器只有比例作用时，控制器的输出 $\mu(t)$ 的大小、方向和变化速度始终与偏差 $e(t)$ 的大小、方向和变化速度成正比。偏差一经产生，比例作用就产生，直到系统进入稳态、偏差消失时比例作用才消失。因此，比例的调节作用是及时和迅速的，并且调节动作总是正确的。再者，比例作用贯穿于整个调节过程的始终，只要选择的比例系数 K_P 合适，就可以使系统较快达到平衡状态。因此，比例调节规律在控制系统中是促使调节过程稳定的因素，也正是从这个意义上说，比例是最基本、最重要的调节规律。但是，比例调节难以消除被调量的稳态（静态）偏差，故比例调节也称为有差调节。需要注意的是，比例调节器是唯一可以单独使用的调节器。三种基本调节规律的阶跃响应曲线见表 6-2。

表 6-2　　　　　　　　　　　　　　基本控制规律及其阶跃响应

调节规律	传递函数	主要参数及其对调节作用的影响	阶跃响应曲线（偏差信号阶跃变化量为 Δe）
P 调节规律	$W_P(s)=K_P=\dfrac{1}{\delta}$	比例作用与比例系数成正比关系，与比例带成反比关系	
I 调节规律	$W_I(s)=\dfrac{1}{T_I s}$	积分作用与积分时间成反比关系	

续表

调节规律		传递函数	主要参数及其对 调节作用的影响	阶跃响应曲线 （偏差信号阶跃变化量为 Δe）
D调节 规律	理想	$W_D(s)=T_D s$	微分作用与微分时间 成正比关系	
	实际	$W_D(s)=\dfrac{K_D}{1+T_D s}\cdot T_D s$	微分作用与微分时间 成正比关系	

2. 积分控制作用（I作用）

积分控制作用，是指控制器的输出信号 $\mu(t)$ 与输入偏差信号 $e(t)$ 对时间的积分成正比，即

$$\mu(t)=\frac{1}{T_I}\int_0^t e(t)\mathrm{d}t \tag{6-3}$$

式中：T_I 为积分时间。

它的传递函数为

$$W_I(s)=\frac{\mu(s)}{E(s)}=\frac{1}{T_I s} \tag{6-4}$$

从表 6-2 中积分作用的阶跃响应曲线可以看出，积分时间 T_I 表示输出量 $\mu(t)$ 从开始变化到与输入量 Δe 相等时所需要的时间。

积分控制规律的输出 $\mu(t)$ 与偏差 $e(t)$ 对时间的积分（即偏差曲线和时间轴所包围的面积）成正比，只要有偏差 $e(t)$ 存在，积分的输出 $\mu(t)$ 就随时间不断改变；只有当偏差 $e(t)$ 等于零时（面积为零），控制过程才能结束。因此，控制过程结束后，稳态偏差必然消失，也就是说积分是无差调节，这是积分作用最大的优点。

但是，积分作用往往不利于系统的动态调节过程，积分作用的加强容易使系统产生剧烈振荡，因此，积分是不利于系统稳定性的因素。再者，积分作用过强也容易使调节器的输出产生积分饱和，损坏执行机构。

由积分控制规律的阶跃响应曲线还可以看出，当输入偏差信号发生阶跃变化时，积分输出的控制作用并不立即变化，而是由零开始线性增长，从这个角度说，积分的调节作用是不及时的，其作用一般体现在调节过程的后期。此外，积分调节器一般不能单独使用（单独使用的积分调节器会使系统产生等幅振荡）。

3. 微分控制作用（D作用）

微分控制作用是指控制器的输出信号 $\mu(t)$ 与输入偏差信号的微分（即偏差的变化速度）成正比，即

$$\mu(t)=T_D\frac{\mathrm{d}e(t)}{\mathrm{d}t} \tag{6-5}$$

式中：T_D 为微分时间。

它的传递函数为

$$W_D(s) = \frac{\mu(s)}{E(s)} = T_D s \tag{6-6}$$

比例作用是根据当时偏差的大小和方向进行控制，积分作用根据偏差对时间的累积量进行控制（相位滞后90°），微分作用根据偏差的变化速度来控制。在调节过程的初始阶段，被控量偏离给定值很小，这时比例和积分作用都很弱，但被控量的变化速度却很大，使得微分作用很强，它可以使执行器产生一个较大的动作，在调节过程的初始阶段限制偏差的进一步增大，因此，微分作用可以有效地减小被控量的动态偏差。再者，偏差的变化速度可以反映当时或之后一段时间被控量的变化情况，也就是说赋予控制器某种程度的预见性，因此，微分调节是一种超前调节（相位超前90°），偏差的变化率信号又称为超前信号。显然，对于惯性和容积迟延较大的对象，在调节器中引入微分作用将使调节过程中动态偏差减小，稳定性提高，从而改善了系统的动态调节品质。

但微分作用也有一些不利之处。首先，微分作用太强容易导致调节阀开度向两端饱和，因此微分的引入要适度，相对于比例作用，微分只能起辅助调节作用；其次，微分作用的抗干扰能力很差，不适用于被控量频繁波动的场合（如流量和液位的控制），因为偏差的变化速度过快将导致调节器的输出频繁变化，使执行机构频繁动作；最后，微分作用对于纯迟延过程显然是无效的，对于恒定不变的偏差也没有克服能力。因此，只有微分作用的控制器是不能执行控制任务的，与积分作用一样，微分作用也不能单独使用，它必须与比例或比例积分作用相结合，构成 PD 或 PID 控制器。

需要说明的是，式（6-5）所示的微分控制规律是无法实现的，因为任何一个物理元件都不可能在输入信号为阶跃信号时，在瞬间输出无穷大值，因此，式（6-6）所示的微分控制规律称为理想微分。在实际应用中，微分控制规律具有惯性，其传递函数如下：

$$W_D(s) = \frac{\mu(s)}{E(s)} = \frac{K_D}{1 + T_D s} \cdot T_D s \tag{6-7}$$

式中：K_D 为微分增益。

可见，实际的微分控制规律是在理想微分的基础上串联一个惯性环节构成的，其阶跃响应见表6-2。从实际微分的阶跃响应曲线可以看出，当微分控制器的输入偏差信号发生阶跃变化（阶跃幅值为 Δe）时，微分作用立即产生，其输出信号的瞬间幅值为输入偏差的 K_D 倍。随着时间的持续，微分作用逐渐减小，当系统达到稳态或尚未达到稳态时，微分作用消失。可见，微分作用主要体现在调节过程的初期，用于调节系统的动态品质，这一点与积分作用正好相反。

综上所述，比例调节作用是最基本、最主要的调节作用，而积分与微分是辅助调节作用。只有比例作用的控制器能单独执行控制任务，但被控量存在稳态偏差；积分作用可以消除被控量的稳态偏差，但积分作用过强，会使控制过程振荡甚至不稳定；微分作用可以有效地减小被控量的动态偏差，提高系统稳定性，但引入要适度。比例作用贯穿于整个调节过程的始终，调节及时、迅速；微分作用主要体现在调节过程的初期，用以克服对象的迟延和惯性，具有超前调节的作用；积分作用主要体现在调节过程的后期，用于消除稳态偏差。在实际的应用中，应根据具体情况选择调节规律，同时应对调节器的参数（比例带、积分时间和微分时间）进行合理的调整（即系统整定），以取得满意的控制效果。

四、PID 控制器的参数调整对控制过程的影响

PID 控制器具有比例、积分、微分三种基本的调节规律，相对应的有三个可调参数 $K_P(\delta)$、T_I 和 T_D。只要这三个参数整定的合适，就可以既避免控制过程过分振荡（比例起主要作用），又能得到无差的控制结果（积分作用），而且能够实现超前调节，克服对象的迟延和惯性对控制过程的影响，减小动态偏差，缩短调节过程时间（微分作用）。因此，PID 控制器是一种较为理想的控制器。在实际的工业控制过程中，通常根据对系统的性能要求（稳、准、快）来调整这三个参数，下面分析它们对控制过程的影响分析。

1. 比例控制的参数 $K_P(\delta)$

K_P 越大（δ 越小），比例作用就越强，因而较小的输入偏差就可能引起较大的调节机构动作，使系统振荡加剧，因此不利于系统的稳定性，但一般可以缩短调节过程时间，系统的稳态偏差也相应减小；反之，δ 很大意味着调节阀的动作幅度很小，因此被控量的变化比较平稳，甚至可以没有超调，但调节时间很长，稳态偏差也很大。从另一个角度分析，增大 K_P 等于增大了系统的开环增益，因此对系统的稳定性不利。

2. 积分控制的参数 T_I

积分时间 T_I 越小，积分作用就越强，调节阀的动作就越快，就容易引起系统振荡加剧，甚至出现发散振荡的过程，系统的稳定性变差。但与此同时，系统的振荡频率越来越高，最大动态偏差也越来越小。被控量到最后都没有稳态偏差，这是积分控制的特点。另外，减小积分时间 T_I 相当于增大了系统的开环增益，因此对系统的稳定性不利，但有助于加快调节过程，减小被控量的最大动态偏差。

3. 微分控制的参数 T_D

微分时间 T_D 越大，微分作用就越强，在控制过程的初始阶段，调节器输出一个较大的控制量（超前调节）来抑制偏差的变化，因此减小了动态偏差，有利于提高系统的稳定性，也有助于缩短调节过程，提高了系统的动态调节品质。但微分的引入一定要适度，否则容易引起调节阀开度变化过大，直接向两端饱和。

五、四种控制器的比较与选择

比例、积分、微分控制各有优缺点，在实际应用中，总是以比例控制为主，根据对象特性适当加入积分和微分。

1. PI 控制器和 P 控制器的比较

PI 控制器是比例作用和积分作用的叠加，它的动态方程为

$$\mu(t) = \frac{1}{\delta}\left[e(t) + \frac{1}{T_I}\int_0^t e(t)\,\mathrm{d}t\right] \tag{6-8}$$

它的传递函数为

$$W_{PI}(s) = \frac{\mu(s)}{E(s)} = \frac{1}{\delta}\left(1 + \frac{1}{T_I s}\right) \tag{6-9}$$

PI 控制器有两个可调参数 δ 和 T_I，这两个参数数值越小，相应的控制作用就越强，而且比例带 δ 不仅影响比例作用的强弱，也影响积分作用的强弱。PI 控制器的阶跃响应曲线如图 6-22 所示。

　　PI 控制器是在比例控制的基础上加入了积分控制，相当于在"粗调"的基础上加入了"细调"。既通过比例作用快速抑制干扰的影响，保持一定的系统稳定性，使之比纯积分控制系统有较好的动态调节品质，又通过积分作用实现了稳态无差，克服了比例控制的不足。因此，PI 控制器综合了比例控制和积分控制的优点，是目前广泛使用的一种控制器。

　　应当指出，与 P 控制器相比，PI 控制器加入积分作用消除稳态偏差的同时，降低了原有系统的稳定性。为保持控制系统原来的衰减率，必须适当加大 PI 控制器的比例带 δ。因此，PI 控制是稍微牺牲了系统的动态调节品质以换取更好的稳态性能。

图 6-22　PI 控制器的
阶跃响应曲线

　　2. PD 控制器和 P 控制器的比较

　　PD 控制器是比例作用和微分作用的叠加，它的动态方程为

$$\mu(t) = \frac{1}{\delta}\left[e(t) + T_D \frac{\mathrm{d}e(t)}{\mathrm{d}t}\right] \tag{6-10}$$

它的传递函数为

$$W_{PD}(s) = \frac{\mu(s)}{E(s)} = \frac{1}{\delta}(1 + T_D s) \tag{6-11}$$

　　式（6-11）为理想微分，工业上实际应用的 PD 控制器的传递函数为

$$W_{PD}(s) = \frac{\mu(s)}{E(s)} = \frac{1}{\delta}(1 + T_D s)\frac{1}{1 + \dfrac{T_D}{K_D}s} \tag{6-12}$$

　　工业控制器的微分增益 K_D 一般为 5～10。由于微分增益 K_D 的数值较大，式（6-12）中分母的时间常数 T_D/K_D 实际上很小。为了简单起见，在分析控制系统性能时，通常忽略这一较小的时间常数，认为式（6-11）为 PD 控制器的传递函数。它有两个可调参数 δ 和 T_D，微分时间越长，微分作用就越强；反之，微分作用就越弱。比例带 δ 同样影响微分作用的强弱。实际的 PD 控制器的阶跃响应曲线如图 6-23 所示。

　　PD 控制器中的微分作用总是力图抑制被控量的变化，它有提高控制系统稳定性的作用。适度引入微分，可以允许稍微减小比例带，同时保持衰减率不变。

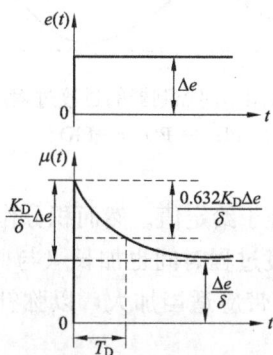

　　图 6-24 表示同一被控对象 $G(s) = \dfrac{5}{(3s+1)^3}$ 分别采用 P 控制器和 PD 控制器的单位阶跃响应曲线，二者的衰减

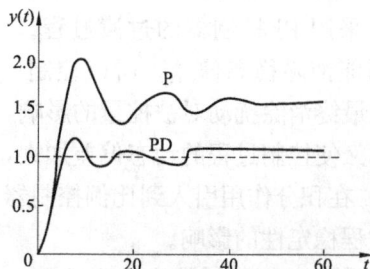

图 6-23　PD 控制器的阶跃响应曲线

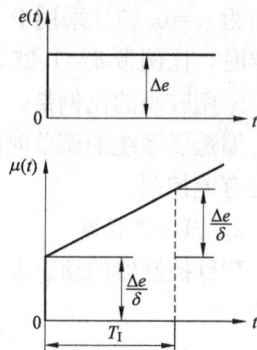

图 6-24　P 控制和 PD 控制的比较

率同为 $\varphi = 0.85$。采用 P 控制器时，比例带 $\delta = 2.22$，稳态偏差为 $e(\infty) = 0.6$；采用 PD 控制器时，比例带 $\delta = 1.25$，稳态偏差为 $e(\infty) = 0.1$。可以看出，适度引入微分作用后，由于可以采用较小的比例带，不但减小了稳态偏差，而且也减小了最大动态偏差，提高了振荡频率，缩短了系统的调节时间。需要注意的是，由于缺少积分作用，PD 控制和 P 控制一样，也是有差控制。

3. PID 控制器

PID 控制器的动态方程为

$$\mu(t) = \frac{1}{\delta}\left[e(t) + \frac{1}{T_I}\int e(t)\mathrm{d}t + T_D\frac{\mathrm{d}e(t)}{\mathrm{d}t}\right] \tag{6-13}$$

传递函数为

$$W_{PID}(s) = \frac{\mu(s)}{E(s)} = \frac{1}{\delta}\left(1 + \frac{1}{T_I s} + T_D s\right) \tag{6-14}$$

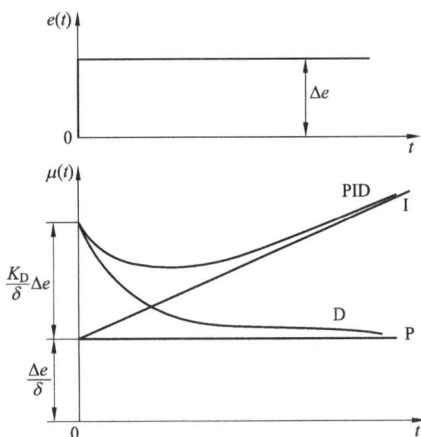

图 6-25　实际 PID 控制器的阶跃响应曲线

实际 PID 控制器的阶跃响应曲线如图 6-25 所示。可以看出，实际 PID 控制器在阶跃输入下，开始时微分作用的输出最大，使总的输出大幅度变化，产生一个强烈的"超前"控制作用，可以把这种控制作用看成为"预调"。之后微分作用逐渐消失，积分作用逐渐占主导地位，只要稳态偏差存在，积分作用就不断增加，一直到稳态偏差完全消失，积分作用才停止，可以把这种控制作用看成为"细调"。在 PID 控制器的输出中，比例作用是自始至终与偏差相对应的，它是一种最基本的控制作用。

图 6-26 所示为同一对象采用不同控制器的过渡过程曲线。

在图 6-26 中，曲线 1 是采用 P 控制器的过渡过程。由于比例作用具有控制及时的特点，因此过渡过程时间较曲线 2 短，动态偏差也较曲线 2 小。但比例控制为有差控制，控制过程结束后存在稳态偏差。通过减小 P 控制器的比例带可减小稳态偏差，但会使系统的稳定性下降。

曲线 3 是采用 PI 控制器的过渡过程。由于积分作用能消除稳态偏差，所以控制

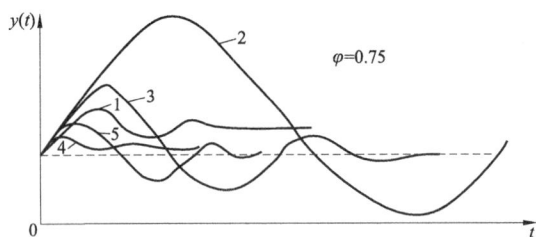

图 6-26　同一对象采用不同控制器的过渡过程曲线
1—P；2—I；3—PI；4—PD；5—PID

过程结束后能最终消除扰动对被控量的影响，使被控量精确地等于给定值。然而积分作用的控制不及时，又使控制过程的动态偏差加大，稳定性下降，过渡过程时间也加长（与曲线 1 相比）。因此，在积分作用引入到比例控制器后，控制器的比例带应适当加大，以弥补积分作用对控制过程稳定性的影响。

曲线 5 是采用 PID 控制器的过渡过程。由于引入了微分的超前调节，其实质是抑制了

被控量的变化。适度的微分作用可以减小动态偏差，缩短调节过程，这样在采用 PID 控制器时，又可以适当减小比例带和积分时间。

一般来说，PID 同时作用效果最佳，但这并不意味着任何情况下都要同时采用三种控制作用。控制器的选择要考虑被控对象的特性、负荷变化、主要扰动和系统的控制要求。此外，还和系统的控制方案有关。一般的选择原则如下：

（1）当对象控制通道时间常数较大或容积迟延较大时，应引入微分作用。如工艺允许有稳态偏差，可采用 PD 控制器；如工艺要求无稳态偏差，应采用 PID 控制器，如温度、成分的控制等。

（2）当对象控制通道时间常数较小，负荷变化也不大，而工艺要求无稳态偏差时，可选择 PI 控制器，如管道的压力和流量控制、液位的控制等。

（3）当对象控制通道的时间常数较小，负荷变化较小，工艺要求不高时，可选择 P 控制器。

（4）当对象控制通道的时间常数或容积迟延很大，负荷变化也很大时，简单控制系统已不能满足要求，应设计复杂控制系统。

第五节　自动控制系统的工程整定

一、单回路控制系统及其整定的概念

1. 单回路控制系统的概念

单回路控制系统是指在控制系统中只对被控参数进行测量并反馈到控制器的输入端，从而只构成一个反馈回路的控制系统。图 6-2、图 6-20 和图 6-21 所示均为单回路控制系统。

在工业生产过程的控制中，最基本、应用最广泛的是单回路控制系统。其他各种复杂控制系统都是在单回路控制系统的基础上改进而来的，复杂控制系统的整定也大都利用了单回路系统的整定方法，可以说，单回路控制系统是过程控制系统的基础。

对于单回路控制系统的概念，可以从以下几个方面来理解：

（1）单回路控制系统只对被控参数进行测量并反馈到控制器的输入端，而对系统中其他的信号（如影响被控参数的各种扰动信号）没有进行测量和处理，这是理解单回路控制系统最关键的地方。

（2）单回路控制系统包含并且只包含一个闭合反馈回路，这是单回路控制系统与多回路控制系统的区别之处。单回路控制系统的名字就是由此而来的。

（3）单回路控制系统只包含一个控制器，它接收被控参数的测量反馈信号与给定值信号，从而完成控制任务。

（4）单回路控制系统只含有一个被控对象并且被控参数只有一个。

2. 控制系统整定的概念

控制系统整定是根据被控对象的特性选择合适的整定参数（控制器参数、各信号间的静态配合、变送器参数等），其中最主要的是整定控制器参数。对于一个已经安装好的控制系统，在系统中各元件的特性已经确定的情况下，能否取得好的控制效果主要取决于系统参数整定的是否合适。

理解控制系统整定的概念，需要注意以下几个问题：

（1）控制系统整定主要是针对调节器的参数整定，也就是说，系统在其他控制装置已经选定的情况下，通过选择合适的调节器参数（δ、T_I、T_D），使系统达到好的控制效果。

（2）控制系统整定的前提条件是系统的控制方案（即系统的结构）已知。

（3）衡量控制系统是否整定至最佳的依据是系统的性能指标（稳、准、快）。

（4）控制系统整定的参数只在一定的范围内起作用。如果系统的控制方案设计不合理、控制仪表和装置（如检测仪表、变送器、执行机构、调节机构等）选型不当或安装质量不高、被控对象存在缺陷等，则无论采用什么样的方法整定调节器参数，都不会得到满意的控制效果。

二、单回路控制系统的工程整定

控制系统整定的方法有很多，大体上可以归为两类。一类是理论计算的方法，基于被控对象的数学模型，通过计算直接求得控制器的整定参数。由于机理分析或测试所得的模型往往存在一些误差，同时整定的计算方法大多比较烦琐，限制了这类方法的工程应用。另一类是工程整定法，其中有些是基于被控对象的开环阶跃响应曲线，有些则直接在闭环系统中进行，方法简单，易于掌握。虽然它们是近似的经验方法，但非常实用。这里只介绍工程整定方法。

PID控制器参数的工程整定方法主要有响应曲线法、临界比例带法、衰减曲线法和试凑法（经验法）。

1. 响应曲线法

响应曲线法是以被控对象控制通道的阶跃响应曲线为依据，利用响应曲线求得几个反映被控对象特性的参数，再根据经验公式求取调节器参数的开环整定方法，又称为动态特征参数法或飞升曲线法。它的特点是利用被控对象的特征参数来计算调节器参数，这个过程不需要系统投入闭环运行。整定步骤如下：

（1）在控制系统开环并处于相对稳定的情况下，在被控对象的输入端（控制量）施加阶跃信号，同时记录对象的输出曲线（被控量的变化曲线）。

（2）根据被控对象的阶跃响应曲线求取对象的特征参数ε、τ、T。图6-27（b）为有自平衡能力被控对象，$K=\dfrac{\Delta y}{\Delta u}$，$\varepsilon=\dfrac{K}{T}=\dfrac{\Delta y}{T\Delta u}$；图6-27（c）所示为无自平衡能力被控对象，$\varepsilon=\dfrac{\tan\theta}{\Delta u}$。

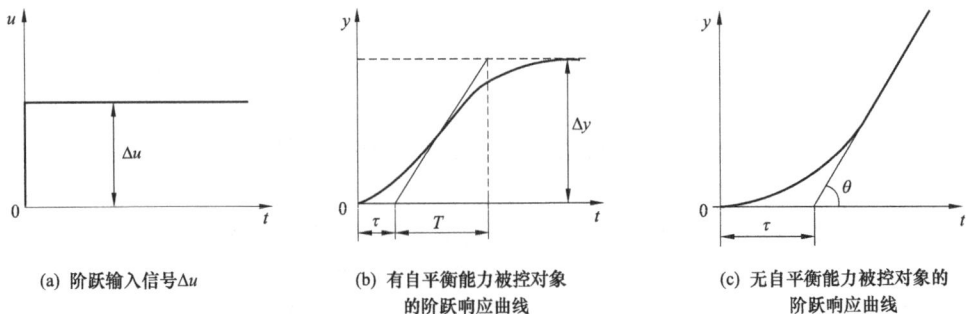

(a) 阶跃输入信号Δu　　(b) 有自平衡能力被控对象的阶跃响应曲线　　(c) 无自平衡能力被控对象的阶跃响应曲线

图6-27　根据飞升曲线求对象特征参数

（3）根据响应曲线法的经验公式（见表6-3），结合控制器的选型，计算控制器的整定参数。

（4）将求得的控制器整定参数作为初步估计值，系统投入闭环运行，修改控制器参数，直到获得满意的系统输出曲线。

表6-3　　　　　　　　　　　　**响应曲线法的经验公式（$\varphi=0.75$）**

调节规律	$\tau/T\leqslant0.2$ 的有自平衡能力被控对象或无自平衡能力被控对象			$0.2<\tau/T<1.5$ 的有自平衡能力被控对象		
	δ	T_{I}	T_{D}	δ	T_{I}	T_{D}
P	$\varepsilon\tau$	—	—	$2.6\varepsilon T\dfrac{\tau/T-0.08}{\tau/T+0.7}$		
PI	$1.1\varepsilon\tau$	3.3τ	—	$2.6\varepsilon T\dfrac{\tau/T-0.08}{\tau/T+0.6}$	$0.8T$	—
PID	$0.83\varepsilon\tau$	2τ	0.5τ	$2.6\varepsilon T\dfrac{\tau/T-0.15}{\tau/T+0.88}$	$0.8T+0.2\tau$	0.25τ

在用响应曲线法整定调节器参数时，应注意：

（1）表6-3给出的是近似整定公式，适用于典型的多容控制对象，其整定结果仅供参考，调节器的最后参数还要根据现场控制系统的实际情况进行调整。

（2）按照表6-3计算得到的是 $\varphi=0.75$ 的控制系统，若要求更高的衰减率，则需要对表中公式进行修正。例如要求 $\varphi=0.9$ 时，需要把表6-3中算出的比例带和积分时间均乘以1.6。

（3）$\varphi=0.75$ 时，若采用PD调节器，其参数计算公式为 $\delta=0.8\delta_{\mathrm{P}}$，$T_{\mathrm{D}}=(0.25\sim0.3)$ τ。式中，δ_{P} 为 $\varphi=0.75$ 时比例调节器的整定参数值。

2. 临界比例带法

临界比例带法是在纯比例作用下使闭环系统临界振荡，记下此时调节器的临界比例带 δ_{cr} 和系统的临界振荡周期 T_{cr}，再利用经验公式求取调节器参数的闭环整定方法，也称稳定边界法。它的特点是不需要知道被控对象的动态特性，而是直接在闭环系统中进行整定。整定步骤如下：

（1）调节器置于纯比例作用（$T_{\mathrm{I}}\rightarrow\infty$，$T_{\mathrm{D}}=0$），并将比例带置于较大的数值，将系统投入闭环运行。

（2）待系统运行稳定后，逐渐减小比例带，观察不同 δ 时的控制过程，直到出现如图6-28（a）所示的等幅振荡（即临界振荡）过程。记下此时调节器的临界比例带 δ_{cr} 和系统的临界振荡周期 T_{cr}。

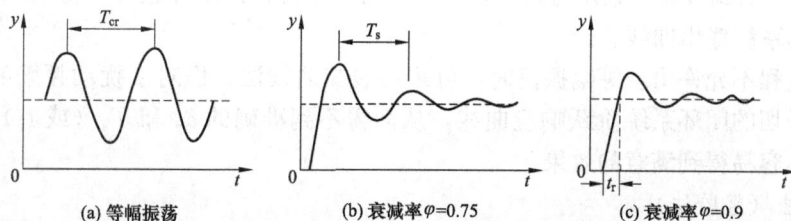

(a) 等幅振荡　　　　　　　(b) 衰减率 $\varphi=0.75$　　　　　　　(c) 衰减率 $\varphi=0.9$

图6-28　等幅振荡和衰减振荡过程

（3）将 δ_{cr} 和 T_{cr} 代入表 6-4 的经验公式，计算调节器的整定参数。

表 6-4　　　　　　　　　临界比例带法的整定参数计算表 （$\varphi=0.75$）

调节规律 ＼ 整定参数	δ	T_I	T_D
P	$2\delta_{cr}$	—	—
PI	$2.2\delta_{cr}$	$0.85T_{cr}$	—
PID	$1.67\delta_{cr}$	$0.5T_{cr}$	$0.125T_{cr}$

（4）将上一步求得的调节器参数作为初步估计值，此时比例带可以设置的大一些，再将系统投入闭环运行，修改调节器参数直到获得满意的系统输出曲线。

在大多数工业生产过程中，对象的惯性比较大，用临界比例带法试验时出现的等幅振荡周期也较长。这种低频的振荡过程，生产过程一般是允许的。但是，某些系统（如锅炉汽包水位控制系统）不允许进行临界振荡试验，又如某些单容对象特性较好，采用比例控制，无论怎样调节比例带都不会出现等幅振荡，这些系统都无法用临界比例带法进行整定。临界比例带法一般适用于无自平衡能力被控对象或有自平衡能力的高阶（三阶及以上）被控对象。

3. 衰减曲线法

衰减曲线法是在临界比例带法的基础上发展起来的，针对某些系统无法进行临界振荡试验，则将其调整为衰减振荡过程，记下此时的比例带 δ_s 和衰减振荡周期 T_s（或上升时间 t_r），根据经验公式来求取调节器参数。其整定步骤和临界比例带法非常相似，具体如下：

（1）将调节器置于纯比例作用（$T_I\to\infty$，$T_D=0$），初始比例带置较大值，将系统投入闭环运行。

（2）待系统运行稳定后，逐渐减小比例带，直到系统出现如图 6-28 （b）或 （c）所示的衰减振荡过程，记下此时调节器的比例带 δ_s 和系统的衰减振荡周期 T_s（或上升时间 t_r）。

（3）将 δ_s 和 T_s（或 t_r）代入表 6-5 的经验公式中，计算调节器的整定参数。

表 6-5　　　　　　　　　　衰减曲线法的整定参数计算

调节规律	$\varphi=0.75$			$\varphi=0.9$		
	δ	T_I	T_D	δ	T_I	T_D
P	δ_S	—	—	δ_S	—	—
PI	$1.2\delta_S$	$0.5T_S$	—	$1.2\delta_S$	$2t_r$	—
PID	$0.8\delta_S$	$0.3T_S$	$0.1T_S$	$0.8\delta_S$	$1.2t_r$	$0.4t_r$

（4）将求得的调节器参数作为初步估计值，再将系统投入闭环运行，修改调节器参数直到获得满意的系统输出曲线。

当生产过程不允许出现等幅振荡时，可采用衰减曲线法，但对于扰动频繁的控制系统，往往得不到确切的闭环系统阶跃响应曲线，从而得不到准确的 δ_s 和 T_s（或 t_r），这时采用衰减曲线法不容易得到满意的效果。

4. 试凑法（经验法）

试凑法不需要知道被控对象的动态特性，也不利用经验公式计算，而是根据控制器的各个参数对系统性能的影响（见表 6-6），反复进行"看曲线，调参数"的过程。

表6-6　　　　　　　　定值扰动试验下调节器参数对控制系统性能的影响

控制作用变化	参数调整方向	稳定性	稳态偏差	衰减率	超调量	上升时间	振荡频率
P作用增强	δ↓	↓	↓	↓	↑	↓	↑
I作用增强	T_I↓	↓	↓	↓	↑	↓	↑
D作用增强	T_D↑	↑	—	↑	↓	↓	↑

　　注　表中微分作用对系统性能的影响，是指微分参数在一个合适范围内的一般情况，如微分作用过强，有时对系统的影响恰好相反，使系统稳定性降低。

　　试凑法一般是按先比例、后积分、再微分的顺序进行试凑，具体步骤如下：

　　（1）先将控制器设置为纯比例作用，比例带较大，系统投入闭环运行后逐渐减小比例带，直到获得相对满意的过渡过程曲线（如衰减率 $\varphi=0.75$）。

　　（2）加入积分作用（初始积分时间可以设置的大一些），同时将上一步设置的比例带增大20%左右，逐渐减小积分时间，直到获得相对满意的过渡过程曲线。试凑过程中如果曲线振荡过强，则应适当增大比例带和积分时间；反之，应减小比例带和积分时间。

　　（3）如果需要加入微分作用，应把上一步设置的比例带减小20%左右，积分时间也可减小一些。一般微分时间 T_D 选取积分时间 T_I 的 $1/10\sim1/3$。

　　试凑法简单易行，是有经验的工程技术人员在现场调试时应用最多的一种方法。但这种方法对于缺乏调试经验的人，往往需要很长的时间。

　　上述几种工程整定方法各有各的优点，在实际应用中需要根据系统的工艺特点、对象特性、作用于系统的扰动以及安全要求等，选择合适的整定方法。但是，无论采用何种方法获得的调节器参数，在系统实际运行时都要经过反复修改才能得到满意的控制效果。

三、除氧器压力和水位控制系统实例

1. 除氧器压力控制系统

　　除氧器的作用是除去给水中的气体（主要是氧气）。要使除氧效果好，必须把水加热到沸点温度。由于温度测量的迟延大，所以一般不选择控制温度的方法，而采用控制除氧器内蒸汽空间压力的方法来保证给水被加热到饱和温度。

　　除氧器压力控制系统的主要任务是维持除氧器压力稳定。如果压力突然升高，由于温度变化有迟延，不会马上跟着上升，将大大影响除氧效果；如果压力突然降低，则容易造成给水泵吸入压头不足，引起给水泵入口处的给水汽化，对给水泵安全运行不利。为了使给水泵安全运行，除氧器压力应维持最小值，如规定最小压力为35kPa。

　　引起除氧器压力变化的因素有很多，如果进入除氧器内各种工质的量或焓发生变化，破坏了除氧器的热平衡，就会引起除氧器内的压力变化。对于凝汽式电厂，汽轮机负荷的改变是引起除氧器压力变化的主要原因。

　　单台定压运行的除氧器压力控制系统如图6-29所示。采用除氧器内蒸汽空间压力作为被控量，进入除氧器的加热蒸汽量作为控制量，组成单回路负反馈控制系统。

　　为了防止除氧器在负荷变化时压力突然升高或降低，设计了图6-30所示的压力控制系统。该系统设计了负导数信号回路和偏差信号回路（与-35kPa的信号比较），压力信号经过两回路的运算，再经加法器、大值选择器进入压力控制器。当除氧器压力低于35kPa时，通过大值选择器将使最小压力35kPa送入压力控制器，再经过手动/自动切换器T去开大除氧器加热蒸汽控制阀的阀门，从而增加进入除氧器的蒸汽量，提高除氧器的压力和温度，维持最小压力在 35kPa 以上。在机组启动阶段，除氧器加热蒸汽由辅助蒸汽供给，当负荷 D 达到一定数值时，加热蒸汽改由四段抽汽供给。

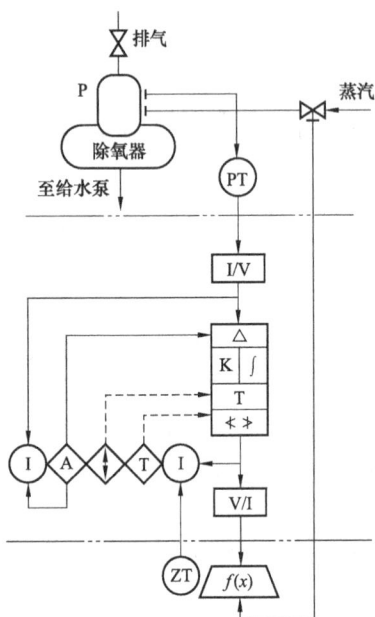

图 6-29　除氧器压力控制系统（Ⅰ）

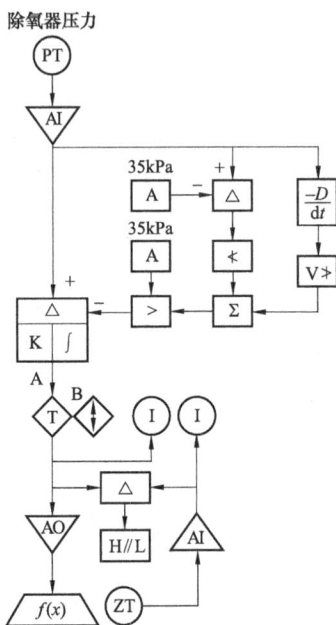

图 6-30　除氧器压力控制系统（Ⅱ）

　　图 6-30 中 ZT 是调节阀的阀位反馈信号，该信号除了提供给指示仪表监控外，还与切换器 T 的输出指令相比较，如果偏差超过±20%，表示控制阀有故障，已不能跟踪指令，通过"三态信号发生器 H//L"发出报警信号并通过逻辑电路使除氧器压力控制系统自动切换到手动方式运行（即切换器 T 切换到 B 端）。

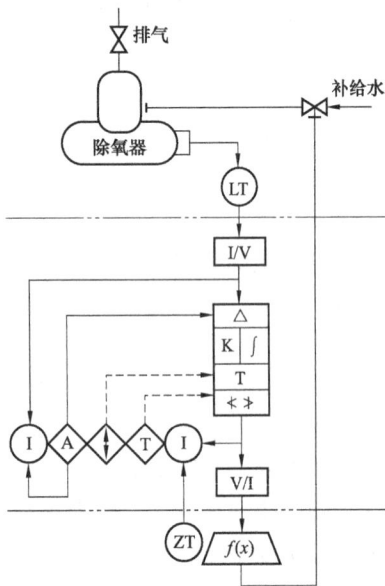

图 6-31　除氧器水位控制系统

2. 除氧器水位控制系统

　　除氧器水箱的作用是为了保证锅炉有一定的给水储备量，一般不小于锅炉额定负荷下连续运行 15～20min 的给水需要量。它还担负着向给水泵不断供水的任务，为了保证给水泵安全运行，要求避免给水泵入口发生汽化或缺水事故。除氧器水箱水位过高，汽轮机汽封将进水，抽汽管将发生水击，威胁汽轮机的安全运行；水箱水位过低，除了影响给水泵的安全运行外，还可能会威胁锅炉上水，造成停炉事故。因此，除氧器水位控制系统的任务是保证除氧器水箱维持在规定的水位。

　　单台运行的除氧器水位自动控制系统如图 6-31 所示。LT 差压变送器接受除氧器水位变化的信号，调节器通过执行器控制化学补给水调节阀维持水位不变。

复习思考题

6-1　电厂化学自动监控的任务和要求有哪些？

6-2　水处理程控装置的控制模式有哪些？

6-3　火电厂常见的被控对象有什么？

6-4　解释以下名词：被控量、给定值、被控对象、调节机构、扰动、单回路控制系统。

6-5　什么是反馈控制系统？

6-6　被控对象动态特性的特点有哪些？

6-7　过渡过程的基本形式有哪些？

6-8　简述自动控制系统的性能指标。

6-9　简述 P、PI、PD 和 PID 控制规律及特点。

6-10　简述除氧器压力控制系统和水位控制系统。

第 七 章

程 序 控 制 系 统

第一节　程序控制系统概述

一、程序控制的概念和分类

1. 概念

生产过程的控制可以分为两大类型，即调节控制（modulating control）和顺序控制（sequence control）。调节控制又称闭环控制，是利用反馈方法将被控量与设定值进行比较，然后根据比较后的偏差改变调节量，使被控量维持在设定值或允许变化的范围内。在这类控制系统中调节器的输入量/输出量均为模拟量，所以又称为模拟量控制系统。顺序控制是另一类控制，它只与设备的启动、停止或开、关等状态有关。顺序控制是根据生产过程的工况和被控制设备状态的条件，按照事先设好的顺序、条件和时间要求去启动、停止、开或关被控设备。在这类控制系统中，检测运算和控制用的信息全部是"有"和"无"，即"1"和"0"两种信息，这种具有两种对立状态的信息称为开关量信息，所以这类控制也称为开关量控制，又称为程序控制。

大型火电单元机组顺序控制系统（sequence control system，SCS）的功能是对大型火电单元机组热力系统和辅机（包括电动机、阀门、挡板）的启/停和开/关进行自动控制。这种操作尽管量值关系简单，但随着机组容量的增大和参数的提高，辅机数量和热力系统的复杂程度大大增加，在机组的启/停过程中，操作的对象多，且操作步骤复杂，人工操作工作量大，难免出现差错。而采用顺序控制后，对一个热力系统和辅机的启/停操作只需按下一个按钮，则热力系统的辅机和相关设备按照安全启/停规定的顺序和时间间隔自动动作，运行操作人员只需观察各程序步骤执行的情况，从而减少了大量复杂的操作。同时，由于在顺序控制系统设计中，各个设备的动作都设置了严密的安全连锁条件，无论是自动顺序操作，还是单台设备手动，只要设备的动作条件不满足，设备将被闭锁，从而避免了运行操作人员的误操作，保证设备的安全运行。

2. 分类

程序控制的分类如下：

按控制形式分　　顺序控制：上一个动作完成后，再进行下一个动作
　　　　　　　　　条件程序控制：按照几个动作的综合结果来决定下一次应执行的动作
　　　　　　　　　时间程序控制：按时间的长短来决定下一次动作

按应用范围分　　辅机控制（远方控制）：通过联动或成组控制来实现
　　　　　　　　　局部工艺流程控制：对较独立的工艺过程的控制

二、程序控制在火电厂中的应用

程序控制在火电厂中的应用如下：

<pre>
               ┌ 输煤系统：卸煤、储煤、上煤、配煤
               │ 制粉系统：给煤机、磨煤机、输煤皮带
        锅炉部分┤ 燃烧系统：燃烧器管理、炉膛安全监控
               │ 辅机系统：送风机、引风机、一次风机、空气预热器等
               └ 其他系统：吹灰系统、除灰和除渣系统、定期排污系统、疏水系统等
               ┌ 主机启停控制：冷态、温态、热态启动和自动停机
               │ 辅机系统：润滑油泵、凝结水泵、低压加热器疏水泵、高压加热器电动门、
       汽轮机部分┤   低压加热器电动门、轴封风机、发电机空侧交直流密封油泵、
               │   发电机氢侧交流密封油泵、发电机定子冷却水泵、氢冷升压泵等
               └ 其他系统：凝汽器清洗系统等
               ┌ 锅炉补给水系统
    化学水处理系统┤ 凝结水精处理系统
               └ 废水处理系统
</pre>

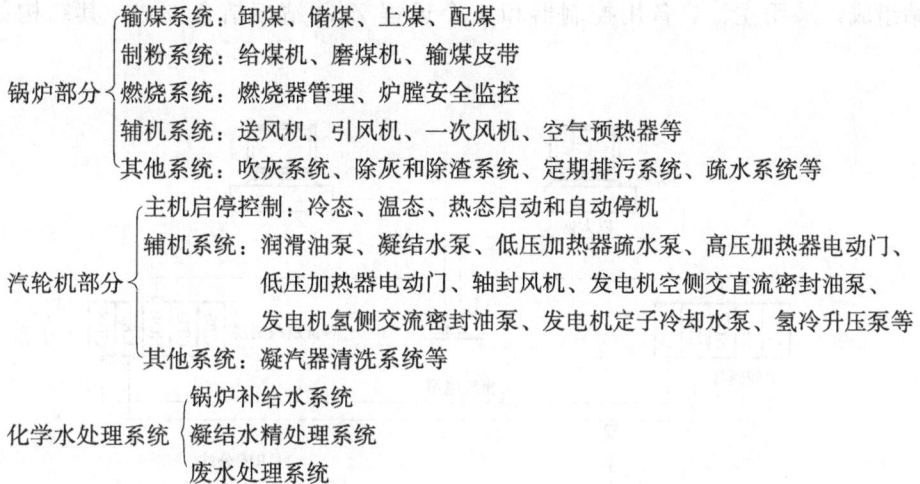

三、水处理系统中程控装置的特点

国内水处理系统中的程序控制装置在制水工艺（包括预处理、预脱盐、一级除盐、二级除盐等系统）和凝结水精处理工艺（包括高速混床系统和再生系统）过程中采用较多，其自动控制的特点如下：

（1）都是以时间为主，条件为辅，按步进方式工作的顺序控制过程。

（2）对于程序控制装置，每步的时间和相应的输出条件要求有一定的可变性。

（3）程控装置具有公用性。

（4）控制设备具有就地硬手操功能，上位机上可以进行自动、成组、软手操等控制方式。

（5）除盐系统以单元制设计的普遍选用阴床出水以电导率表作为系列失效判断仪表；在母管制系统中，以阳终点计和阴终点计（也可用硅酸根表）作为设备失效判断仪表。从国外引进的设备也有以总出水量和时间为再生条件的。

（6）化学水处理系统的自动阀门一般采用气动阀，这些气动阀通过电磁阀来切换开关气源来完成开关动作。

（7）再生进酸、碱终点多采用计量箱液位控制（也有按时间控制的）。

可以满足上述要求的控制装置，比较具有代表性的有矩阵板式的逻辑控制器、一位微处理机、可编程控制器（programmable logic controller，PLC）、计算机分散控制系统（DCS）。

显然，在生产设备中并不一定要用最先进、最新型的控制装置。对于简单的设备或工艺过程，甚至可以用逻辑控制系统、继电器控制系统。

四、程序控制系统的功能要求和组成

（一）程序控制系统的功能要求

（1）禁止约束功能。该功能是指动作次序是一定的，互相制约，不得随意变动。

（2）记忆功能。该功能是指要记住过去的动作，后面的动作由前面的动作情况而定。

（二）程控系统的组成和设备选型

1. 系统组成

下面以漳泽发电厂化学水处理程控系统为例加以说明。该系统由可编程控制器和操作员

工作站组成，采用主、热备用控制器和 4 个远程 Z/O 站相结合方式，其结构如图 7 - 1 所示。

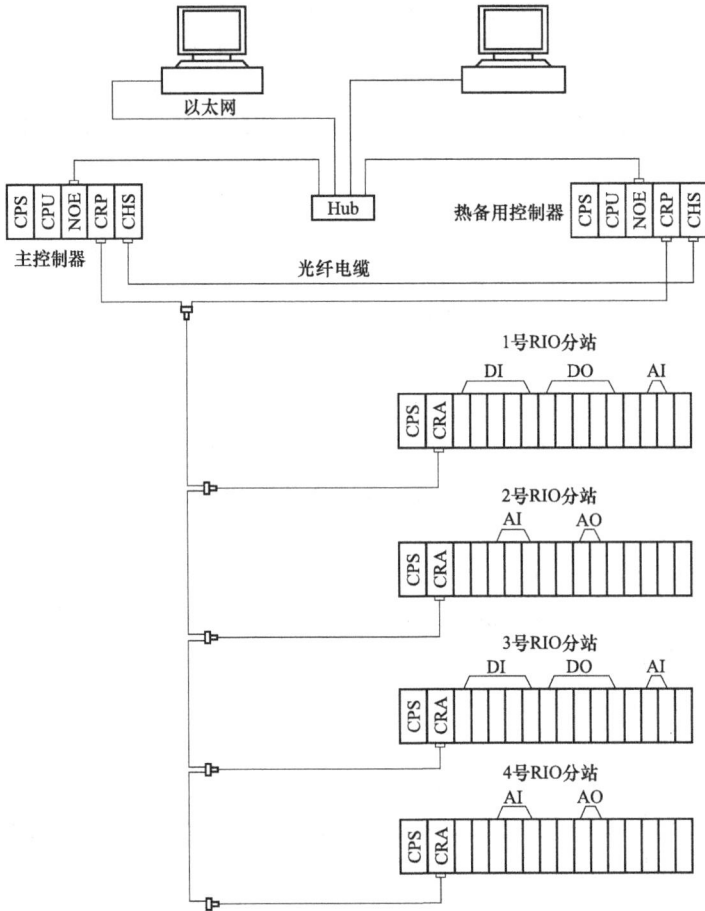

图 7 - 1 程序控制系统的组成

2. 硬件及软件选型

(1) 机型的选择。机型的选择主要考虑 PLC 的 CPU 能力、能支持的最大 I/O 点数、响应速度及指令系统，此外，还要根据工程实际情况综合考虑性能价格比因素、备品备件的订货来源和可靠的技术支持。

(2) I/O 模块的选择。根据机型确定 I/O 点数和种类，就可以进行 I/O 模块的选择。在选择各种模块（DI、DO、AI、AO）时，应注意模块的电压类型和等级（直流 5、12、24、48、60V，交流 110、220V 等）、保护类型（有隔离、无隔离）、点数（4、8、16、32、64 点等）。此外，输出模块还要不同的输出方式（晶体管输出型、晶闸管输出型等）和不同的输出功率。

(3) PLC 的冗余配置。冗余配置是进一步提高控制系统可靠性的重要措施，其原理就是在系统中采用两套完全相同的 PLC，其中一台为工作主机，另一台处于热备用状态。正在工作的控制器中的全部参数每个周期输送一次给热备用控制器，以保证两台控制器状态的一致性。一旦工作主机发生故障，热备用的 PLC 将自动投入工作，此时热备用的 PLC 变为工作主机，原工作主机故障处理完后转为备用机。这种冗余称为双机双工热后备。除主机冗余外，I/O 模块也可以采用冗余结构和非冗余结构。采用冗余结构后，系统软件及应用软件都要增加相应的部分。

（4）操作员工作站的配置。一般配置两台工控机和两台监视器。两台微机安装的内容完全相同，采用实时热备份的方式运行。当其中一台出现故障时，另一台可以胜任全部工作。用户可以人为指定其中一台为主机，另一台则为从机，所有的操作、控制、记录数据均以主机为准，仅当主机出现故障时，再用从机来操作。工作站的监控软件，可由用户根据需要自行研发，但通用性差，维修不方便。一般采用商品化的软件，国内电厂中用得较多的软件包括进口产品如 iFIX、Intouch、Citect 等，国产如 King View（组态王）等。该系统上位机工控软件采用美国 Intellution 公司的 iFIX 2.6（中文版），完成图形显示、报警、报表、趋势及要求的操作功能。

PLC 通过 Ethernet 网络适配器与上位计算机联网，实现 CRT 操作员站实时监控管理功能，对整个工艺系统进行测量信号的采集、集中监视、管理和自动控制，并可实现远方手操。

第二节　PLC　概　述

随着 PLC 功能的不断发展，它不仅能完成原来的逻辑运算控制，而且能实现一些模拟量、脉冲量的算术运算，甚至能完成复杂的 PID 控制功能，故比较切合实际的叫法是把原来的 logic 去掉，简称为 PC 机（programmable controller），但为了与个人电脑的简称 PC 机（personal computer）相区别，目前现场仍然习惯用旧的叫法 PLC。

自 1969 年针对工业自动控制的特点和需要而开发的第一台 PLC 问世以来，迄今已经 40 多年了，它的发展虽然包含了前期控制技术的继承和演变，但又不同于顺序控制器和通用的微机控制装置，已成为现代工厂自动化的重要支柱。可编程控制器及其外围设备的设计，使它能够非常方便地集成到工业系统中，并很容易达到人们期望的目标。

一、PLC 的分类和特点

1. 分类

可编程控制器分类方法有多种，如按功能分、按结构分，现在流行的分类方法是按 I/O（输入/输出）点数来分，而这三种分类方法是有联系的。例如按 I/O 点数可分为小型机（PLC）、中型机（PLC）、大型机（PLC）。目前一般将 I/O 点数小于 256 点的称为小型 PLC，256 点到 2048 点的称为中型 PLC，大于 2048 点称为大型 PLC。一般小型机采用整体式结构，即 CPU、I/O 单元、电源等集中在一个控制机箱中，小型机完成的功能一般比较单一。中、大型 PLC 一般采用模块式结构，即 CPU、I/O 单元、电源等都是单个的模块，这些模块可通过专门的槽、连线等按要求连接在一起，组成一套 PLC 系统。中、大型 PLC 完成的功能往往多而复杂。

2. 特点

可编程控制器主要应用于工业现场，它具有以下特点：

（1）具有很强的抗干扰能力，可靠性高。工业生产一般要求控制设备能在恶劣的环境下可靠地工作，而可编程控制器的设计制造能保证这一点：硬件上采用了许多屏蔽措施，以防止空间电磁干扰；采用较多的滤波、光电隔离环节，以消除外部干扰及各模块之间的相互影响；还采用连锁控制、模块式结构、环境检测、诊断电路、冗余等特殊措施，以提高硬件的可靠性；软件上有循环检测、在线诊断等功能；在机械结构上考虑了防振、防水、防尘等要求。正因为如此，可编程控制器的平均无故障运行传输量一般可达 3 万～5 万 bit，从而得到把可靠性作为首选指标的现场用户的青睐，得以迅速发展。

（2）编程方便。它的编程语言直观、简单、方便，易于为各行业技术人员掌握。编程语言有多种形式。其中，最常用的是从继电器原理图引申出来的梯形图语言（ladder diagram）；另一种是顺序功能图语言（SFC），特别适合描述顺序控制问题；第三种是模仿过程流程的功能块语言。在化学水处理程序控制中应用最广泛的是梯形图语言。

（3）系统连接扩展灵活。PLC 的模块化结构可按积木方式进行灵活的连接组合。

二、PLC 的主要功能

可编程控制器的功能很多，下面着重介绍在化学水处理程控中主要用到的功能：

（1）顺序控制。顺序控制是根据事先设计好的控制步序梯形图完成控制功能，这是可编程控制器在化学水处理程控中最主要的功能。该功能一般设计为当满足某条件后，如人工触发、上位机满足某条件自动触发、可编程控制器内某逻辑触点满足某条件自动触发，即开始运行相应段的程序，以完成控制任务。

（2）数据采集、处理、显示。利用某些特殊的模拟量模块，可完成对诸如流量、压力、水位、温度、水质指标（pH 值、电导率、二氧化硅等）等模拟量的采集，并进行必要的处理（如对流量进行累积、对水质指标进行上下限判断等），最后显示于上位机 CRT 上或专门的二次设备上。

（3）反馈控制功能。利用特殊的 PID 控制模块，可对水箱水位、泵的流量、泵的出口压力、阀门的开度等进行闭环控制，使其稳定在设定的范围内。

三、PLC 的现状和发展趋势

1. PLC 市场

（1）国际 PLC 市场。可编程控制器市场应用的主要趋势是占领中、小型 DCS 即分布式控制系统市场。DCS 系统作为一种有效的控制方式应用越来越广泛。

根据美国权威人士推荐，按以下准则选择，当模拟量多于 128 路，且开关量少于 128 点时，选择仪表型 DCS；当模拟量多于 128 路，且开关量多于 256 点时，选择 PLC 与仪表型 DCS 构成系统；当模拟量少于 64 路，且开关量多于 256 点时，应选择 PLC 构成的 DCS，当然这个准则仅供参考。

PLC 还向计算机数控（CNC）领域渗透，近年来，以 PLC 用于数控的实例已越来越多。

在制造工业自动化中，PLC 与数控机床、机器人同为工厂自动化（FA）和计算机集成制造系统（CIMS）的基础。

（2）国内 PLC 市场。国内 PLC 市场有三大特征：一是与工业发达国家相比，国内应用 PLC 还处于初级阶段，而且局限于几类行业，应用尚未普及。二是 90% 国内市场现由国外 PLC 产品占领，中、大型 PLC 中，几乎 100% 是国外产品。三是国产化的 PLC 生产布点多、批量均不大、机型又杂，至今形成不了主流产品，更无法建立规模经济和国内产品的市场。

一般认为，目前使用的可编程控制器为第四代产品，它们具有以下特点：全面使用 16 位、32 位高性能微处理器、高性能位片式微处理器、RISC（reduced instruction set computer）精简指令系统 CPU 等高级 CPU，而且在一台可编程控制器中配置多个微处理器，进行多通道处理。同时产生了许多内含微处理器的智能模块，使得第四代可编程控制器成为具有逻辑控制功能、过程控制功能、运动控制功能、数据处理功能、联网通信功能的名副其实的多功能控制器。

目前，可编程控制器在化学水处理应用中一般作为单机使用，没有使用联网功能，而且功能多局限在实现程序控制及数据采集上，很少用来实现复杂的过程控制功能。但随着可编程控制器技术的不断发展、随着工业自动化要求的不断提高，通过用特殊编制的上位机软件，可编程控制器可以实现化学运行控制及监督的绝大部分甚至是全部的实时工作；通过联网功能，可与主控室功能日益强大的 DCS 网联在一起，从而成为电厂 Internet 网的一个组成部分。

2. PLC 的发展

国外 PLC 发展总的趋势是小型机（包括微型 PLC）功能不断强化，中、大型机向高速、高功能、大容量、集成化、编程语言多样化的方向发展。这是因为一方面可编程控制器要不断扩展其应用领域。此外，DCS 和工业控制机也在不断发展，以应付 PLC 的严峻挑战，迫使 PLC 要不断开拓前进。

小型 PLC 的 CPU 和 I/O 一般为一体，结构紧凑，可以向继电器一样安装于导轨槽，有的机种只有手掌大小，装卸、扩展十分方便。小型 PLC 不仅有开关量，而且有模拟量（具有 PID 回路调节功能），定时及实时响应中断、高速计速器、输入窄脉冲捕捉、高速直接输出、PWM 脉冲调制输出、变址寄存器等功能。编程器功能也相应增强，如可以选用顺序功能图（SFC）和梯形图、指令表等语言编程。

在集成系统中，目前的趋势是采用开放式的应用平台，即从网络通信、操作系统、监控及显示均采用国际标准或工业标准。例如网络通信符合 ISO7 层开放式互连模型国际标准操作系统采用 UNIX，MS-DOS，OSF/I 等，显示采用 X-Window 等。这样可使不同厂家的产品能连接在一个网络中运行。系统集成化的要求，使得 PLC 产品与 PC、DCS、CNC 等的集成度不断上升。现在，PLC 已能提供各种类型的多回路模拟量输入、输出模块以及专门在工业环境下运行的 ID 硬件；PLC 还常于逻辑运算控制，便于将继电器控制与仪表控制结合起来。因此，PLC 日益渗入到以多回路控制为主的分布式控制系统领域。

四、I/O 设备及特点

与功能集成同步发展的是智能和控制分散化的趋势，越来越多的由一台大型控制器处理的工作由更小的 PLC 网络来实现，或者分散到 I/O 设备，这种趋势甚至比 PLC 自身的进展还要强劲。

1. I/O 设备

目前，市场上热门的 I/O 设备有以下几种：

（1）分散型 I/O 子系统。I/O 与 CPU 并不装在同一机架（或底板）上的，其远程 I/O 可就地分散安装，通过双绞线或电缆与 CPU 高速通信，并且具有自诊断能力。

（2）智能 I/O。智能 I/O 是指只有一对通信线（如双绞线）并具有智能能力的 I/O。智能 I/O 模块可放在远程 I/O 机框内，可连接它自己的操作员接口，这样即使 CPU 发生故障，PID 等智能 I/O 模块仍能继续工作，局部操作员接口可以访问所有的回路参数。

（3）现场总线 I/O。现场总线 I/O 不是模块化机架安装式结构，可安装在导轨槽上，与现场设备直接连线。现场总线 I/O 集检测、数据处理、通信为一体，因而能替代诸如变送器、调节阀、记录仪等 4～20mA 单变量单向传输的模拟量仪表，甚至可以代替行程开关等。现场总线 I/O 可以和 PLC 构成相当廉价的 DCS，因此其发展前途是十分广阔的。

2. 现场总线 I/O 的特点

现场总线是当前国际上自动化发展的"热点"。现场总线是通信总线一直延伸到现场仪表，各个现场仪表可以在同一总线上双向多信息数字通信。Field Bus 共分四层，即物理层、数据链路层、应用层、用户层。从物理上讲，现场总线可以有三种拓扑结构：

（1）点对点方式。每个现场仪表单独接到现场总线，用于现场仪表比较分散或传输信息大的场合。

（2）树形方式。若干个现场仪表，一般按地理区域集中，再接到局部运行（home run）的现场总线上，然后再引到控制室。

（3）带桥方式。接到现场总线后，通过桥接器或多路转换器合并到高速总线，然后再接到控制室。

现场总线 I/O 具有以下特点：增强了系统的自治性，增强了全厂自动化功能；能完成智能 I/O 的功能，使控制功能分散，提高了可靠性；CPU 将程序装到现场总线 I/O 后，具体操作即由现场总线 I/O 执行，而且能在现场设定、调试、显示各种运行参数；由于可从现场总线 I/O 获得更多的有用信息，使开发主机系统的软件集成化成为可能；提高了检测精密度，可使精密度从 0.1% 提高到 0.01%，提高了系统的鲁棒性；现场总线 I/O 易于配置，只需一根电缆从主机开始，沿数据链从一个现场仪表连接到下一个现场仪表（即现场总线 I/O），每个现场仪表自动地从网络控制器接收地址，不需要跳线或 DIP 开关设定。以上连接方式可减少 1/2 到 2/3 的模拟量 I/O 模块和 I/O 机架、机柜、隔离器、节省控制回路的配线，节省安装、操作、维修等，总计能节约 2/3 或更多的成本。

由于互联网的通信能力与工厂的自动化息息相关，因此强化通信能力是近年来 PLC 开拓的一个重要方面，可以说没有通信就没有 PLC 的今天。网络通信总的发展趋势是高速、多层次、大的信息吞吐量、高可靠性、开放式的通信，即通信协议遵守国际标准或地区通用的工业标准。

PLC 的网络通信可分为三个层次：①包括上位计算机在内的局部网，一般和工厂级的 MAP 网、MiniMAP 网、以太网、MMS 网等连接，通信采用 N∶N 令牌环，也有的采用 CSMA/CD 方式，通信速率为 5～10Mb/s；②连接若干个 PLC 的高速数据网，一般为令牌总线，N∶N 点对点通信，通信速率为 1～2Mb/s；③连接 PLC I/O 的远程 I/O 网络，一般为 1∶N 主从式。

第三节　PLC 的组成和结构

PLC 控制系统一般为总线框架结构，由基本框架和扩展框架组成，框架之间通过电缆连接。框架由 PLC 的基本功能模块组成，这些基本功能模块包括 CPU（中央处理单元）、存储器、I/O（开关量或模拟量输入/输出单元）、编程器、通信接口、电源等。由一组基本功能模块可组成一个基本框架（CPU 单元）或扩展框架（无 CPU 单元），每个框架可插入的模块数由框架的结构和电源单元的负载能力决定。扩展框架有两种方式：一种是本地连接，即基本框架和扩展框架之间通过总线电缆连接，其距离一般为几米至十几米；另一种是远程连接，即基本框架和扩展框架之间通过光纤电缆连接，其距离较大。单 CPU 可连接的框架数及插入的总单元数由 CPU 的 I/O 寻址能力决定。PLC 的硬件框架结构一般形式如图 7-2 所示。

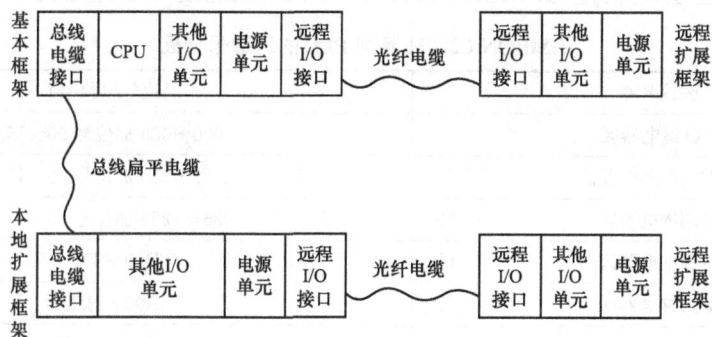

图 7-2　PLC 的框架结构

1. CPU（中央处理单元）

CPU 是整个 PLC 的控制中心，它由微处理器、存储器、系统控制电路、I/O 接口电路、编程器接口电路、通信接口电路组成，CPU 就像人的大脑一样，控制着 PLC 的一切活动。

CPU 中的微处理器根据 PLC 的型号规模大小，采用 8 位、16 位或 32 位的芯片。一般小型 PLC 采用单片微处理器芯片，中、大型 PLC 多采用双器，或称为布尔处理器，是一种从处理器。字处理器是一般的通用处理芯片，而位处理器常常是有些厂家专门为 PLC 而设计的专用芯片，用于实现 PLC 中特有的逻辑运算操作，以加快 CPU 的处理速度。

2. 存储器

PLC 的存储器按功能分为系统存储器和用户存储器。系统存储器用于存放 PLC 的系统监控程序及相关的工作参数，系统监控程序相当于个人电脑的操作系统，是用户程序与 PLC 硬件的接口，这部分存储器内容是 PLC 制造过程中由厂家植入的，用户不能访问或更改，这类存储器由 PROM（只读存储器）构成。用户存储器内存放的是用户编制的程序和相关的工作参数，又分为两类：一类存放的是用户编制的程序，只要程序已确定，一般不经常变动，除非生产工艺改变，使用户必须调整或重新编制程序，这类存储器由 EPROM 或 EEPROM（加电可擦除存储器）构成；另一类存放的是控制程序的工作参数，例如各种计算结果状态数据，以及计数器、定时器等的动态结果，这部分内容会被不断地刷新，故一般由 RAM（随机读写）构成。

对于用户内存的具体分类，各系列的 PLC 都有自己的特点，但一般引用电器控制系统中的术语，用继电器来定义用户内存的各区域。例如，OMRON C 系列一般将用户内存分为九类，包括 I/O 继电器区、内部辅助继电器区、专用继电器区、暂存继电器区、保持继电器区、辅助存储继电器区、链接继电器区、定时/计数继电器区、数据存储区；而 MODI-CON 84 系列将用户内存分为四类，包括线圈及其触点/开关量输出、开关量输入触点、输入寄存器、保持/输出寄存器。

对于用户内存的访问，一般是将各用户内存区用不同的标记表示，然后在用户程序中通过加入这些标记来对特定的内存进行读写操作。各系列都有自己的具体标记方法。例如 OMRON C 系列采用通道的概念寻址，即将各区划分为若干个连续的通道，某些区应按继电器进行寻址，即要在通道号后加由两位数（00～15）组成的位号来标识最终的内存引用区域，这些通道都可用特定的通道号来表示。OMRON C200H 系列 PLC 的通道号分配见表 7-1。

表 7-1　　　　　　　　　　　　OMRON C200H 系列 PLC 的通道号分配

区域名称		通道号（位号）
I/O 继电器区		000～029 加位号 00～15
内部辅助继电器区	IR	030～250 加位号 00～15
专用继电器区	SR	251～255 加位号 00～15
暂存继电器区	TR	TR00～TR07
保持继电器区	HR	HR00～HR99
辅助存储继电器区	AR	AR00～AR27 加位号 00～15
链接继电器区	LR	LR00～LR63
定时/计数继电器区	TC	TM0000～TM0999（R/W）
数据存储区	DM	DM0000～DM1999（R）

MODICON 84 系列用 5 位十进制数组成的编号来表示某特定的内存，第 1 位是它的属性，表示上述的五大类之一，分别用 0～4 表示，后 4 位是它的序号。

3. I/O 模块

I/O 模块是 PLC 进行工业控制的信号输入及控制量输出的转换接口。PLC 内部采用同普通电脑一样的计算机标准电平进行信息传递，但 PLC 控制的观场设备的电信号多种多样，可以是不同的电平、不同的频率、连续的或间断的等，这就要求输入模块将这些控制对象不同的状态信号转换成计算机标准电平。同时，输出模块可以将 PLC 输出的标准电平转换成执行机构所需的信号形式。另外，I/O 模块一般都有隔离电路及各种形式的整形滤波处理，这样可以将外部信号的干扰降低，从而提高在工业环境下工作的可靠性。

I/O 模块按信号形式可分为数字量单元和模拟量单元。数字量单元用于对现场的开关量设备进行信号采集或信号输出，例如数字量输入单元一般用来采集阀门的开关位、泵的启停状态、某些电触点仪表的触点输出等；数字量输出单元一般用来操作现场的开关量设备，如阀门的开关、设备的启停等。模拟量单元用于对现场的模拟信号设备进行数据采集或控制信号输出，如模拟量输入单元一般用来采集在线化学仪表的信号、热工仪表（如压力、温度、流量等）的信号；模拟量输出单元一般用来控制一些有调整功能的设备，如阀门的开度、计量泵的行程等。

每个系列的 PLC 都有能完成某些特殊功能的所谓智能模块，属于这类模块的有高速计数单元、位置控制单元、温度传感单元、PID 控制单元、模糊控制单元、通信控制单元等。通常上述智能模块都有自己的 CPU 和系统，需要单独编程。这些模块在处理过程中一般不参加 PLC 的循环扫描过程,只是在要求的时刻与 PLC 交换数据。

4. 编程器

PLC 的编程器是用户向 PLC 输入应用程序、调试程序并监控程序的执行过程的工具。

常见编程器的形式有专用的 PLC 编程器,一般为手持式和台式两种。这类编程器具有编辑程序所需的显示器、键盘、工作方式设置开关、状态指示灯等,编程器通过专用电缆与 PLC 的 CPU 单元连接。

用编程器一般可完成以下工作:程序输入及修改、程序运行及调试、运行过程中对某些状态节点进行检查及置位、程序编译、存储等。编程器提供的编程语言一般是助记符,这就要求使用者对该系列语言很熟悉。编程器主要特点是携带使用方便,但功能有限,而且某些操作比较烦琐。

目前大多数厂家的 PLC 都有自己专用的编程软件,可运行在 Windows 或 DOS 操作系统下,这样就可通过个人计算机进行程序的编制、调试、运行。使用之前应先将计算机与 PLC 的 CPU 连接起来,可按要求使用标准串口线(RS232)或专用的通信线连接。当编程软件启动后一般还要对通信方式进行配置,以建立起与计算机的通信。编程软件的特点是功能强大,有多种编程方式,可方便地完成所有的编程工作。

5. 通信接口

一般的 PLC 网络通常采用 3 级或 4 级子网构成复合型拓扑结构,各级子网配置不同的通信协议,以适应不同的通信要求。下面以典型的三层网络为例进行说明。

PLC 网络的第一层(最底层)包括本地 I/O 框架和远程 I/O 扩展框架。本地 I/O 框架是通过 PLC 总线电缆来实现的,其本质上可看成是基本框架的简单延伸,故严格来说,这种连接方式不能认为是一种通信连接,因为它不存在任何额外的数据转换与控制。而远程的 I/O 扩展框架必须有专用的远程智能模块来连接。这种远程模块有单独的处理器,该处理器负责周期性扫描各远程 I/O 单元的状态,然后将这些数据存入主站中专门的“远程 I/O 缓冲内存区”的相应位置;或将缓冲区的数据传到远程 I/O 单元,主站会将这块缓冲区的数据视为本地数据,会进行周期性扫描,要注意的是这两种扫描是异步进行的。

PLC 网络的第二层用于多个 PLC 之间的通信。这种通信一般采用各公司专用的通信协议及通信接口,该接口一般位于各 PLC 的 CPU 单元上。例如 MODICION OUANTUM 系列可采用 MODBUS 协议,通过专用通信线将个人计算机及多台 PLC 联成网络,速度可达 10Mb/s。

PLC 网络的第三层主要用于企业信息管理,配置的协议一般有 MAP3.0 规约和 Ethernet(以太网)协议,其通信接口一般有专用的接口卡或设备,这类接口较复杂。

目前电厂化学控制中一般只用到第一、二两层。

6. 电源

在 PLC 中,电源一般以模块的形式出现,一个框架至少应插有一个电源模块。电源模块的选取主要考虑该框架上各模块的耗电情况,电源模块的功率必须满足框架上各模块的耗电量的总和。如果一块电源模块功率不够,可再加插一块电源模块。

第四节   PLC 的工作原理

PLC 是采用一种周期循环扫描的机制进行工作的,每个扫描周期分为采样阶段、系统处理阶段、用户程序执行阶段、输出刷新阶段四个阶段。四个阶段关系如图 7-3 所示。

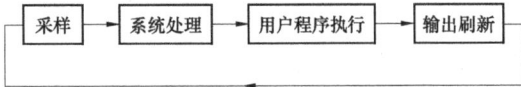

图 7-3 PLC 循环扫描工作过程

1. 采样阶段

PLC 是一种典型的采样控制系统。在采样阶段，PLC 必须完成对所有数字或模拟的输入量的采集，将它们放入用户指定的输入缓冲区。在 PLC 的这个扫描周期内，该输入缓冲区内容保持不变（用户程序内有强制刷新指令者除外，因为此类指令会使输入缓冲区立即被最新输入状态刷新），即在一个扫描周期内，PLC 认为输入信号是不变的。

PLC 这种断续采样的特点，使得它一般应用于机械设备控制或信号变化较慢的场合。对于数字量，其保持"1"状态和"0"状态的最短时间如果比 PLC 的扫描周期（约 200ms）长，那么可保证 PLC 能捕捉到这种外部数字量的任意一个变化状态。对于模拟量采样，则一般通过 PLC 的定时中断功能按某个固定的周期进行，这个周期值由 PLC 的主程序设置，与 PLC 的扫描周期值无关。

2. 系统处理阶段

在系统处理阶段，PLC 要进行一些例行的工作，例如，系统的工作状态进行检查，对所连接的外部设备进行响应，对通信接口的请求进行回复等。

3. 用户程序执行阶段

当完成第一步后，PLC 就有两类信号状态，一类是存在输入缓冲区的最新的输入信号状态值，另一类是在输出缓冲区内的上一次的输出信号状态值。PLC 在此阶段就利用这两类已知信号状态对用户程序进行解读，并将得到的最新输出结果立即存放到指定的输出缓冲区内，当用户程序解读完毕，所有的输出缓冲区也随之刷新。

PLC 对用户程序进行解读的顺序一般是按用户程序的编写顺序来的，但各系列的 PLC 在具体执行时或许有些细微的差别。例如 MODICON 84 系列是将用户程序分成若干个网络（network），每个网络最多有 7 行、11 列，网络结构示意如图 7-4 所示。行与列交汇点称为节点（node），节点是放置编程元件的地方。

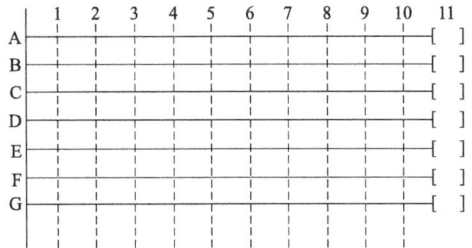

图 7-4 网络结构示意

PLC 在扫描时先从第 1 个网络的第 1 列开始，对每一列是从上至下扫描，扫描完第 1 列再扫描第 2 列，直至第 11 列，这样第 1 个网络就扫描完毕，再扫第 2 个网络，依次类推，直至最后一个网络完毕。用户程序扫描顺序如图 7-5 所示。

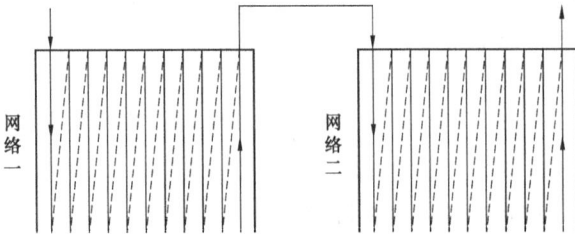

图 7-5 扫描顺序

4. 输出刷新阶段

用户程序执行完毕后，输出缓冲区内是最新的信号状态，PLC 在这个阶段会将输出缓冲区内的信号送到相应的输出模块，去控制现场的设备。

第五节 PLC的程序编制

一、编程元素

1. 编程元素定义

编程元素也称编程元件或逻辑元件，是构成梯形图的基本单元，是用户编制程序时能使用的最小编程单位，如继电器的动合、动断触点、定时器、计数器、四则运算、实践传送的功能块等。它分为单触点、双触点、三触点元素，即它们在网络上占用的相邻的一个、两个或三个节点的位置。

2. 编程元素的编号及意义

组成网络的各编程元素都有一个有规则的编号，称为参考编号，也叫参数。规定如下：

0××××，表示线圈及其触点/开关量输出。这类线圈包括内部线圈和外部线圈两部分。其中，内部线圈只是在 CPU 内部使用，用来表示一种输出逻辑；外部线圈代表相应的开关量输出模块的某个通道，例如用 00013 代表某开关量输出模块的某个通道。需要说明的是，内、外部线圈在梯形图中的使用方法是完全一样的。

1××××，表示开关量输入触点。代表相应的开关量输入模块的某个通道，例如用 10013 代表某开关量输入模块的某个通道。

2××××各模块的每个通道的地址编号是在编程软件中设定的。

3××××，表示输入寄存器。存放由外部设备输入的数值，如 A/D 模块、数值设定设备等，它的内容只能由外部设备输入，只能查看，不能修改。

4××××，表示保持/输出寄存器。是 PC 内的通用寄存器，该类寄存器中的内容在掉电时不会丢失，一般用来存放设定值、数值计算结果或中间值，其中的一部分可作为输出寄存器。

二、编程指令

编程指令按功能分为四类：基本编程指令、四则运算指令、数据传送指令和矩阵功能指令。下面简要介绍基本编程指令和四则运算指令。

（一）基本编程指令

基本编程指令分为继电器类编程指令、定时器类编程指令和计数器类编程指令三部分。这三类基本编程指令的功能和相应的物理继电器的功能完全相同，将继电器硬接线的逻辑控制电路图稍加修改就可以直接形成外形基本相同、功能完全一样的梯形图程序。

1. 继电器类编程指令

继电器类编程指令包括线圈及其触点，通过触点的串并联逻辑运算来实现控制指令，是最基本的指令。继电器类编程指令共有八种，见表7-2。

表7-2　　继电器类编程指令

种类	名称	符号	编号	备注
触点	动合触点	⊣⊢	开入 1×××× 开出 0××××	通电闭合，可放在网络内 1~10 列的任何节点，可无限次使用

种类	名 称	符 号	编号	备 注
触点	动断触点	—||—	开入1×××× 开出0××××	通电断开,其余同动合触点
	前沿微分触点	—|↑|—		通电后只导通一个周期
	后沿微分触点	—|↓|—		断电后只导通一个周期
连接	垂直连线	|		行间短路,不占节点位置
	水平连线	——		列间短路,占一个节点位置
线圈	普通线圈	—|[ ]—	0××××	线圈的编号只能用一次,但触点的性质和数量不限
	保持线圈	—|[⌐]—		具有掉电保持功能,其余与普通线圈相同

2. 定时器类(timer)编程指令

定时器类编程指令用于实现延时功能,如加电延时或断电延时。定时器符号如图 7 - 6 所示。

输入1 ——| 设定值 T×× 当前值 |—— 输出1

输入2 ——| |—— 输出2

图 7 - 6 定时器符号

984 PLC 提供三个时钟信号来驱动所有的定时器,时基分别为 1.0、0.1、0.01s,一个时钟信号可以驱动任意多个定时器。定时器在网络上的某一列按垂直方向占两个相邻的节点位置,故为双节点元件。

图 7 - 6 所示的定时器符号中各部分的意义如下:

(1)设定值。设定值可以是常数,用 K××× 表示,其中,××× 表示 1~999 之间的数值;设定值也可以是编号为 30××× 或 4×××× 的寄存器中的内容,此时,直接在设定值的位置填上该寄存器的编号。

(2)当前值。当前值是存放当前的计时值,只能用编号为 4×××× 的保持寄存器。

(3)T××。时基种类,为 T1.0、T0.1、T0.01 的一种。

(4)输入 1。输入 1 为定时器的工作指令,当此输入为"1"(接通)时,定时器开始计时,多为动合触点。

(5)输入 2。输入 2 为定时器的复位指令,只有当此输入为"1"时,定时器才可以计时,因此又称为使能指令。当此输入为"0"(断开)时,定时器的当前值立即复零并且不能再计时。多为动断触点。

(6)输出 1。当前值达到设定值后立即接通,未达到设定值前是断开的。

（7）输出 2。与输出 1 恰好反相，即当前值达到设定值后立即断开，未达到设定值前是接通的。

定时器达到设定值后，只要输入 2 为"1"，则不论输入 1 的状态如何，输出状态都将保持不变。

定时器会有动作时滞现象，其最大时滞为时基＋扫描周期，所以一般设定值和时基之间以相差百倍为好。例如设定值为 150s，则时基应选 T1.0s。定时器的动作关系见表 7-3。

表 7-3　　　　　　　　　　定时器的动作关系

输入状态		定时器状态		当前值	输出状态	
输入 1	输入 2				输出 1	输出 2
ON/OFF	OFF	复　位		0	OFF	ON
ON	ON	计时	当前值＜设定值	增加		
			当前值＝设定值	设定值	ON	OFF
OFF		停止计时	当前值＜设定值	不变	OFF	ON
			当前值＝设定值	设定值	ON	OFF

3. 计数器类（counter）编程指令

计数器类编程指令用于记录操作次数，其符号如图 7-7 所示。

计数器有加数计数（UCTR）和减数计数（DCTR）两种。

计数器的各符号意义及动作原理与定时器类似，只是计数器只检测输入 1 的上跳沿，即在计数状态下，只有输入 1 由"0"跳变为"1"的瞬间触发计数器计一个数（或加 1 或减 1），而不管输入 1 保持"1"状态的时间长短。

图 7-7　计数器符号

加数计数器的计数范围是从 0 至设定值，计数到设定值时输出 1 导通；减数计数器的计数范围是从设定值至 0，计数到 0 时输出 1 导通。加法计数器的动作关系见表 7-4。

表 7-4　　　　　　　　　　加数计数器的动作关系

输入状态		定时器状态		当前值	输出状态	
输入 1	输入 2				输出 1	输出 2
ON/OFF	OFF	复　位		0	OFF	ON
⤒	ON	计数	当前值＜设定值	＋1		
			当前值＝设定值	设定值	ON	OFF
⤓		停止计数	当前值＜设定值	不变	OFF	ON
			当前值＝设定值	设定值	ON	OFF

（二）四则运算指令

运算指令包括加、减、乘、除四种，使用这些指令，除了能完成数据的四则运算外，还可以完成数据的比较（大、小、是否相同）、数据的合成与分解、寄存器清零或置数等。下面简单介绍加法运算和减法运算。

输入 ────────┬──────── 输出

被加数

加数

ADD

结果

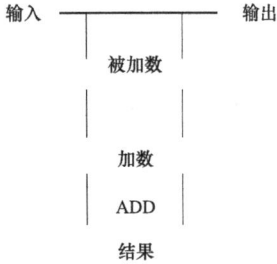

图 7-8 加法运算符号

1. 加法运算

加法运算符号如图 7-8 所示。

(1) 输入：导通期间，每次扫描都进行一次加法运算，当输入断开期间不运算且输出也保持断开。

(2) 被加数：被加数可以是寄存器编号（此时被加数是存放于该寄存器的数据），也可以是常数，常数必须不大于 65535。

(3) 加数：同被加数。

(4) ADD：加法器的标记。

(5) 结果：只能是 4×××× 的寄存器编号，当结果不小于 65536 时，寄存器溢出，寄存器内容为结果减去 65536 的剩余部分。

(6) 输出：当结果寄存器内结果不小于 65536 时导通。

加法器在控制中一般用作流量累积。当然，在上位机的组态控制软件中可以很容易地实现这个功能，但这种方法不够准确。目前，组态控制软件通常运行在 Windows 操作系统下，而应用软件中与时间有关的功能一般都是通过读取操作系统给出的时间消息而实现的。如果当时系统或应用软件非常忙，那么应用软件就可能不能及时读到这个时间消息，导致计时功能滞后执行，甚至会跳过某次周期操作，这样误差就会产生并逐渐积累。而 PLC 严格地按照硬件时钟执行操作，保证在一个扫描周期内所有的操作都会被扫描到，不会存在这种时间误差。

下面以图 7-9 所示为例加以说明。

第 1、2 组成的脉冲发生器每隔 5s 导通 01500 线圈一次，然后由 01500 的上跳沿去触发第一个加法器做一次加法；当第一个加法器结果溢出后，其输出导通，触发第二个加法器做一次加法；依次类推至第三个加法器。三个加法器串联最大累加为 2814 70681808895。

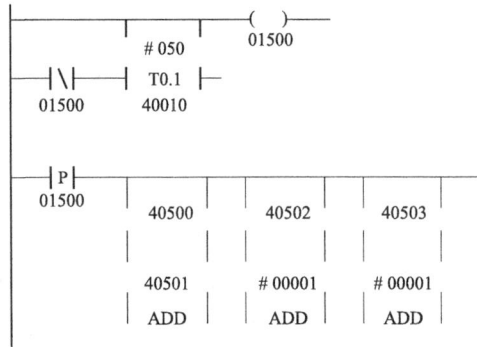

图 7-9 加法运算应用实例

上位机按周期（最好不大于 5s，以保证数据的准确性）将流量信号换算成体积信号后送至 40501 号寄存器。举例来说，如果流量是 200t/h，那么 5s 流过的水量为 0.27777777777t。因为 PLC 无浮点运算功能，所以应转换成整数。此时选择的单位将直接影响累积精度，如果选每百升为单位，那么数据四舍五入后为 3，有几十升的误差；如果选每毫升为单位，则数据为 277778，此时误差虽然只有零点几毫升（其实误差这么小已没有实际意义，因为上位机按周期送数过来，而在这个周期内，这个数是不会变的，由于这种原因引入的误差肯定远大于零点几毫升），但加法器只能累加 2.815 亿 t（虽然这个数也很大）；而如果选每升为单位，则数据为 278，此时误差为零点几升（应该是不大的），而加法器却能累加到 2814.7 亿 t，这个数足以满足电厂任何的水量累加。

第一个加法器每隔 5s 将 40501 号寄存器中的水量累加到 40500 号寄存器中，当结果达到或超过 65536（L），第二个加法器做一次加法，使 40502 号寄存器中数据加 1，即 40502 号寄存器中数据每加 1，表示水量增加 65536（L），依次类推至第三个加法器，即 40503 号寄存器中数据每加 1，表示水量增加 429490176（L）。

上位机再按周期从 40501、40502、40503 号寄存器中读出数据，设分别为 X_1、X_2、X_3，然后再按下面算式转换为以 t 为单位的水量累积值为

$(X_1+65536X_2+429490176X_3)\times10^{-3}$，至此完成一个流量累积器。

2. 减法运算

减法运算符号如图 7-10 所示。

（1）输入：导通期间，每次扫描都进行一次输入次数值 1 和数值 2 的减法运算，当输入断开期间不运算且输出也保持断开。

（2）数值 1：可以是寄存器编号（此时数值 1 是存放于该寄存器的数据），也可以是常数，常数必须不大于 65535。

（3）数值 2：同数值 1。

（4）SUB：减法器的标记。

（5）结果：只能是 4×××× 的寄存器编号。

（6）输出 1：当结果寄存器内结果大于零时导通，即当数值 1＞数值 2 时，输出 1＝ON。

（7）输出 2：当结果寄存器内结果等于零时导通，即当数值 1＝数值 2 时，输出 2＝ON。

（8）输出 3：当结果寄存器内结果小于零时导通，即当数值 1＜数值 2 时，输出 3＝ON。

减法器在控制中一般用于两个数值的比较。

三、编程示例

下面以编写一个控制阳床再生及运行的程序为例来说明一般的编制步骤和过程。

1. 控制对象研究

该阳床的示意如图 7-11 所示。

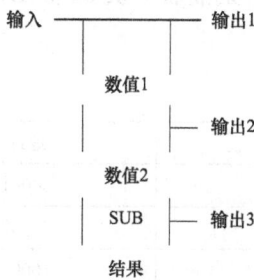

图 7-10　减法运算符号

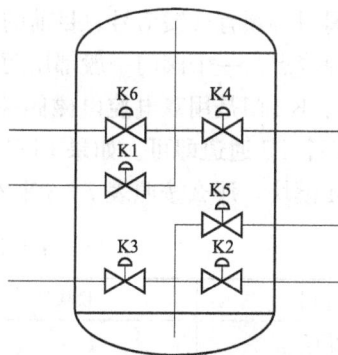

图 7-11　阳床示意
K1—进水门；K2—出水门；K3—反洗进水门；
K4—反洗排水门；K5—正洗排水门；K6—进酸门

2. 确定控制步序

该阳床再生工艺为体内顺流再生，其控制步序见表 7-5。为了简单扼要，此表中的步序并不是实际步序，部分步序被省略。

表 7-5　　　　　　　　　阳床控制步序

阀门名称 步序及时间	进水 K1	出水 K2	反洗进水 K3	反洗排水 K4	正洗排水 K5	进酸 K6
停　止						

续表

阀门名称 / 步序及时间	进水 K1	出水 K2	反洗进水 K3	反洗排水 K4	正洗排水 K5	进酸 K6
反洗 15min			√	√		
进酸 30min					√	√
置换 20min					√	√
正洗 10min	√				√	
备　用						
投　运	√	√				

3. PLC I/O 模块通道分配

目前化学水处理的自动阀门多采用气动阀，这些气动阀通过电磁阀来切换开关气源以完成开关动作。电磁阀的吸合与否由 PLC 的数字量输出模块（DO）来控制。

电磁阀分为单电控和双电控两种，单电控是通电吸合到开气路、失电复位到关气路，故阀门要保持开状态，则必须使电磁阀持续通电吸合。而双电控则有两路控制电源，即无论是要吸合到开气路或复位到关气路，都必须要求相应的控制电源通电，当双电控电磁阀已处于某种状态后，即使这路电源失电，电磁阀也将保持这种状态直至另一路控制电源通电使之状态翻转，故双电控电磁阀可以采用脉冲方式驱动。

由上述分析可知，单电控电磁阀需要一个 DO 通道来控制，双电控电磁阀则需要两个通道控制。

另外，阀门必须有反馈信号。目前的阀位反馈装置一般有机械接点和磁性干接点两类，无论使用何种接点，一个阀门一般都用两个数字量输入模块（DI）通道来采集阀位信号。

假设 K1、K2 门是用双电控电磁阀控制，而其他门是用单电控电磁阀控制，则用 8 个 DO 通道、16 个 DI 通道即可。如果 PLC 框架第一、二槽上分别插着一块 32 点 DO 模块和一块 32 点 DI 模块，那么按照表 7-6 来安排 I/O 模块通道。

表 7-6　　　　　　　　　　　I/O 模块通道分配

通道作用	模块号	通道号	地址
K1 阀门开	1	1	00001
K1 阀门关	1	2	00002
K1 阀门开反馈	2	1	10001
K1 阀门关反馈	2	2	10002
K2 阀门开	1	3	00003
K2 阀门关	1	4	00004
K2 阀门开反馈	2	3	10003
K2 阀门关反馈	2	4	10004
K3 阀门开/关	1	5	00005
K3 阀门开反馈	2	5	10005
K3 阀门关反馈	2	6	10006

通道作用	模块号	通道号	地址
K4 阀门开/关	1	6	00006
K4 阀门开反馈	2	7	10007
K4 阀门关反馈	2	8	10008
K5 阀门开/关	1	7	00007
K5 阀门开反馈	2	9	10009
K5 阀门关反馈	2	10	10010
K6 阀门开/关	1	8	00008
K6 阀门开反馈	2	11	10011
K6 阀门关反馈	2	12	10012
停运按钮	2	13	10013
再生启动按钮	2	14	10014
投运按钮	2	15	10015
酸计量箱液位高	2	16	10016
停运状态指示灯	1	9	00009
再生状态指示灯	1	10	00010
运行状态指示灯	1	11	00011

注　在编程软件中将 DO 的通道地址编为 00001~00032，将 DI 的通道地址编为 10001~10032。

四、地址参考号的约定

请读者思考这样一个问题：使用了这么多编程元素，怎么能记得它们各起什么作用的？确实，对于以上这么一个简短的程序，记这些元素都很费时，何况复杂的大型控制程序呢。下面将对这个问题用提出地址参考号约定的解决办法。

$$
\begin{array}{ll}
\text{开关量}\begin{cases} 0\times\times\times\times & \text{输出继电器} \quad 000001\sim004608\ (\text{若 DO}=320，\text{则 }000320\text{ 以上为中间继电器}) \\ 1\times\times\times\times & \text{输入继电器} \quad 100001\sim100544\ (\text{若 DI}=320，\text{则 }100320\text{ 以上为中间继电器}) \end{cases} \\
\text{模拟量}\begin{cases} 3\times\times\times\times & \text{输入寄存器} \quad 300001\sim300112\ (\text{若 AI}=176，\text{则 }300176\text{ 以上为中间继电器}) \\ 4\times\times\times\times & \text{输出寄存器} \quad 400001\sim401872\ (\text{若 AO}=30，\text{则 }400030\text{ 以上为中间继电器}) \end{cases}
\end{array}
$$

首先，必须了解整个系统的 I/O 类型和规模，清楚各类 I/O 点数地址分配的整体范围。例如，输出寄存器，这种寄存器在程序中使用最为频繁，所起的作用也多样，而其他几类寄存器应用不多且作用较单一，或有明确的物理设备与之对应（如模块通道），将它们记录下来查询会很方便，不容易混淆。而对于通用输出寄存器，地址虽然更应记录在册，但往往因为编号太多、功能多样而造成查询困难。因此，要针对通用输出寄存器养成一个好习惯，即按功能将地址编号分成几类，而这几类编号之间差别应比较明显。一般在控制程序中有以下几类用户寄存器：

（1）与数字量输出模块各通道对应的寄存器。这种编号可以在软件中设定，尽量连续。

（2）上位机发送的保持指令信号。包括延时、暂停等，如编号为 00500~00699。

（3）上位机发送的指令信号（脉冲式或由 PC 取跳变沿的保持信号）。包括手动开阀门、设备操作方式切换、步进等，如编号为 00700~00999。

（4）步开始标志寄存器，如编号为 01000～01199。

（5）操作输出继电器的逻辑传递中间线圈，如编号为 01200～01599。

（6）连锁条件逻辑传递中间线圈，如编号为 01600～01699。

当然，具体的编号视 PLC 的内存和需要接点的数量而定，关键是编号要有明显的界限，这样当读到编号 01694 时，即可知道它是用来综合某类条件并往下传递这种条件的触点，然后再按这种功能去查找这个接点的具体功能，这样程序读起来会比较方便。

第六节　补给水系统的程序控制

一、补给水系统程序控制的任务

1. 工艺流程

锅炉补给水系统是电厂主要的辅助系统之一，其任务是向热力系统供应合格的补充水，除去水中的有害杂质，防止不合格水进入水汽循环系统，形成热力设备的结垢、积盐和腐蚀，影响蒸汽的流通和热交换的效果，甚至影响锅炉和汽轮机的安全、经济运行。

一般情况下，原水要经过澄清、过滤等预处理除去机械杂质，还要进行除盐软化，除去溶解于水中的钙、镁、硅等盐类，还要进行除碳、除氧处理，炉水加药和排污处理，以保证热力系统中的水质良好。

补给水处理的主要方法是离子交换法。离子交换法在化学水处理生产过程中的应用十分广泛，一般采用阳离子交换树脂吸收水中的阳离子，用阴离子树脂吸收水中的阴离子。当水处理运行一定时间后，或者处理了一定流量的水以后，离子交换树脂就会失效，水质将不合格，这时需要停止运行，对树脂进行再生。再生的目的是恢复离子交换树脂的交换能力。再生是用一定浓度的酸或碱的再生溶液连续送入阳床和阴床，使离子交换树脂的活性得到恢复。再生时的流向与运行时的流向相同，称为顺流再生；如果流向相反，则称为逆流再生。为提高再生的效率，在再生过程前通常进行反洗，用于松动树脂和清除交换树脂上的附着物。此外，再生后为了清除交换树脂上的再生溶液及其再生物，应采用清水按再生流动的方向进行正洗。

因此，水处理设备运行和树脂再生是周期性轮流进行的。一般离子交换树脂运行 12h，再生 3～4h。树脂再生时，程序多达十几步。操作比较频繁，阀门较多、较大，还有一定数量的电动机参与控制，人工操作费时、费力，劳动强度大，若操作不及时，还会造成时间和材料的浪费。又因为化学水处理设备的再生产过程中，相对独立性较大，程序控制原理基本上都是按照条件时间顺序进行自动操作的，因此化学水处理程序控制系统比较易于实现。

目前，火电厂所应用的水处理设备主要有固定床、浮动床、移动床等类型。一级除盐系统通常由阳离子交换器、除碳器、除碳风机、中间水泵、阴离子交换器等组成。混合离子交换器通常为二级除盐系统。

某电厂补给水系统的基本工艺流程如图 7-12 所示。它为四台 300MW 机组提供锅炉补给水，含澄清池 3 台、高效过滤器 10 台、阳离子交换器 12 台、阴离子交换器 10 台及混合离子交换器 4 台，酸、碱再生系统各 3 套。系统中的高效过滤器、阳离子交换器及混合离子交换器均采用母管制并联连接方式；阴阳床系统分两个系列，每一系列的除盐用清水泵及中间水泵均单独设置。

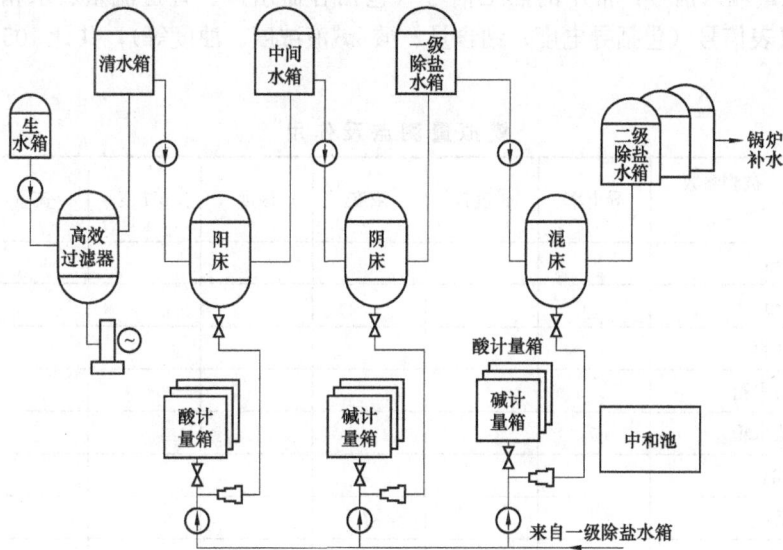

图 7-12 补给水系统流程图

除盐水处理生产过程如下：预处理后的出水进入阳床，与阳床弱酸树脂先进行离子交换，利用弱酸树脂对水中的钙、镁、钠等碱离子有较强的交换能力，除去水中的大部分钙、镁、钠等离子。然后进入阳床上部，再与强酸树脂进行离子交换，使残留的钙、镁、钠去除。出口水进入脱二氧化碳塔的顶部，与自下而上的空气在塔内填料表面充分接触，脱除酸性水中的二氧化碳后流入中间水箱。中间水经阴床入口阀从中间水箱进入阴床。与阴床内的弱碱树脂进行离子交换，除去水中的大部分杂质阴离子，然后进入阴床上部，与强碱树脂进行离子交换，使残留的阴离子去除。经出口阀进入一级水除盐水箱。合格的一级水自上而下通过混床，得到进一步精制，成为合格的二级脱离子水，经脱离子水总管送入水箱，作为工业过程中要求的二级除盐水。

当阳床出水累积流量超过规定数值或出水的钠离子含量超过规定数值时，阳床需要停止运行，进行再生。当出阴床的硅酸根离子浓度超过某一规定数值，或出水的电导率不合格时，阴床需要停止运行，进行再生。此外，混床在运行一定时间后，树脂被压实并失效，也需要定期再生。

2. 控制任务

(1) 对 10 台高效过滤器的清洗和投运进行程控。

(2) 对两个系列 12 台阳离子交换器的再生和投运进行控制。

(3) 对两个系列 10 台阴离子交换器的再生和投运进行控制。

(4) 对 4 台混合离子交换器的再生和投运进行控制。

(5) 对上述工艺过程中涉及的模拟量点进行采集和处理，并在 CRT 上集中显示。

(6) 对上述工艺过程中涉及的所有电机返回信号、阀位返回信号进行采集和处理，在 CRT 上集中显示，并由 PLC 输出至模拟屏点亮信号灯。

二、程序控制系统设计

为实现上述控制功能，选取以下测点：

（1）模拟量输入信号：常用的热工信号（包括容器出口、管道流量、水箱液位、压力等）和分析仪表信号（包括导电度、钠含量、酸/碱液浓度、浊度等），共计 105 点。主要测点见表 7-7。

表 7-7　　　　　　　　　　　　　模 拟 量 测 点 及 作 用

被测参数 测点名称	导电率	钠度计	浓度	浊度	pH 值	流量	液位
生水箱							√
清水箱							√
中间水箱							√
一级除盐水箱							√
二级除盐水箱	√						√
中和池					√		√
酸计量箱			√				√
碱计量箱							√
高效过滤器出口				√		√	
阳离子交换器出口		√				√	
阴离子交换器出口	√					√	
混合离子交换器出口	√					√	

（2）开关量输入信号：包括阀门开关回报信号、水泵及风机启停信号、计量箱液位高报警信号、控制起源压力报警信号等，共计 510 点。

为避免阀门位置反馈信号不可靠带来的程序误动，便于运行人员的监视，保证自动运行的准确、可靠，系统中所有的反馈信号均取开、关双路信号。

（3）开关量输出信号：包括控制电磁阀开闭的信号，通过它使气动薄膜执行机构动作，驱动阀门的启闭，输出部分同时也控制电机的启停。每一种相应的动作都在控制盘上有灯光显示。

输出信号是用来控制执行机构（阀门、风机、水泵）动作的信号，同时包括控制盘上操作工况指示信号，共计 460 点。

根据输入/输出（I/O）点数，系统选用了美国 MODICAN 984-785 可编程控制器（PLC）作为控制主机。MODICAN 984-785 采用模块化结构和多处理器结构，功能齐全，处理速度快，容量大，I/O 点数大于 2048 点，适用于大型程序控制系统。

三、程序控制系统结构

程序控制系统构成如图 7-13 所示。

（一）控制室部分

本系统配有两台操作员控制站和模拟显示屏（立式仪表盘）。上位机完成人机联系工作；模拟屏显示设备状态、部分常规仪表和泵的手动开关，从而可实现系统工况的双重显示和除去回转设备以外的所有执行机构的 CRT（计算机）开关操作。

系统以 MODICAN-984 系列可编程控制器为核心，由直流 24V 稳压电源给 I/O 模块供电，并配置输入/输出继电器，便于进一步提高抗干扰能力，减少 PLC 的点数。

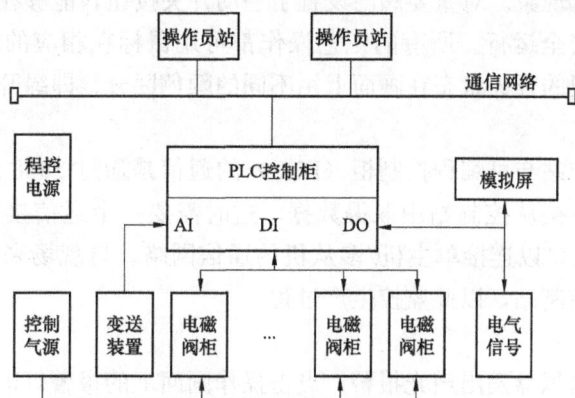

图 7 - 13　程序控制系统构成

AI—模拟量输入；DI—开关量输入；DO—开关量输出

上位机与 PLC 的通信由莫迪康公司的 MODICAN - BUS 来完成。

在程序进行到某一步时，由于程序要求的反馈信号没有返回，或者有某些工艺条件不满足时，则系统进行声光报警，此时系统将不再进行下一步的程序，直到操作人员查明原因，排除故障，使报警条件消失，此时才能进入下一步。

（二）外部设备

1. 现场输入设备

（1）阀位反馈信号。每个参与程控的阀门都通过反馈装置将开或关信号返回 PLC，在模拟屏或上位机上显示其状态。

（2）条件信号（见表 7 - 7）。液位、导电度等模拟量信号作为 PLC 控制泵启停和离子交换器等设备运行方式的依据。

2. 控制输出设备

（1）电磁阀柜。整个系统由 36 个现场电磁阀柜负责完成执行机构控制回路中的电气转换环节。

（2）阀门。参与程控的设备所属阀门由 PLC 控制，电磁阀转换、PLC 输出信号到电磁阀之间由继电器隔离。

（3）泵、风机。部分泵、风机是由 PLC 控制启停的，PLC 输出信号到现场接触器之间通过继电器隔离。

（三）软件设计

1. 画面组态

该系统以 INTOUCH5.0（Windows95）作为操作站开发软件。首先进行标记名字典定义。在 INTOUCH 中，数据主要分为内存型和 I/O 型。其中，内存型数据为 INTOUCH 程序内部定义的变量（如年、月、日），I/O 型数据的来源一般为其他计算机节点或本机运行的其他程序（如 I/O Server），生产现场的所有数据就是 I/O 型。若要在操作站的动态画面上显示，就必须在标记名字典中定义，且与控制站（PLC）的内部地址一一对应。

系统共设计了 20 余幅操作画面，包括流程图画面、报警画面、流量和液位趋势图画面、退出和登录画面、模拟量监控数据显示画面等。操作人员能够在操作画面上直观地看到工艺流程，能及时发现异常现象。对重要阀门设置了手动开关按钮，能够在控制室内手动开关重要阀门，保证系统的安全运行。所有的工艺操作都可用鼠标在相应的画面上进行，操作方便，界面友好。各阀门的开关状态在画面上用不同的颜色区分，即绿开、红关。

2. 数据通信

在本系统中，操作站与可编程控制柜（PLC）的通信是通过 S908 远程 I/O 系统来实现的。通常操作站无法直接从控制站中取得数据，这时需要一个通信接口，984 系列 PLC 内装有 MODBUS 通信接口以连接单主机/多从机的通信网络。自现场来的数据经过上位机处理，将控制命令传给控制站，以此监控生产过程。

3. 系统监控

系统发生故障时模拟盘发出声光报警，点击操作画面上的报警灯进入报警画面可看到具体报警内容，并且所有发生的报警均有 48h 的历史记录。INTOUCH 可以为每个数据定义它的报警信息，模拟量还可定义高、低、高高、低低报警值，并且可以通过条件脚本或数据值改变脚本和用户编制的快速脚本处理各种报警信息，如弹出报警窗口或声音提示。

例如，要监控酸、碱计量箱过高的情况，就可以定义一个 L1. HiStatus 的条件脚本，并在 On True 脚本框中写上相应的条件。

系统功能分为就地操作、远方手动操作、成组操作和自动程控。

本系统能够对程序步进行时间自检和监测，能够在线监控，可离/在线修改。当整个系统处于"自动"状态，而要求其中某一系统处于"手动"时，可按下相应的"手动"；公用系统即可用手动操作控制，不受程序控制，而其余的仍由程序控制。

四、系统编程及调试

水处理运行过程和再生过程是周期性交替进行的。所需控制的阀门较多，但大多数是开关阀，因此采用可编程控制来实现整个生产过程的控制是可能和有效的。

化学水处理系统的编程是按照功能图表或逻辑流程图，再编辑成 LADDER 图（梯形图），最终由 PLC 执行梯形图指令。

水处理系统中除卸酸碱和软化水系统外都设计程序控制，包括高效过滤器预处理、一级除盐系统（阴、阳床的运行和再生）、二级除盐系统（混床的运行和再生）等部分。此处仅以阳床运行和再生系统的编程为例。

（一）阳床运行和再生的程序控制功能（见表 7-8，阴床类同）

表 7-8　　　　　　　　　　　　　阳床运行及再生控制功能表

步序＼状态	入口阀K1	出口阀K2	上排水阀	下排水阀	进再生液	进反洗水	小反洗水	中间排水	排气阀K9	顶压气阀	浓再生阀	喷射水阀	再生水阀	进酸阀S3	除碳风机	中间水泵	清水泵	阳再生泵	控制指标
运行	○	○	×	×	×	×	×	×	×	×	×	×	×	○	○	○	×	×	出水含钠量不大于 $100\mu g/L$
失效	×	×	×	×	×	×	×	×	×	×	×	×	×	×	×	×	×	×	出水含钠量不小于 $100\mu g/L$
小反洗	×	×	○	×	×	×	○	×	×	×	×	×	×	×	×	×	○	×	$v=5\sim10m/h$，$T=10min$
大反洗	×	×	×	○	×	○	×	×	×	×	×	×	×	×	×	×	○	×	$v=15m/h$，$T=15min$
排水	×	×	×	×	×	×	×	○	○	×	×	×	×	×	×	×	×	×	$T=10min$
顶压	×	×	×	×	×	×	×	×	×	○	×	×	×	×	×	×	×	×	工艺用气压力不小于 0.04MPa

续表

步序 \ 状态	入口阀 K1	出口阀 K2	上排水阀	下排水阀	进再生液	进反洗水	小反洗水	中间排水	排气阀 K9	顶压气阀	浓再生阀	喷射水阀	再生水阀	进酸阀 S3	除碳风机	中间水泵	清水泵	阳再生泵	控制指标
预喷射	×	×	×	○	×	×	×	○	○	○	×	○	×	○	×	×	×	○	$v=5\mathrm{m/h}$，$T=1\mathrm{min}$
进再生水	×	×	×	○	○	×	×	○	○	×	○	×	○	×	×	×	×	○	由计量箱液位控制 $v=5\mathrm{m/h}$
置换	×	×	×	○	○	×	×	○	○	×	×	×	○	×	×	×	×	○	$T=30\mathrm{min}$，$v=5\mathrm{m/h}$
小正洗	○	×	×	×	×	×	×	×	×	×	×	×	×	×	×	×	○	×	$v=10\sim15\mathrm{m/h}$，$T=5\mathrm{min}$
灌水	○	×	×	×	×	×	×	×	×	×	×	×	×	×	×	×	×	×	$T=5\mathrm{min}$
正洗	○	×	×	×	×	×	×	×	×	×	×	×	×	×	○	×	○	×	出水含钠量不大于 $100\mu\mathrm{g/L}$

注　○表示设备开启，×表示设备关停。

一级除盐系统包括阳离子交换器、阴离子交换器，它由运行和再生两套程序组成，其中涉及运行、失效、大小反洗、大小正洗、排水、顶压、置换等十一个步序。

阳床失效的判据是阳床出口水含钠量。除碳风机、中间水泵、清水泵等回转设备的启停信号由中央控制室 PLC 柜通过开关量输出板发送到电气控制盘，从而控制设备启停。其反馈信号一路直接通过控制盘显示，另一路同阀门反馈一样通过开关量输入板进入 PLC 柜经过处理后参与控制或由 CRT 显示。

如果输出阀信号或开设备电机信号后 5s 内未接受到阀门全开或电机已运转的反馈信号，则发出报警。

（二）编程实例

阳床运行的部分梯形图程序如图 7-14 所示。

图中：在选中 3 号阳床时，按运行的功能键或者自动投运信号满足时，则内部继电器带电，表明要求运行。

在无人工再生信号、无人工停运信号、无要求自动停运信号时，接点闭合，则内部继电器带电，表明运行开始，（418）的动合触点带电自保持。

（418）是一个内部线圈，检查气源压力信号是否正常，手自动开关是否投自动，清水泵运行信号是否具备，否则应通过内部继电器报警。

（418）运行内部继电器的另一动合接点，通过无停运信号（440），无报警信号（419），启动正式运行投入继电器（420）。同时通过（424）内部继电器动断接点，再由（TC010）计时，时间暂定 60s，即启动除碳风机，时间监视为 60s。

（418）通过脉冲（964），带动继电器（540），通过输出继电器（360）带动灯光"闪"。

（420）正式投运内部继电器，又分别去带动（FUN 00640）、（FUN 00642），使得输出继电器（300、302）动作，并由时间继电器自检动作时间。

（300）为阳床入口门对应的输出继电器，（302）为阳床出口门对应的输出继电器。

（TC010）用来自检阳床投运的第一步的时间是否正常。

如果（TC010）时间到时，（TC010）动合点闭合，阳床入口门打不开信号（040）返回，或者阳床出口门打不开信号（041）返回，或者除碳风机无启动信号（054），或者水位报警（078）时，则产生报警内部继电器信号（423）。

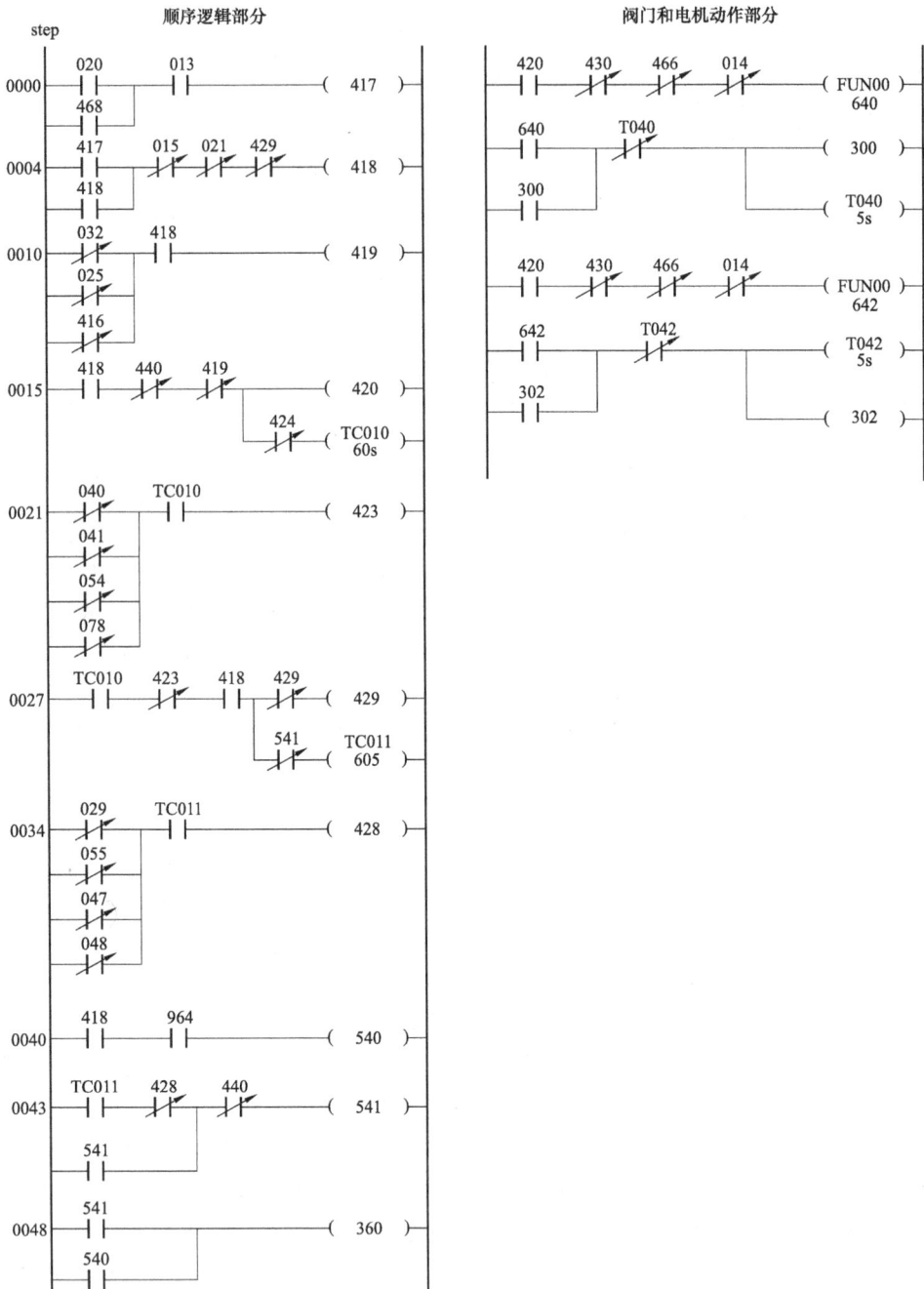

图 7-14　阳床运行的部分梯形图程序

程序中的运行过程如下：

产生运行要求（417）再开始运行（418），时间和条件自检查，正式投入运行，打开阳床入口和出口门并启动除碳风机，待自检查动作结束后，再用时间信号（TC010）去启动内部继电器工作，启动中间水泵，再自检查，转入运行阶段。在启动阶段输出继电器（360）带动灯光"闪动"。在运行完成后，（541）接点带动（360），使灯光灭。

图中：440为无停运要求内部动断点；419为无报警接点；416为清水泵已开信号；417为要求运行；418为运行开始；(423)、(428)为报警；(429)为要求停运；(540)为运行启动阶段；(541)为运行完成；029为导电度输入；055为中间水泵输入。

图中(T040)、(T042)等为防止输出继电器长期带电，FUN00具有检测脉冲前沿功能的信号，防止输出继电器出现振荡信号。

在编程中，编者的思路不同，梯形图也不同，有许多编程技巧和解决问题的方法。

实际应用时情况要复杂得多，例如水箱的液位报警信号要引入；为了使水处理成为连续过程，通常有两个或两个以上的阳床和阴床，因此它们之间的切换或并联运行等问题都需要考虑。

（三）调试

1. 程控调试前的准备工作

程控设备调试前的准备工作包括执行机构的编号挂牌、控制设备和测量仪表的接线检查、控制气源管道的吹扫、测量信号定值的整定等。此外还需在投程控之前进行手动再生、运行投运、系统解列等操作，确定这些操作过程中的工艺参数，便于程序修改。

2. 调试发现的问题及功能改进

（1）执行机构位置回报信号的可靠性问题。化学水处理程序控制最重要的步序是就地执行机构开关终端位置的及时回报，而化学系统中酸、碱环境的腐蚀使执行器位置反馈装置损坏严重，可靠性降低，包括干簧管开关、行程开关等不同类型的反馈装置，防腐效果均不理想，成为制约程控系统投入的最大问题。

（2）酸、碱计量箱液位控制功能。水处理系统中酸、碱计量箱进酸碱的多少一般由计量箱液位控制。阳床和阴床的再生操作开始前，必须确认酸、碱计量箱的高液位。在系统调试初期，当运行人员压酸、碱时，只能靠CRT上的模拟量信号进行判断，并人工关闭计量箱入口门，由于监视或操作不及时往往造成酸、碱计量箱溢流，影响设备的正常运行。故在梯形图中加入了酸、碱液位控制功能。图7-15所示为1号酸罐液位高报警功能梯形图。

当碱罐和酸罐的液位达到高位时，PLC内部实际液位和设定值比较器输出为"1"，使开回路中断，软手操或自动开信号失效，同时关回路中的动合触点动作，计量箱入口门关，停止进酸。

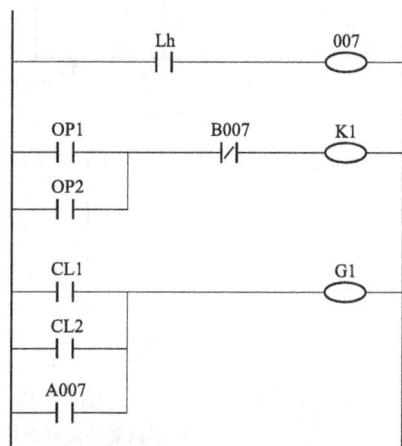

图7-15 酸罐液位报警功能梯形图

K1、G1—进酸阀开、关；OP1、CL1—软手操开、关；OP2、CL2—自动开、关；Lh—酸计量箱液位高；007、A007、B007—内部线圈

第七节 锅 炉 加 药 系 统

由于给水不可避免地会将一些杂质带入锅炉内，使炉水中杂质含量增加。而且，锅炉的参数越高，炉水中的杂质就越容易析出而形成沉积物。因此，锅炉进行化学处理是锅炉防腐、防垢，保证水汽品质合格不可或缺的措施。自然循环汽包锅炉多采用低磷酸盐处理或磷

酸盐-pH值协调控制。

磷酸盐溶液制备系统如图7-16所示，其加药系统如图7-17所示。首先将磷酸盐制成浓度为50~80g/L的储备液。加药时由柱塞泵（泵的出口压力略高于锅炉汽包压力）连续地将在计量箱内配好的稀磷酸盐溶液均匀地送入汽包。稀磷酸盐溶液的浓度，可视加药泵的出力和应加入锅炉的药量而定，一般为10~15μg/L。加药系统中应设置备用的加药泵。

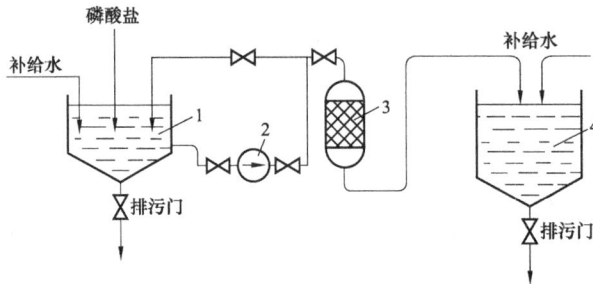

图7-16 磷酸盐溶液制备系统
1—磷酸盐溶解箱；2—泵；3—过滤器；4—磷酸盐溶液储存箱

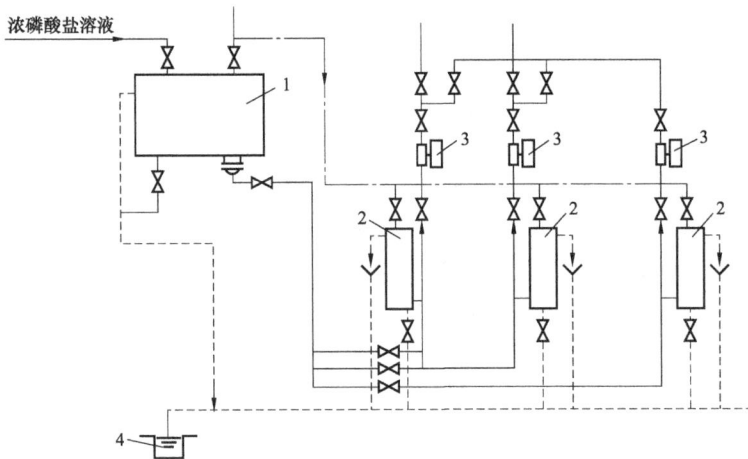

图7-17 炉水磷酸盐溶液加药系统
1—磷酸盐溶液储存箱；2—计量箱；3—加药泵；4—锅炉汽包

若需改变锅内磷酸盐药液加入量时，可调节加药泵活塞的冲程或改变计量箱内磷酸盐药液浓度。在锅炉运行中若出现炉水磷酸根过高，可暂时停止加药泵，待炉水磷酸根恢复正常后，再启动加药泵。此加药系统若加装炉水磷酸根检测仪表和程控装置，则能自动精确地维持炉水中所需磷酸根含量。

炉水磷酸盐-pH值协调控制是向炉水中添加磷酸三钠、磷酸氢二钠的混合溶液，使炉水既有足够高的pH值和维持一定的磷酸根浓度，又不含游离的氢氧化钠。要求炉水中 Na/PO_4^{3-} 摩尔比（R）控制为2.2~2.85（最佳为2.6），但实际运行中控制炉水 R 值为2.5~2.8，较为安全。炉水按此方式进行调节，可兼有防腐、防垢的效果。这一方法是以化学除盐水（或蒸馏水）作为补给水的高参数汽包锅炉炉水常规处理方法之一。

复习思考题

7-1 什么是程序控制？程序控制有哪些分类？

7-2 简述程序控制在火电厂中的应用。

7-3 简述水处理系统中程控装置的特点。

7-4 什么是 PLC？PLC 有哪些主要功能？

7-5 简述 PLC 控制系统组成。

7-6 列举补给水系统的程序控制。

第 八 章

电厂化学微机在线监测和控制

电厂化学监督的在线仪表与微机相连，可实现微机控制下的监测自动化，同时根据监测结果实现水汽化过程的自动控制，是当今电厂化学专业发展的一个热点。电厂化学微机在线监测和控制既可实现监测数据集中实时显示、自动存案、越限自动报警、自动生成统计和管理报表等化学监测的功能，也可以实现水处理工况的自动调节、在线进行事故分析与推断等化学过程人工智能控制和诊断的功能，还可以联网通信，实现数据共享和远程传递，从而为水质运行工况的调整和历史趋势分析以及生产过程中事件和故障追踪分析等提供可靠的科学依据，是实现化学监督的实时性、连续性和准确可靠性的必然要求和迫切需要。同时，从根本上避免了报表数据、事件处理受人为因素的影响，增强了监测数据的可靠性和水工况调节的有效性，而且减轻了工作人员的劳动强度，是当今电厂化学技术发展的趋势。

第一节 微机监测和控制系统的基本组成

一、硬件

火电厂水汽系统化学过程微机自动监测属于一种计算机过程测试系统，过程测试系统以参数测量为目标，用来对被测过程中的一些物理量进行测量，水汽化学过程测试主要用于对水质工况进行监测和分析，获得精确的测量值；同时，可反过来作用于某些水质过程的控制。这就构成了火电厂水汽化学过程微机测量及控制系统硬件的基本框架。

火电厂水汽化学过程微机测量及控制系统与其他微机测控系统一样，主要由微机系统、输入/输出接口、A/D 和 D/A 转换器、信号转换与采集装置、控制器和执行器以及过程测量仪表等部分组成，其一般结构如图 8-1 所示。

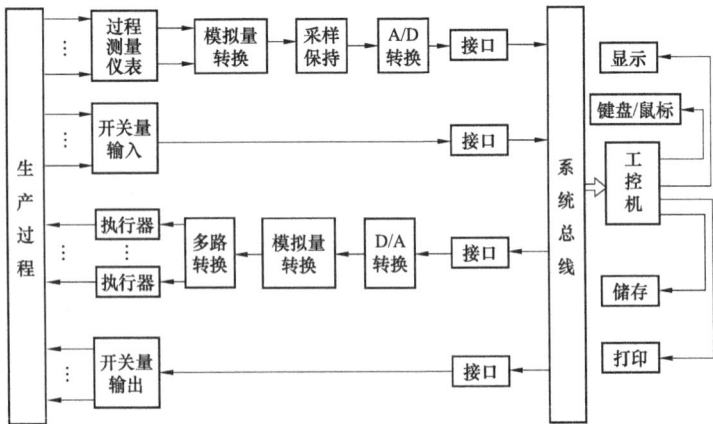

图 8-1 火电厂水汽化学过程微机监测与控制系统的一般结构

1. 微机系统

微机系统是测控系统的核心。可以根据测控系统的具体情况选择单片机、通用 PC 机或工业控制微型计算机（工控机），在火电厂工业现场一般都用工控机。工控机档次的选择取决于测控系统的复杂程度和组成系统的方式。它的主要作用是向测控系统各部件发送控制命令，进行数据采集、数据运算和处理、报警显示、报表管理以及过程控制算法程序的执行。与计算机相配置的外设有打印机、绘图仪等，完成数据的输入/输出、绘制各种曲线和图形，通过键盘或鼠标实现人机对话，使现场运行人员实时了解生产过程水质工况的状态和趋势，或修改测控系统的某些参数，以及在发生异常情况时人工干预等。

2. 输入/输出接口

外部设备和过程通道不能直接与微机相连，必须由输入/输出接口来实现数据、命令或状态等信息的传递。接口应包含微机系统本身的接口和各种测量与控制对象与微机系统的接口，在工业微机测控系统中主要解决测控对象与微机系统的专用接口。每一种测量与控制对象必须经过必要的处理，将其信息挂接到微机系统接口总线上，使测控系统的各种装置在工业微机的应用程序控制下，实现对生产过程的自动测量和控制。

3. A/D 和 D/A 转换器

监测生产过程的过程测量仪表绝大部分提供的都是模拟量输出信号，而微机能直接接收的是数字信号，因此必须将过程测量仪表输出的模拟信号利用采样技术转换为与之相应的数字信号（A/D 转换）。火电厂大部分在线化学仪表的输出信号都为 $4\sim20mA$ 的标准电流信号（有的为 $0\sim10mA$、$0\sim10mV$ 等），为此先要将其进行信号调理转换为 $0\sim5V$ 或 $0\sim10V$（或 $-5\sim+5V$ 或 $-10\sim+10V$）的电压信号，再由 A/D 转换为微机能接受的数字信号。在过程控制中，一般执行器能直接接收的大都为模拟信号，而微机在按自动控制算法运算处理后输出的是数字量，为此必须经 D/A 转换成模拟量来驱动执行器，控制被控对象，例如改变阀门的开度、炉内加药泵电机的转速等。

4. 信号转换与采集装置

在火电厂水处理化学过程监测中，各种监测项目都是通过在线（化学）仪表分别将各种化学量转化为电量，即将非电量转化为电量，在实现对这些电量采集之前还必须对这些电量进行"归一化"处理和量化处理，即信号调理。例如，将化学仪表输出的 $4\sim20mA$ 或 $0\sim10mV$ 的信号经放大、转换调理成 $0\sim5V$ 或 $0\sim10V$ 的电压信号，再经 A/D 转换。在测控系统中，准确、有效的一次仪表信号和这一信号高效、准确的调理是微机监测数据和控制输出准确、可靠的前提。

5. 控制器和执行器

控制器是控制信号的直接发出者，执行器是被控量的接收者，即系统输出量的施加对象或控制对象的执行者。在微机工业控制系统中，可以由微机直接控制某一执行机构，也可由微机输出一控制信号给一中间机构，如变频器，再由变频器来控制执行机构；执行器有电机、电磁阀等。例如，变频器接收微机输出并经 D/A 转换的控制信号，输出一个变频电源给交流电机，改变交流电机的转速，从而改变加药量。

二、软件

如果把微机测控系统硬件比作系统的躯体，而各种程序则是测控系统的大脑和灵魂，通称为软件。微机软件通常分为系统软件和应用软件。系统软件包括管理计算机资源的操作系统（如 DOS、Windows3. x、Windows95、WindowsNT 等）、监控程序、程序设计语言、编译程序和各种支持软件（如设备的驱动程序），系统软件一般由硬件制造商提供。应用软件是根据用户所需要解决的实际问题而编制的程序，这些程序决定了数据及信息在计算机中的处理方式和控制算法。不同的测量对象和任务其测控软件在组成上有很大的差别。每个测控对象或任务必须在确定了系统硬件和算法后，才能设计相应的测量、算法和控制程序。应用软件的质量直接影响测量和控制系统的精密度和效率。因此，整个微机测量、控制系统的设计必须认真研究信号测量、数据采集以及自动控制理论中各种算法在微机上实现的有效方法，才能达到高效率、高精密度的要求。

第二节　火电厂化学过程微机监测和控制系统的基本功能

火电厂化学过程微机在线监测和控制系统，一般应具有以下几个基本功能。

1. 实时显示

实时显示模拟量数据、开关量状态、超限报警、指标标准、实时曲线和历史曲线等水质工况和动态。

2. 报警告示

一旦某测点超标越限，便立即在监视器上显示出来，同时通过声光报警或多媒体语音系统报警，提示运行人员及时采取相应的处理措施。微机自动记录超标越限的情况，包括超限发生的起始时刻和结束的时刻、超限持续的时间和对应测点监测指标的合格率等数据，以及异常情况记录，并以文件的形式储存在计算机的硬盘中，供以后查阅。

3. 参数设定

系统能方便地通过人机对话界面实现仪表量程设定、仪表输出信号设定、仪表启停投运状态设定、报警上下限设定和系统启停投运状态设定等。

4. 报表管理

微机根据采集、储存的监测数据，自动建立动态实时数据库和历史数据库，自动生成日报表文件、月报表文件、超限记载文件、统计曲线文件、报岗记载文件和异常事件记载文件等各种统计及管理报表文件。用户可随时在现场和网上查阅、浏览和打印这些数据和信息。

5. 信息录入

对于化学过程中没有在线监测仪表的监测项目或在线表停运检修的情况，要能通过键盘和鼠标输入手工分析数据，以保证有关报表有完整的数据。另外，现场有关运行记录也要通过键盘实现文字输入，以便产生相应的记事文件，作为一种"备案"，供随时查询、打印和进行事故诊断分析之用。值班人员要能通过键盘实现报岗，一旦报岗，报岗人员的名单和报岗时间存入每天的报岗文件，随时可供查阅。

6. 故障诊断

系统的应用软件根据微机监测的结果能对水汽系统中出现的问题和故障自动进行分析和诊断，提出相应的解决问题、排除故障的方案，并将这一方案以弹出式菜单显示出来，供运行人员进行水质工况调整时参考。

7. 自动控制

根据在线仪表的检测信号，由微机按照一定的控制算法，产生一个控制输出信号，由控制器和执行器实现某一化学过程的控制。例如，基于对锅炉给水 pH 值（或氨的浓度）、联氨浓度以及炉水磷酸根与 pH 值的监测，由微机分别输出一个控制信号给对应的变频器，变频器可改变加药泵电动机的频率，从而分别实现对锅炉给水加氨、加联氨和炉水加磷酸盐的自动控制，即实现炉内水处理过程的闭环控制。还可根据监测结果控制锅炉的定期排污和连续排污等。

8. 联网通信

现场下位微机系统监测的结果，通过通信接口（经调制解调）传送到车间主任办公室的上位机（一般办公用的兼容机）上，或与厂里的网络相连。上位微机可对下位微机传过来的数据进行存储和进一步的处理，编辑打印出各种实用报告，而且在上位机上可随时观察和监视现场运行情况，甚至通过上位机可向下位机现场发布命令，实现无人值守。下位机系统的监测和控制过程独立于上位机运行，上位机可随时向下位机索取数据和信息，当上位机发出"通信"要求时，下位机就能将对应的数据及时地发送过来，而且在和上位机通信期间，下位机的一切实时监测、分析和处理工作照常进行，不受任何影响。下位机必须具有良好的实时多任务特性。

9. 后台打印

系统配备打印机和绘图仪，可满足各种记录和打印的需要。

10. 功能服务

系统功能包括文件拷贝、日期及时钟校核等。

11. 在线帮助

为用户提供在线的系统功能介绍、使用帮助。

第三节　微机监测和控制系统的硬件类型

在火电厂化学过程的监测和控制中，监测的对象主要是化学仪表输出的模拟量信号和表征某些状态的开关量信号，控制信号也有模拟量信号（如模拟输出到变频器调节电机转速的信号）和开关量信号（如控制阀门开关的信号）。基于图8-2的微机监测和控制系统的硬件类型有多种，尤其是工控机之前的数据采集前端，主要有以下几种。

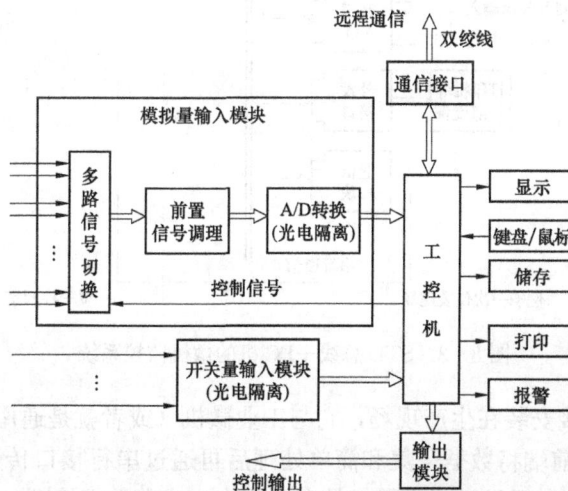

图8-2　PC机直接加外围输入输出模块的微机监控系统

一、PC 机直接加外围输入/输出模块的结构

如图 8-2 所示，整个系统由一台工业控制计算机（配备彩色显示器、键盘和鼠标）、打印机和一些 I/O 接口组成。一方面，现场一次仪表的输出信号在微机的控制之下，经继电器多路切换装置进入前置信号调理系统，微弱的一次仪表输出信号被转换为 0~5V 或 0~10V 的标准信号，然后经 A/D 转换，模拟信号转换为数字信号，工控机对此信号进行实时监测和采集。开关量信号经光电隔离也输入计算机。另一方面，工控机对采集的数据进行分析处理后实现显示、储存、报警、打印、通信等功能，并依据对监测结果的分析处理实现水处理化学过程的控制。

该系统数据采集前端的硬件大都是开发者自己制作的，其特点是简单、费用低，但是由于这一系统中多路一次信号的切换是靠继电器来实现的，所以运行速度慢。因其硬件不具备通用性，故对于用户来说不便于维护，不适用于大的测控系统，同时这样的系统也使高级系统软件的应用和应用软件的开发受到了限制。

二、STD 总线＋PC 机的结构

如图 8-3 所示，STD 总线作为一种标准的工业控制总线，已得到了广泛的应用。STD 总线标准的微机系统可以作为工业测控微机系统的全部，也可作为数据采集可控制输出的前端，其 CPU 可以是单片机系列，也可以是 80X86 系列，再加上一些输入/输出模块，就可独立地实现对过程的测量和控制。

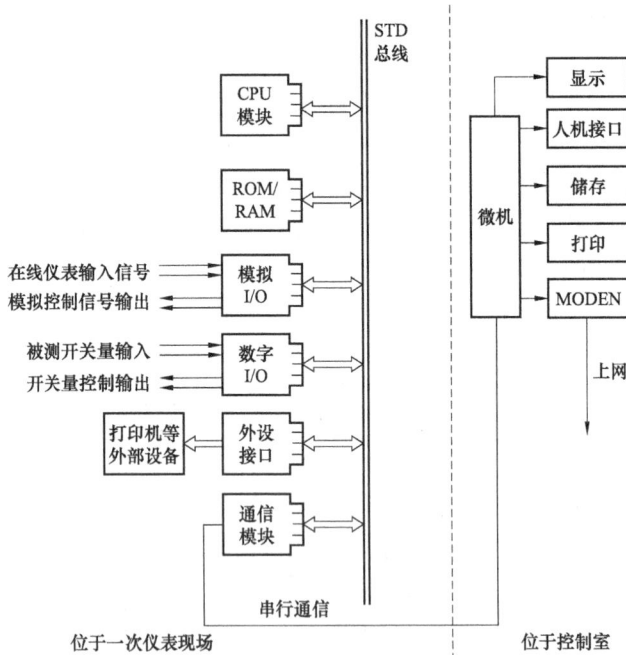

图 8-3　STD 总线＋PC 机的微机监控系统

STD 总线前端直接安装在生产现场，它与工业微机（或者就是通用 PC 机）之间进行串行通信，即 STD 总线前端将数据采集和简单处理后再通过串行接口传递给后面的微机进行进一步的分析处理后，实现显示、报警、储存和报表生成等数据管理，同时微机按照一定的控制算法产生相应的控制信息（数字量），也由串行接口传递到 STD 总线系统中，再由

STD 系统中的输出模块输出控制信号（模拟量）给控制器和执行器，实现化学过程控制。STD 总线前置系统（即下位机部分）用汇编语言编程，运行速度快，STD 总线系统具有很强的抗干扰能力；后端（即上位机）用 PC 微机，应用程序用高级语言编程，依靠 PC 机进行大量数据的分析处理和控制算法的复杂运算（在控制输出速度要求比很高的情况下，可将控制算法部分放在下位机 STD 总线系统中，即由下位机将采集到的数据直接处理并输出控制信号），实现集中显示、管理、打印和人机对话。

三、ADAM5000/485＋PC 机的硬件结构

ADAM5000/485 系统是一种分布式数据采集和控制系统（DDA&CS）。由于这一系统具有抗干扰性强、可靠性高、体积小、编程简单等特点，并配有各种采用大规模集成元件与高密封装技术设计成的、具有全隔离的智能输入/输出模块，能适合各种测控需要，对于火电厂水汽系统的监测和控制这样的中小系统，将其作为下位机尤为合适。如图 8-4 所示，ADAM5000DDA&CS 作为下位机，紧靠一次仪表，并通过 ADAM5000 系列输入/输出模块接收现场多路一次仪表输出信号和输出有关控制信号，实现数据采集和控制输出。工控机作为上位机位于集控室，远离一次仪表现场，两者通过 ADAM4520 通信模块连接。AD-AM4520 是一个实现 RS485 与 RS232 接口转换的通信模块，一方面，它通过双绞线将其上的 RS485 接口与 ADAMS000DDA&CS 上的 RS485 接口相连；另一方面，它通过自身的 RS232 接口与工控机连接。前端 ADAM5000DDA&CS 和后端的工控机通过 ADAM4520 通信模块与其进行数据交换，实现数据采集的输入和控制数据的输出。

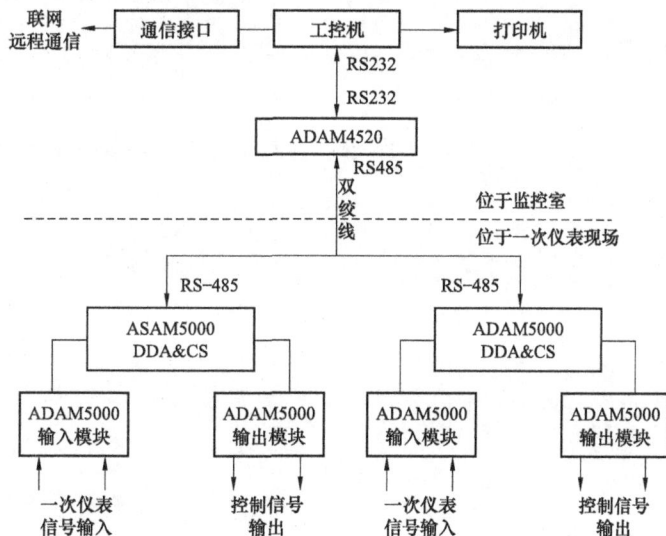

图 8-4　ADAM5000DDA&CS＋PC 机的微机监控系统

四、PLC＋PC 机的结构

以可编程控制器（PLC）作为数据采集前端，后面接 PC 机也是常用的一种过程微机测量和控制系统。PLC 是从早期的继电器逻辑控制系统与微计算机技术相结合发展起来的，它的低端为继电器逻辑控制的替代品，高端实际是一种高性能的计算机实时测量与控制系统。可编程控制器是以微处理器为主的工业控制器，其处理器以周期电扫描的方式，采集来自工业现场的信号，解析用户程序，设置送往工业现场的各个输出信号，进行内部自诊断，

报警显示，从而直接监视并控制生产设备和生产过程，它是计算机技术、控制技术和通信技术相结合的产物。由于 PLC 以顺序控制为特长，而任何一个生产过程的控制与管理几乎都是按步骤进行的，它可以取代继电器控制装置完成顺序和程序控制，并进行 PID 回路调节，构成高速数据采集与分析系统，实现闭环的位置控制和速度控制，以及与计算机联网进而使整个生产过程完全实现自动化等。PLC 具有工作可靠、运行迅速、组合灵活、输入/输出模块可与工业现场信号直接连接、编程容易、安装简单和维修方便等特点。因此，PLC＋PC机的结构在火电厂水汽化学过程微机测量和控制系统中也是一种常见的硬件体系，特别是在水处理程序控制中多用这种硬件体系。

　　水汽化学过程的控制，需要综合各学科知识才能达到更好的控制效果，这些知识包括水汽理化过程等电厂化学专业知识、现代数学知识、控制理论和技术、计算机技术和其他相关知识，只有综合运用好这些知识才能编制出高效的控制程序，实现稳定、有效的过程控制。

复习思考题

8-1　简述电厂化学微机在线监测和控制的意义。

8-2　简述微机监测和控制系统的基本组成。

8-3　火电厂化学过程微机监测和控制系统的基本功能有哪些?

第 九 章

电厂在线化学仪表与化学监督

第一节　电厂在线仪表在化学监督中的重要作用

一、电厂在线化学仪表设置的必要性

电厂化学仪表是电力生产中进行水汽品质监督、开展热力设备技术诊断、建立"专家系统"的主要技术工具。电厂在线化学仪表作为机组热力系统水汽品质的"眼睛"，其测量的准确性和可靠性对于确保机组安全经济运行具有重要作用。

1. 电厂在线化学仪表在水汽品质监督中的重要作用

机组水汽系统配置的在线化学仪表承担着直接监督水汽品质、监控化学加药量和设备运行状况、直接监视腐蚀速率等任务，以达到监控给水、凝结水、炉水、蒸汽、冷却水的品质，防止结垢、积盐，减缓热力系统中金属部件的腐蚀，保证系统的安全经济运行，实现延长热力设备的检修周期和使用寿命的目的。

电厂在线化学仪表的准确性决定化学水汽品质监督的有效性。许多电厂水汽品质合格率很高，但腐蚀结垢和积盐问题却很严重，其根本原因是在线化学仪表测量不准确，未能及时发现问题，造成了巨大的经济损失。

例如，某电厂炉水 pH 值监测仪表测量值一直在 9.2～9.8 的范围，却发生严重的腐蚀；手工分析酚酞碱度经常为零，说明 pH 测量仪表测量值偏高，实际炉水 pH 值偏低。又如，国内某电厂两台 600MW 亚临界机组 2004 年底投产，由于汽包汽水分离装置缺陷，使饱和蒸汽中大量带水，由于饱和蒸汽在线钠表和电导率表测量不可靠，一直未能及时发现该问题，导致汽轮机高压缸严重积盐，汽轮机效率降低。机组满负荷运行时的蒸汽流量从投产初期的 1790t/h（额定蒸发量）增加到 1900t/h 以上，两台机组每年多耗煤 140 000t，按每吨 200 元计算，每年损失 2800 万元。

类似的实例非常多，主要原因是在线化学检测仪表测量不准确导致化学水汽品质监督失去作用。由此可见，提高电厂在线化学仪表测量准确性和可靠性，提高化学监督的有效性，及时发现水汽品质控制上的问题并加以解决，对发电厂的安全经济运行具有重要的意义。

2. 手工取样测量不能取代在线化学仪表在电厂化学监督中的重要位置

传统的手工取样测量已经不能准确测量纯水的氢电导率、pH 值、溶解氧、钠浓度等指标。取样测量是间断性测量，不能及时发现水样间断期间出现的水质异常情况，如蒸汽间断性带水、精处理系统间断释放阴离子、水汽系统间断性污染等。对于滨海电厂，由于空气湿度大、盐分较高，更不能用手工取样分析方法进行水汽中痕量离子的测定。所以，传统的手工取样测量因操作方式、试验条件等不能满足对纯水系统水汽指标的准确及时监控，只能作为一种辅助检测手段进行一些对试验条件、测量准确度要求一般的检测项目的定量检测，无法取代在线化学仪表的位置。

3. 水汽指标监督在线仪表已成为必然的发展趋势

随着机组参数容量的不断增大，电厂在线化学仪表的配置在数量和规模上不断增多和完

善，电厂信息化远程集中控制系统作为一种现代化的技术管理方法，已经在电厂得到了广泛应用，使得电厂化学水汽指标监督在线仪表化成为必然发展趋势。传统的人工取样分析已不能满足高参数机组水汽品质高度纯化条件下对分析检测的需求。在这种情况下，在线化学仪表是唯一的适用于高参数机组水汽品质监控和实现化学监督自动化、信息化的一种化学监督手段，是电厂建设"专家系统"的主要技术手段。

二、电厂在线化学仪表监测点的配置及作用

机组水汽系统在线仪表监测点配置根据机组容量的不同而略有不同。按照发电厂化学设计规程的要求，不同形式机组在线化学仪表的基本配置情况见表 9-1 和表 9-2。

表 9-1　　　　　　　　　　　　　汽包锅炉机组在线仪表配置

项　目	应设置的取样点位置	超高压机组	亚临界压力机组
		配置仪表	
凝 结 水	凝结水泵出口	CC、O_2	CC、O_2、SC
给　水	除氧器出口	O_2	O_2
	省煤器入口	CC、pH	CC、SC、pH
炉　水	汽包炉水左侧	SC、pH	SC、pH、SiO_2
	汽包炉水右侧		
饱和蒸汽	饱和蒸汽左侧	CC	CC、Na
	饱和蒸汽右侧		
过热蒸汽	过热蒸汽左侧	CC	CC、SiO_2、Na
	过热蒸汽右侧		
再热蒸汽	再热蒸汽出口左侧	/	CC
	再热蒸汽出口右侧		
疏　水	高压加热器	/	/
	低压加热器	/	/
冷 却 水	取样冷却装置冷却水/闭式冷却水	/	SC、pH
	发电机冷却水	/	SC、pH
生产回水	返回水管或返回水箱出口	/	/
凝汽器检漏装置	凝汽器	/	CC

注　1. CC—氢电导率仪；O_2—溶氧表；pH—pH 表；SiO_2—硅表；Na—钠表；SC—电导率仪。

　　2. 每个检测项目的样品流量根据仪表制造商要求确定。

　　3. 硅表可选择多通道仪表，但炉水不得与给水或蒸汽共同用一块硅表。

表 9-2　　　　　　　　　　　直流锅炉机组水汽取样点及在线仪表配置

项　目	取样点名称	配置仪表
凝 结 水	凝结水泵出口	CC、SC、O_2、Na
给　水	除氧器入口	CC、SC、pH、O_2
	除氧器出口	O_2
	省煤器入口	CC、SC、pH、O_2、SiO_2

续表

项　目	取样点名称	配置仪表
蒸　汽	主蒸汽左侧	CC、SC、pH、Na、SiO_2
	主蒸汽右侧	
	再热蒸汽左侧	CC
	再热蒸汽右侧	
疏　水	高压加热器	SC
	低压加热器	SC
冷　却　水	发电机冷却水	SC、pH
	取样冷却装置冷却水/闭式冷却水	SC、pH
启动分离器排水	启动分离器排水	CC
凝汽器检漏仪表	凝汽器	CC

注　1. 每个检测项目的样品流量为 300～500mL/min，根据仪表制造商要求。

　　2. 硅表可选择多通道仪表。

　　3. 对于超超临界压力机组，主蒸汽取样点可设置氢表。

　　4. 其余表注同表 9-1。

第二节　电厂在线化学仪表日常维护技术

一、电厂在线化学仪表日常运行中存在的问题

1. 在线化学仪表水样恒温效果不理想

一般认为，仪表具备自动温度补偿功能，温度超标对测定值影响不大。但实际上不能完全准确地实现仪表的温度补偿，因超温导致电导率表、pH 表、溶氧表测量误差超标是仪表测量准确度差的主要原因之一。有些厂的精处理系统在线仪表水样没有设置恒温系统，水样温度甚至超过了 40℃，在线 pH 表和电导率表的测量误差严重超标。

2. 在线化学仪表传感器的维护保养工作开展的不到位

在线钠表钠电极的定期活化处理、定期标定；电导电极和溶氧电极的定期检验、定期清洗，测量池和管路的定期清洗等，只有在这些细节上定期开展工作，才能减少因电极斜率漂移、电导电极的电极常数发生变化、溶氧电极老化等导致的仪表测量灵敏度下降、测量误差超标等问题。

3. 氢交换柱树脂再生效果差

氢交换柱树脂再生效果差是氢电导率测量误差超标的主要和普遍存在的问题。目前现场对氢交换柱树脂的处理仍采用静态浸泡再生、从树脂再生罐体中掏取或失效树脂废弃更换等比较粗放的处理方式，这种处理方法从长期看，必然导致树脂再生效果不理想，再生度不够，从而导致测量值偏低或偏高，这对于高参数大容量机组水汽品质的严格监控是非常不利的，也不利于运行设备状态的正确诊断。建议对氢交换柱采用动态再生方式，以提高树脂的再生效果。

4. 影响仪表正常工作的条件或参数不满足

影响仪表测定准确性的条件如水样流速、试剂添加量、温度补偿系数等参数的选择或设

定不合适，影响仪表的工作性能。这些参数一方面应参考厂家提供的设定范围，另一方面要通过试验进行优选，只有在最优测量条件下，仪表的测定准确性才能保证。

二、电厂在线化学仪表的维护

1. 在线电导率表的维护

应保持电导率表电极及电导池的清洁并定期进行校准。检查维护项目及要求见表 9-3。

表 9-3　　　　　　　　　　在线电导率表定期检查与维护项目要求

序号	项　目	周期	标　准	备　注
1	检查仪表样水流量	每天	厂家要求	及时调整
2	检查仪表来样压力	每天	<0.3MPa 或按照厂家要求，出口常压排放	及时调整
3	检查恒温冷却器温度	每天	(25±2)℃	异常时填写缺陷
4	检查就地和集控室微机上显示是否一致	每天	0	异常时填写缺陷
5	检查取样系统是否有泄漏	每天	无渗漏、无泄漏	异常时填写缺陷
6	检查阳离子交换柱失效界面	每天	以失效标识线为准	及时更换
7	取样过滤器滤芯清洗	半年	无沉积物	过滤器更换或清洗
8	浮子流量计清洗	半年	无沉积物	
9	电极清洗	三个月		
10	测量池、流路清洗	一个月	测量池清洁	
11	二次表清灰	一个月	无积灰	
12	电源端子清灰	三个月	无积灰	

电导池应定期进行清洗，可用一定浓度的温热洗涤剂和尼龙刷子刷洗，再用除盐水冲洗干净。若电导池内部有黏着力较强的沉积物时，可先用 2% 的稀盐酸溶液清洗，再用除盐水彻底冲洗干净。必须注意仪表应有良好的接地线，并按制造厂要求进行接线，否则会影响仪表的正常工作。电导池应根据水质情况，定期清洗、校验一次（也可随主机大、小修日程安排），其操作步骤如下：将电极小心地从不锈钢测量池外套中逆时针旋出，检查内外电极有无异物，将电极的不锈钢部分浸泡于浓度为 1% 的稀盐酸溶液中 1h 左右，取出后用除盐水淋洗（注意：不可使电极的引出线部分接触稀酸溶液或受潮，否则会损坏电极），将电极放入不锈钢外套中旋紧，接入除盐水冲洗 4~8h。按规程校验电极常数，校验后的常数若有变化，可通过设置按钮进行调整。

2. 在线 pH 表的维护

在线 pH 表检查和维护项目及要求见表 9-4。

表 9-4　　　　　　　　　　在线 pH 表定期检查与维护项目及要求

序号	项　目	周期	标　准	备　注
1	检查仪表样水流量	每天	厂家要求	及时调整
2	检查仪表来样压力	每天	<0.3MPa 或按照厂家要求，出口常压排放	及时调整

续表

序号	项　目	周期	标　准	备　注
3	检查恒温冷却器温度	每天	(25±2)℃	异常时填写缺陷
4	检查就地和集控室微机上显示是否一致	每天	0	异常时填写缺陷
5	检查取样系统是否有泄漏	每天	无渗漏、无泄漏	异常时填写缺陷
6	检查饱和氯化钠溶液是否用完	每周	以标志线为准	及时补充
7	取样过滤器滤芯清洗	半年	无沉积物	过滤器更换或清洗
8	浮子流量计清洗	半年	无沉积物	
9	测量池、流路清洗	一个月	测量池清洁	
10	电极清洗、活化	每周	无沉积物	
11	标准标定	一周	仪表自检通过	按照说明书进行
12	二次表清灰	一个月	无积灰	
13	电源端子清灰	三个月	无积灰	
14	电极更换	一年	定期更换	

pH表测量电极的敏感膜（即球泡）应清洁无污垢，内充液中应无气泡。若电极敏感膜污染，则可在0.1mol/L稀盐酸溶液中泡洗，取出用除盐水冲洗干净，然后浸入除盐水中活化待用。新电极应浸泡在除盐水中活化24h后方可使用。参比电极内充液应无气泡，渗透性能良好（可用干净滤纸轻轻按一下电极陶瓷孔，滤纸稍有潮湿为佳）。目前固体参比电极使用较多，应检查其完整无裂纹、干净无污垢。

变送器外壳和高阻转换器之间应有良好的接地线相连接，接地线不能兼作他用，否则会给参比电极回路带来干扰电流，影响表计正常测量。变送器接线盒和盒内高绝缘接线板要保持清洁干燥，用低电压高阻绝缘计测试。按照规程进行标定校准，若在校准过程中发现两点定位偏差太大，应检查测量电极是否污染，参比电极有何问题，输入阻抗是否下降等问题，不要急于调节斜率。电极的使用寿命一般为一年，购置的新电极的存放时间也不宜过长。

3. 在线钠表的维护

在线钠表的日常维护工作主要是测量池及电极的维护。测量池溶液受污染，易沉积氯氧化铁沉淀，需定期清洗。另外，流路系统应清洗、流量应定期检查等。在线钠表检查和维护项目及要求见表9-5。

表9-5　　　　　　　　　在线钠表定期检查与维护项目和要求

序号	项　目	周期	标　准	备　注
1	检查仪表样水流量	每天	厂家要求	及时调整
2	检查仪表来样压力	每天	<0.3MPa或按照厂家要求，出口常压排放	及时调整
3	检查恒温冷却器温度	每天	(25±2)℃	异常时填写缺陷
4	检查就地和集控室微机上显示是否一致	每天	0	异常时填写缺陷
5	检查取样系统是否有泄漏	每天	无渗漏、无泄漏	异常时填写缺陷

序号	项　　目	周期	标　　准	备　　注
6	检查碱化剂是否充足	每天	以标志线为准	及时补充
7	取样过滤器滤芯清洗	半年	无沉积物	过滤器更换或清洗
8	浮子流量计清洗	半年	无沉积物	
9	测量池、流路清洗	一个月	测量池清洁	
10	标准标定	一周	仪表自检通过	按照说明书进行
11	二次表清灰	一个月	无积灰	
12	电源端子清灰	三个月	无积灰	
13	钠电极更换	一年		
14	钠电极活化	每周	电极响应正常	按操作书
15	参比电极			

由于钠电极的特性，测量干扰的因素较多，这些干扰因素会给测量带来较大偏差，甚至影响仪表正常运行。因此在仪表投运前应采取措施消除这些干扰因素。

(1) 离子干扰问题。钠电极对氢离子的响应比钠离子敏感，因此氢离子是主要的干扰离子。一般采用提高被测溶液 pH 值，即将被测溶液进行碱化，使其 pH≥10.5。目前应用广的碱化方法是碱化试剂的气化混合法和使用硅橡胶管的气透加碱法两种，使用碱性试剂有二异丙胺、乙胺、二甲胺及分析纯氨水等。在测量流程中，参比电极应装在钠电极之后，这样就可避免干扰。

(2) 污染问题。解决污染的方法是加装除铁过滤器。过滤材料采用对氢氧化铁沉淀吸附较强，又便于清洗的玻璃纤维。为避免玻璃纤维堵塞出口管接头，过滤器的出水口应加装涤纶网垫。除铁过滤器如能安装在碱化装置之后，效果最佳。但由于测量系统条件限制，若不能安装在碱化装置之后，只能安装在碱化装置之前，效果要差些，但对电极也有一定的防污染作用。

(3) 被测溶液温度低于 20℃时，电极的响应速度迟缓。

(4) 钠电极的清洗周期可视被测水样情况而定。

钠电极的清洗操作步骤如下：关闭仪表电源开关，小心拆下钠电极；戴好防护手套和眼镜，开启随仪表带来的电极清洗液（0.1M 氢氟酸）瓶盖，将钠电极头部浸入清洗液中 10～30s（时间不宜过长，否则洗液会腐蚀钠电极的敏感玻璃膜）；取出钠电极及时用除盐水冲洗两次后复装；开启仪表电源开关，进行仪表校准。

4. 在线溶氧表的维护

在线溶氧表定期检查与维护项目及要求见表 9 - 6。在线溶氧表的日常维护工作集中在传感器的维护上，主要有三项维护工作。

表 9 - 6　　　　　　　　　在线溶氧表定期检查与维护项目及要求

序号	项　　目	周期	标　　准	备　　注
1	检查仪表样水流量	每天	厂家要求	及时调整
2	检查仪表来样压力	每天	<0.3MPa 或按照厂家要求，出口常压排放	及时调整

续表

序号	项　　目	周期	标　　准	备　　注
3	检查恒温冷却器温度	每天	(25±2)℃	异常时填写缺陷
4	检查就地和集控室微机上显示是否一致	每天	0	异常时填写缺陷
5	检查取样系统是否有泄漏	每天	无渗漏、无泄漏	异常时填写缺陷
6	空气校准	三个月		
7	取样过滤器滤芯清洗	半年	无沉积物	过滤器更换或清洗
8	浮子流量计清洗	半年	无沉积物	
9	测量池、流路清洗	一个月	测量池清洁	
10	一次表面清灰	一个月	无积灰	
11	电源端子清灰	三个月	无积灰	
12	渗氧膜更换	根据需要	工作正常	
13	氧电极更换、清洗	根据需要	工作正常	

（1）过滤器必须根据使用周期定时清洗，保证仪表有充足的流量。

（2）传感器换新的透气膜或添加（更新）内充液后，必须带电运行 8h 后方可进行标定，以消除传感器本底电流的影响。

（3）为了保证测量准确度，必须定时对仪表进行标定。

5. 溶解氧电极的维护

（1）定期清洗氧电极，如果膜片上有污染物，会引起测量误差。清洗时应小心，注意不要损坏膜片。将电极放入清水中涮洗，如污物不能洗去，可用软布或棉布小心擦洗。

（2）视仪表运行情况，校验仪表零点和量程。

（3）电极活化大约 1 年进行一次。当测量范围调整不过来时，就需要对溶解氧电极进行活化。电极活化包括更换内部电解液、更换膜片、清洗银电极。如果观察银电极有氧化现象，表面附有沉积物，将阳极浸泡在 10% 的氨水溶液中约 1h，然后用高纯水清洗净，再用柔软的棉织布擦拭。如果用氨水溶液清洗不够充分，可再用软研磨剂对覆盖层区域进行抛光（覆盖层仅几微分厚）以恢复银电极的本色。抛光之后，用高纯水冲洗阳极并用软织物擦干。

（4）在使用中如发现电极渗漏，必须更换电解液。发生故障时，必须更换渗氧膜套、电解液及处理电极。

6. 在线硅表和磷表的维护

目前使用的在线硅表都是智能化仪表，自动化程度很高，正常使用情况下故障率比较低，除了主电路板损坏需供货商或专业维修人员维护外，一般的故障仪表均会有提示。最常见的故障有光源灯损坏、比色皿脏污、电磁阀损坏、蠕动泵管磨损或变形、试剂管堵塞、样水断流等，只要对症解决即可。检查和维护见表 9-7，具体需要维护的问题如下：

（1）根据蠕动泵管的使用寿命，及时更换蠕动泵管。

（2）根据试剂的使用时间，及时添加试剂。

（3）仪表若长时间不用，必须先倒尽试剂桶内试剂，并用除盐水涮洗干净后注入除盐水，再将仪表投入无试剂运行 4～8h，以冲洗干净蠕动泵、比色皿及管路系统。松开蠕动泵管卡，取出蠕动泵管，让其处于放松状态，最后切断电源。

表 9-7　　　　　　　　　　在线硅表定期检查与维护项目及要求

序号	项　　目	周期	标　　准	备　　注
1	检查仪表样水流量	每天	厂家要求	及时调整
2	检查仪表来样压力	每天	<0.3MPa 或按照厂家要求，出口常压排放	及时调整
3	检查恒温冷却器温度	每天	(25±2)℃	异常时填写缺陷
4	检查就地和集控室微机上显示是否一致	每天	0	异常时填写缺陷
5	检查取样系统是否有泄漏	每天	无渗漏、无泄漏	异常时填写缺陷
6	检查试剂是否充足	每天	以标识为准	及时补充
7	检查标准溶液是否充足	每天	以标识为准	及时补充
8	检查泵管、比色皿、管路是否渗漏或堵塞	每天	无泄漏无堵塞	可用 5% 氨水溶液清洗
9	取样过滤器滤芯清洗	半年	无沉积物	过滤器更换或清洗
10	浮子流量计清洗	半年	无沉积物	5% 盐酸清洗
11	测量池、流路清洗	一个月	测量池清洁	
12	泵是否老化	半年	泵管弹性好，无变形	及时更换
13	仪表表面清灰	一个月	无积灰	
14	电源端子清灰	三个月	无积灰	

参 考 文 献

[1]　承慰才. 电厂化学仪表. 2版. 北京：中国电力出版社. 1998.
[2]　陈国益. 电厂化学仪表及自动. 北京. 水利电力出版社. 1991.
[3]　伦国瑞. 仪器分析与检修. 北京：中国电力出版社，2011.
[4]　伦国瑞. 仪表监测与维护. 北京：中国电力出版社，2011.
[5]　戴广华. 电厂化学仪表. 北京：中国电力出版社，1998.
[6]　孙凤霞. 仪器分析. 北京：化学工业出版社，2004.
[7]　董慧茹. 仪器分析. 北京：化学工业出版社. 2010.
[8]　李克安. 分析化学教程. 北京：北京大学出版社. 2004.
[9]　高晓松. 仪器分析. 北京：科学出版社. 2009.
[10]　吴烈钧. 气相色谱监测方法. 北京：化学工业出版社. 2005.
[11]　边立秀. 热工控制系统. 北京：中国电力出版社. 2001.
[12]　陆会明. 控制装置与仪表. 北京：机械工业出版社. 2007.
[13]　苗军. 热力过程自动化. 北京：中国电力出版社. 2001.
[14]　毕贞福. 火力发电厂热工自动控制实用技术. 北京：中国电力出版社. 2008.
[15]　赵联朝. 分析仪器及维修. 北京：中国环境科学出版社，2007.
[16]　王森. 在线分析仪表维修工必读. 北京：化学工业出版社，2007.
[17]　于希宁. 火电厂自动控制理论基础. 北京：中国电力出版社. 2001.
[18]　李培元. 火力发电厂水处理及水质控制. 北京：中国电力出版社. 1999.
[19]　山西省电力工业局. 电厂化学仪表及程控装置. 北京：中国电力出版社. 1997.